Volkswirtschaftliche und wirtschaftsgeschichtliche Abhandlungen

herausgegeben von

Wilhelm Stieda

o. ö. Professor der Nationalökonomie in Leipzig

III. Folge Heft 10

Fortschritte
der
Reichsversicherungsordnung

Von

Dr. Alfred Erler

Leipzig
Verlag von Veit & Comp.
1914

Volkswirtschaftliche und wirtschaftsgeschichtliche Abhandlungen

herausgegeben von

Wilhelm Stieda

o. ö. Professor der Nationalökonomie in Leipzig

III. Folge Heft 10

Fortschritte der Reichsversicherungsordnung

Von

Dr. Alfred Erler

Leipzig
Verlag von Veit & Comp.
1914

Druck von Metzger & Wittig in Leipzig.

MEINEN LIEBEN ELTERN.

Vorwort.

Vorliegende Abhandlung, die aus dem Volkswirtschaftlichen Seminar der Universität Leipzig hervorgegangen ist, verfolgt den Zweck, die Fortschritte der R.V.O. gegenüber den alten Versicherungsgesetzen herauszustellen, ihre Bedeutung zu würdigen und damit auf die folgereichen wirtschaftlichen Wirkungen einzugehen. Dies wird oftmals nur dadurch möglich sein, daß die geschichtliche Entwicklung der deutschen Arbeiterversicherung gestreift wird, was zugleich den kurzen Abriß über deren Entstehung und Geschichte in der Einleitung rechtfertigen wird.

Der Umfang des vorliegenden Materials erklärt es, daß bei der Untersuchung nur die einschneidenden fortschrittlichen Neuerungen herausgegriffen wurden, während eine große Anzahl kleiner sachlicher Veränderungen, an sich kleine Fortschritte, hier entweder nur gestreift oder gar nicht erwähnt werden konnten. Dagegen wurde besondere Sorgfalt u. a. auf Zusammenstellung neuer Bestimmungen der R.V.O. in Form von Tabellen verwandt, um eine schnelle und klare Übersicht über umfassende Neuregelungen zu ermöglichen. In einzelnen Abschnitten mußte wiederholt auf die Begründung zum Entwurf der R.V.O. und den Kommissionsbericht hierzu verwiesen werden, da es über die Aufgabe dieser Abhandlung hinausgegangen wäre, lange Untersuchungen über Einzelfragen oder gar große und verwickelte Berechnungen und Schätzungen neu vorzunehmen. Endlich konnte an verschiedenen Stellen nicht unterlassen werden, auch auf die Forderungen hinzuweisen, deren Erfüllung durch die R.V.O. äußerst wünschenswert gewesen wäre und auch weiterhin anzustreben ist.

Zum Schluß ist es mir eine angenehme Pflicht, auch an dieser Stelle meinem hochverehrten Lehrer, Herrn Geh. Hofrat Prof. Dr. W. Stieda, für die Anregung und wohlwollende Förderung dieser Arbeit nochmals herzlichst zu danken.

Leipzig, im November 1913.

Der Verfasser.

Abkürzungen.

A. N.	=	Amtliche Nachrichten des Reichsversicherungsamtes.
Begr. z. Entw.	=	Begründung des Entwurfes der Reichsversicherungsordnung.
B.G.	=	Berufsgenossenschaft.
B.G.B.	=	Bürgerliches Gesetzbuch.
H.V.	=	Hinterbliebenenversicherung.
I.V.	=	Invalidenversicherung.
Kom.Ber.	=	Bericht der 16. Kommission über den Entwurf einer Reichsversicherungsordnung.
K.V.	=	Krankenversicherung.
Landw.	=	Landwirtschaftlich.
L.K.Kasse	=	Landkrankenkasse.
L.V.Amt	=	Landesversicherungsamt.
O.K.Kasse	=	Ortskrankenkasse.
O.V.A.	=	Oberversicherungsamt.
R.G.Bl.	=	Reichsgesetzblatt.
R.V.A.	=	Reichsversicherungsamt.
R.V.O.	=	Reichsversicherungsordnung.
Reichst. Drucks.	=	Drucksachen des Reichstages, meist nur unter Angabe der Legislaturperiode (Leg.Per.), Session (Sess.), Anlage (Anl.) zitiert.
U.V.	=	Unfallversicherung.
V.Amt	=	Versicherungsamt.
V.Anst.	=	Versicherungsanstalt.

Inhalt.

Einleitung.

Hauptteil.

Fortschritte der Reichsversicherungsordnung.

Schluß.

Anhang.

Einleitung.

§ 1. Überblick über Entstehung und Entwickelung der deutschen Arbeiterversicherungsgesetze.

Die deutsche Arbeiterversicherungsgesetzgebung, deren neuestes Reformgesetz vom Jahre 1911 uns im Hauptteil dieser Arbeit beschäftigen soll, verdankte ihre Entstehung vor allem der richtigen Erkenntnis, daß es für die wirtschaftlich schwachen Arbeiter gänzlich unmöglich ist, bei teilweiser oder gänzlicher Arbeitsunfähigkeit infolge Krankheit, Unfall, Invalidität und Alter die zu ihrer und ihrer Familie Existenzfähigkeit nötigsten Mittel ohne soziale Hilfe selbst aufzubringen.[1] Dazu kam, daß gerade die moderne Industrie durch Benutzung elementarer Kräfte, durch Konzentration der Arbeit an einzelnen Stellen (Fabriken) die Gefahren für Gesundheit und Leben erhöhte, ohne daß zugleich dafür eine Entschädigung in einem Anrecht auf Fürsorge gewährt wurde.[2] Nun bestanden allerdings vor Einführung der Arbeiterversicherung bereits einige gesetzliche Fürsorgebestimmungen, die den Arbeitgeber verpflichteten, in gewissen Fällen dem Beschäftigten Fürsorge[3] zu gewähren. So schrieben die verschiedenen Gesindeordnungen, das Handelsgesetz vom Jahre 1861, die Seemannsordnung vom Jahre 1872 für Gesinde, Handlungsgehilfen und Schiffsmannschaft eine gewisse Krankenfürsorge vor. Vor allem zu erwähnen ist hier auch die Krankenfürsorge der verschiedenen Knappschaftskassen, der eingeschriebenen Hilfskassen auf Grund des Gesetzes vom 7. April 1876, der Zwangs- und Innungskassen, sowie der Gemeinden süddeutscher Staaten, welch letztere bei Einführung der Reichskrankenversicherung bis zu einem gewissen Grade zum Wegweiser wurden. Neben der sehr verschiedenartigen gesetzlich vorgeschriebenen Krankenfürsorge gewährte vor Einführung der staatlichen Arbeiterversicherung das sog. Reichshaftpflichtgesetz

---

[1] Ahrendt, Allgem. Staatsvers. u. Versicherungssteuer, 1881, S. 4 ff.: „Selbsthilfe reicht im sozialen Kampf nicht aus, daher soziale Hilfe nötig durch den Träger der Gesamtheit, d. h. den Staat."

[2] Schmoller, Grundr. d. Allgem. Volkswirtschaftslehre: Art. „Arbeiterfrage" I, 1900.

[3] Stier-Somlo, 1. Buch, zweiter Abschnitt: Die Fürsorge für die arbeitenden Klassen vor und neben der Sozialgesetzgebung im engeren Sinne. Hier findet sich auch weitere umfassende Literaturangabe.
Rosin, Recht der Arbeiterversicherung I, Berlin 1893.

vom 7. Juni 1871 für die Fälle einer Körperverletzung oder Tötung durch Betriebsunfall dem Verunglückten einen Anspruch auf Fürsorge gegenüber dem Unternehmer. Alle diese Einrichtungen und Bestimmungen waren jedoch für die Dauer ungenügend, da sie keine umfassende gesetzlich geregelte Fürsorge boten und dazu nur in ganz bestimmten Fällen vereinzelten Klassen der gegen Lohn beschäftigten Personen zugute kamen.[1] Dies mußte als eine ungerechte Benachteiligung der weitaus größeren Zahl von nicht fürsorgeberechtigten Arbeiter empfunden werden, die bei Krankheit, Unfall und Invalidität oftmals lediglich auf die allgemeine Armenpflege angewiesen waren, ein Übelstand, der zu einer schweren Last für die Allgemeinheit wurde.

Wollte man diese Unzulänglichkeit beseitigen und damit zugleich die mißliche wirtschaftliche Lage der Arbeiter heben, so konnte dies nur durch eine auf Zwang beruhende umfassende Reichsversicherung[2] geschehen, zumal von der freien Selbsthilfe der Beteiligten kaum eine Änderung zu erwarten war, und die anfänglich geplante Erweiterung des bestehenden Haftpflichtgesetzes, sowie die Errichtung von Pensionskassen als Krankenkassen keinen Erfolg versprach.[2]

Es ist das große Verdienst Bismarcks, den Gedanken einer öffentlich rechtlichen Zwangsversicherung aufgegriffen und mit weitschauendem Blick und sozialpolitischer Umsicht zur Durchführung gebracht zu haben.

Den ersten Schritt zu einer Reichsversicherung von seiten der Regierung stellte ein Unfallversicherungsgesetzentwurf dar, der am 8. März 1881[3] dem Reichstage vorgelegt worden war. Einer Kommission überwiesen, wurde dieser Entwurf in seinen Grundzügen erheblich abgeändert und in der Fassung der Kommission vom Reichstage in zweiter und dritter Lesung (I. Nr. 3—4) angenommen. Wegen der tiefgreifenden Umgestaltung versagte jedoch der Bundesrat seine Zustimmung hierzu. Die notwendige Folge war, daß das Gesetz gänzlich fiel. Obgleich der erste Entwurf eines staatlichen Arbeiterversicherungsgesetzes nicht zum Ziele führte, so ist er doch wegen seiner „Begründung" von besonderem Interesse. U. a. wird in dieser angeführt:

Bei der Beratung des Gesetzes vom 21. Oktober 1878, betr. die gemeingefährlichen Bestrebungen der Sozialdemokratie, ist die Notwendigkeit anerkannt worden, die bedenklichen Erscheinungen, welche den Erlaß dieses Gesetzes notwendig gemacht haben, auch durch positive, auf die Verbesserung der Lage der Arbeiter abzielende Maßnahmen zu bekämpfen. . . .

Daß der Staat sich in höherem Maße als bisher seiner hilfsbedürftigen Mitglieder annehme, ist auch eine Aufgabe staatserhaltender Politik, welche das Ziel zu verfolgen hat, auch in den besitzlosen Klassen der Bevölkerung, welche zugleich die zahlreichsten und am wenigsten unterrichteten sind, die Anschauung zu pflegen, daß der Staat nicht bloß eine notwendige, sondern

---

[1] Rosin, a. a. O., S. 15.

[2] Manes, Vers.-Lexikon I, Tübingen 1909, Art. Arbeiter-Versicherung 2: Die Zwangsarbeiterversicherung und ihre Notwendigkeit. R. van den Borght (Honigmann); Manes, Art. über Arbeiter-Versicherung im Handw. d. Staatsw.

[3] I. Nr. 2. (Unter dieser Bezeichnung wird nachfolgend immer auf die im Anhang zusammengestellte Literatur verwiesen werden.)

auch eine wohltätige Einrichtung sei. Zu dem Ende müssen sie durch erkennbare direkte Vorteile, welche ihnen durch gesetzgeberische Maßregeln zuteil werden, dahin geführt werden, den Staat nicht als eine lediglich zum Schutz der besser situierten Klassen der Gesellschaft erfundene, sondern als eine auch ihren Bedürfnissen und Interessen dienende Institution aufzufassen.

Ein ausführliches Programm für die zu schaffende Arbeiterversicherung entwickelte kurz darauf bei Eröffnung des neugewählten Reichstages die von Bismarck verfaßte denkwürdige kaiserliche Botschaft vom 17. November 1881, mit Recht die „magna charta" der deutschen Sozialpolitik von dem bekannten Kommentator der Arbeiterversicherung von Woedtke genannt. Es heißt hier u. a.:

. . . zunächst wird der von den verbündeten Regierungen in der vorigen Session vorgelegte Entwurf eines Gesetzes über die Versicherung der Arbeiter gegen Betriebsunfälle mit Rücksicht auf die im Reichstage stattgehabten Verhandlungen über denselben einer Umarbeitung unterzogen, um die erneute Beratung desselben vorzubereiten. Ergänzend wird ihm eine Vorlage zur Seite treten, welche sich eine gleichmäßige Organisation des gewerblichen Krankenkassenwesens zur Aufgabe stellt. Aber auch diejenigen, welche durch Alter und Invalidität erwerbsunfähig werden, haben der Gesamtheit gegenüber einen begründeten Anspruch auf ein höheres Maß staatlicher Fürsorge, als ihnen bisher hat zuteil werden können.

Der in der genannten Botschaft skizzierte Plan wurde alsbald trotz größter Schwierigkeiten und mancherlei Anfechtungen mit aller Energie von Bismarck in die Wirklichkeit umgesetzt. So gingen bereits Anfang des Jahres 1882 dem Reichstage zwei innerlich zusammenhängende Gesetzentwürfe über U.V. (I. Nr. 5) und K.V. (I. Nr. 27) zu, von denen das Krankenversicherungsgesetz am 15. Juni 1883 als erstes Reichsversicherungsgesetz (I. Nr. 26) unter heißen Kämpfen durchgesetzt wurde. Das vor dem Krankenversicherungsgesetz eingebrachte Unfallversicherungsgesetz konnte dagegen erst am 6. Juli 1884 (I. Nr. 1) nach einer erneuten dritten Vorlage (I. Nr. 6) die Zustimmung des Reichstages und des Bundesrates finden. In ihm wurde aber nur das grundlegende Gesetz für die U.V. der Industrie geschaffen, während die anderen Betriebe des Gewerbes, der Landwirtschaft und der Seeschiffahrt erst in den folgenden Jahren in die Versicherung einbezogen wurden. Es folgten:

Am 28. Mai 1885 das Gesetz über die Ausdehnung der U.V. und K.V. (I. Nr. 8—10). Ausdehnung der früheren Gesetze, insbesondere auf eine Reihe von Betrieben des Verkehrs, der Marine- und Heeresverwaltung.

Am 5. Mai 1886 das Gesetz betr. die U.V. und K.V. der in land- und forstwirtschaftlichen Betrieben beschäftigten Personen (I. Nr. 11—14).

Am 11. Juli 1887 das Gesetz betr. die U.V. der bei Bauten beschäftigten Personen (I. Nr. 15—17).

Am 13. Juli 1887 das Gesetz betr. die U.V. der Seeleute und anderer bei der Seeschiffahrt beteiligter Personen (I. Nr. 18—20).

Einen gewissen Abschluß der deutschen Arbeiterversicherungsgesetzgebung brachte endlich das am 22. Juni 1889 erlassene Invaliditäts- und Altersversicherungsgesetz (I. Nr. 36—39), dessen Entwurf bereits bei Eröffnung des Reichstages am 22. November 1888 den Abgeordneten überreicht worden war.[1]

Doch damit hatte die Arbeiterversicherungsgesetzgebung keineswegs ihren Höhepunkt erreicht. Vielmehr war der Gesetzgeber auch weiterhin darauf bedacht, durch Reformgesetze den Kreis der Versicherten wesentlich zu erweitern, die Leistungen an sie zu erhöhen und die Organisation zu vervollkommnen. Die Reformgesetze:

für die Krankenversicherung

vom 10. April 1892 (I. Nr. 31—33) (eine Revision der Fassung des Gesetzes von 1883 und der Ausdehnungsgesetze der Jahre 1885 und 1886),

vom 30. Juni 1900 (I. Nr. 34) (betr. Abänderung des K.V.),

vom 25. Mai 1903 (I. Nr. 35) (Krankenfürsorge von 13 Wochen auf 26 Wochen und Geschlechtskrankheiten ausgedehnt).

für die Unfallversicherung

vom 30. Juni 1900 (I. Nr. 21—24) (betr. die Zusammenfassung der früheren U.V.-Gesetze zu einem „Mantelgesetz" mit Gewerbe-, Bauunfall-, Landwirtschafts- und Seeunfall-V.G.).

für die Invalidenversicherung

vom 13. Juli 1899 (I. Nr. 40—44) (Neufassung des Gesetzes vom 22. Juni 1889)

geben dafür den besten Beweis.[2] In diesen Reformgesetzen sprengte die deutsche Arbeiterversicherung ihre Fessel und entwickelte sich nach und nach zu einer immer umfangreicheren „Sozialversicherung". Denn nach den Reformgesetzen von 1892, 1899, 1900 und 1903 beschränkte sich die deutsche Arbeiterversicherung keineswegs mehr lediglich auf die Versicherung gegen Krankheit, Unfall, Invalidität und Alter des abhängigen Lohnarbeiterstandes. In ihr sind vielmehr zum Teil schon inbegriffen: Familien-, Wöchnerinnen- und Sterbegeldversicherung. Dazu unterliegen ihr auch Personenkreise wie z. B. Angestellte, die den Übergang zum Mittelstand bilden oder sogar ausgesprochenerweise dem Mittelstande angehören. So kommt es denn, daß man seitdem besser von einer staatlichen „Sozialversicherung im engeren Sinne" als von einer Arbeiterversicherung spricht.[3]

---

[1] Die Inhaltsangabe der grundlegenden Entwürfe und Gesetze der alten Arbeiterversicherung ist nachzulesen bei Rosin, Das Recht der Arbeiterversicherung. Bd. 1, Berlin 1893.

[2] Die Änderungen und Verbesserungen der Arbeiterversicherungsgesetze seit 1889 hat kurz der verstorbene Präsident des R.V.-Amtes, Dr. Bödicker, in einem Vortrag: „Die Entwickelung der Arbeiterversicherung in Deutschland seit 1889", Vortrag auf dem 7. Intern. Arbeiterversicherungskongreß in Wien 1905 (vgl. Ber. hierzu) zusammengefaßt.

[3] Manes, Versicherungslexikon, Tübingen 1909 und 1913. Art. Versicherungswesen.

§ 2. Notwendigkeit und Vorschläge einer Reform der Sozialversicherung.

Der Grund für die schrittweise Durchführung der deutschen Sozialversicherung ist in vielerlei politischen und finanziellen Schwierigkeiten, sowie in der anfänglich völligen Unkenntnis einer Massenversicherung überhaupt und in dem Fehlen jeglicher statistischer Unterlagen zu suchen. Dieser „Sprung ins Dunkle“, wie viele die Einführung der staatlichen Zwangsversicherung nannten, war es ja gerade auch, weswegen Bismarck die heftigsten Anfechtungen wiederholt erleiden mußte. Nachdem sich aber heute Bödickers prophetisches Wort „von dem Siegeslauf der werbenden Gedanken der unvergeßlichen Botschaft“ allmählich erfüllt und man die hohe Bedeutung der Arbeiterversicherung für die Wohlfahrt der Nation, für unsere Gesamterzeugung und die Schaffenskraft der einzelnen Betriebe[1] erwiesen hat, kann man nur die höchste Bewunderung für Bismarcks politischen Weitblick, soziale Umsicht und schöpferische Energie haben. So schreibt denn auch Schmoller:[2]

Die drei grundlegenden Reformen wurden in 9 Jahren mit dem Hochdruck aller parlamentarischen Mittel durchgesetzt. Ich habe einem der von mir hochgeschätzten Verfasser der Entwürfe einst in privater Unterredung eingewandt, das sei Überstürzung. Ich glaubte damals, man solle die Sache mehr ausreifen lassen, vor neuen Schritten mehr Erfahrung sammeln. Es wurde mir die schlagende Antwort: Wenn das ganze Werk nicht unter Bismarck fertig werde, so könnten Generationen vergehen, bis man wieder einen Schritt vorwärts komme. Parlamentarische Verfassung mit ihrer starken Züchtung von Partei- und Klasseninteressen sind meist zu großer Sozialreform unfähig. Nur eine ungewöhnlich starke und die Unternehmer geschickt gewinnende Regierung konnte gegen die Sozialdemokratie und gegen einen erheblichen Teil der Liberalen und der Konservativen dieses Gesetz in so kurzer Zeit durchsetzen, welches die Unternehmer in erster Linie belastet, den Arbeitern dagegen in erster Linie nützt.

Und mit Recht nennt derselbe Gelehrte das Werk: „Eine weltgeschichtliche Wendung im Sinne der Korrektur der sog. kapitalistischen Volkswirtschaft“.

Der Umstand nun, daß die Sozialversicherung nicht in einem Gusse geschaffen werden konnte, hatte begreiflicherweise neben der schwer übersichtlichen Vielgestaltigkeit[3] infolge der vielen Gesetzesreformen auch eine große Anzahl Mängel und Unvollkommenheiten in rechtlicher, sozialer und organisatorischer Hinsicht zur Folge. Man versteht daher leicht, daß bereits seit den 90er Jahren wiederholt durchgreifende Reformen von weitblickenden Nationalökonomen, Juristen und Männern der Praxis gefordert wurden. Die Vorschläge, die dafür gemacht wurden, zielten zum Teil auf eine völlige Verschmelzung und Vereinheitlichung der deutschen Arbeiterversicherung hin. Ohne des näheren auf die einzelnen Vorschläge einzugehen, seien nur

---

[1] Lass u. Zahn, Einrichtung und Wirkung der deutschen Arbeiterversicherung, Berlin 1902. v. d. Borght, Die soziale Bedeutung der Arbeiterversicherung, Jena 1908.

[2] Schmoller, Grundriß der allgem. Volkswirtschaftslehre, 2. Teil 1904.

[3] Rosin, Bestrebung zur Vereinfachung der deutschen Arbeiterversicherung, Zeitschr. f. g. Vers.-Wissenschaft 1909, S. 198 ff.

kurz ihre Hauptprobleme herausgestellt. Man kann drei Richtungen unterscheiden: Der erste Vorschlag erstrebte die Verschmelzung der Kranken- und Invalidenversicherung auf territorialer Grundlage mit dem Prinzip der Kapitaldeckung mit Prämienverfahren. Ein bekannter Vertreter dieses Vorschlages war der jetzige Präsident des R.V.A. Dr. Freund.[1] In einem anderen Vorschlage wurden die Verschmelzung der Unfall- mit der Invalidenversicherung besonders eifrig von dem ersten verstorbenen Präsidenten des R.V.A., Dr. Bödicker[1] schon gelegentlich einer im Reichsamte des Innern stattgehabten Konferenz in Jahre 1895 und später wieder auf dem 7. Internationalen Arbeiterversicherungskongreß in Wien 1905 vertreten. Der dritte und radikalste Vorschlag forderte schließlich eine völlige Verschmelzung aller drei Versicherungszweige zu einer einzigen Reichsversicherung. (Vgl. Vorschlag von Romacker.[1]) Es kann nicht meine Aufgabe sein, hier im einzelnen die Gründe darzulegen, welche zu den Vorschlägen führten und welche deren Verwirklichung entgegenstanden. Ich will mich damit begnügen, neben der Aufzählung der reichhaltigen einschlägigen Literatur[1] besonders auf die ausführlichen Darlegungen zu verweisen, die gegenüber den Wünschen auf Verschmelzung schon der am 26. Februar 1897 vorgelegte erste Gesetzentwurf (I. Nr. 42) zur Abänderung der Invaliditäts- und Altersversicherung enthält. Obwohl in diesem Entwurf die Zweckmäßigkeit einer etwaigen Zusammenlegung, vor allem einer Vereinheitlichung anerkannt wurde, so mußte dennoch wegen der außerordentlichen Schwierigkeiten davon abgesehen werden, die im inneren Wesen der einzelnen Versicherungszweige, besonders in der ganz verschiedenen Natur ihrer Risiken begründet sind.[2]

Weit eher Anklang mußten dagegen die immer reichhaltigeren Vorschläge[3] zu einer Vereinfachung und Verbesserung der Sozialversicherung finden, die dahin zielten, ohne radikale Verschmelzung durch gemeinsame örtliche Organisationen die einzelnen Versicherungszweige gegenseitig zu nähern, sowie einzelne Unvollkommenheiten zu beseitigen und, wo es wünschenswert, die Sozialversicherung noch weiter auszubauen. Sie waren es auch, auf welche die Regierung zurückkam, nachdem eine Reform durch verschiedene Reichstagsresolutionen wiederholt gefordert worden war. Die Reform schien um so nötiger und zweckmäßiger, als infolge des Zolltarifgesetzes[4] vom 25. Dezember 1902, das in § 15 gewisse Erträgnisse der Lebensmittelzölle zur Erleichterung der Durchführung einer Witwen- und Waisenversorgung bestimmte, zum 1. Juni 1910 ein diesbezügliches Gesetz nötig wurde. Den Ausgangspunkt zu einer Reform von

---

[1] Literaturnachweis (II. Nr. 1—38).

[2] Weymann, Arbeiterversicherung und ihre Reform durch die R.V.O., Frankfurt a. M. 1909, S. 11—14 zeigt die Verschiedenartigkeit der drei Versicherungszweige.

[3] III. Nr. 1—38.

[4] von Löper, Die Versicherung der Arbeiter-Witwen und -Waisen in Deutschland, Berlin 1907, S. 47ff.; S. 166ff.

seiten der Regierung bildeten die „Grundzüge für die Abänderungen der Organisation, des Verfahrens und des Instanzenzuges in Arbeiterversicherungssachen“, die am 5. März 1908 den Bundesregierungen bekannt gegeben wurden. Eine lebhafte Kritik und einige vom 23. bis 27. Oktober 1908 im Reichsamt des Innern mit mehreren Interessentengruppen gehabte Konferenzen lieferten darauf dem Gesetzgeber reichliches Material zu einem ersten Entwurf einer R.V.O., der im Januar 1909 fertiggestellt, nach wenigen Abänderungen als zweiter Entwurf am 2. April 1909 der Öffentlichkeit zur Kritik übergeben wurde. Es kann nicht wundernehmen, daß diese Kritik[1] besonders scharf einsetzte und in vielen Punkten weit auseinandergehende Anschauungen ergab, da die einzelnen Interessen der an der deutschen Sozialversicherung beteiligten Kreise zu verschiedenartig sind. Man bedenke nur, daß die Zahl der versicherten Personen in der deutschen Sozialversicherung mindestens ein Drittel der gesamten Bevölkerung des Deutschen Reiches umfaßt, und daß durch die Ausdehnung der verschiedenen Versicherungszweige mindestens die Hälfte des deutschen Volkes als direkte Interessenten in Frage kommen. Das Resultat der vielseitigen Stellungnahme, der verschiedenen politischen, wirtschaftlichen und wissenschaftlichen Kreise war, daß wesentliche Änderungen vorgenommen werden mußten, wenn man überhaupt eine Einigung der verschiedenen Interessen auf mittlere Basis erzielen wollte. Am 12. März 1910 ging daher ein neuer dritter Gesetzentwurf[2] dem Reichstage zu. Nach dessen erster Beratung vom 18. bis 20. April 1910 überwies das Reichstagsplenum diese Vorlage einer Kommission von 28 Mitgliedern, die sich vom Mai 1910 bis April 1911 aufs eingehendste damit beschäftigte, wofür rein äußerlich schon der über 2000 Seiten zählende Kommissionsbericht[3] spricht. Der Reichstag befaßte sich darauf vom 5.—22. Mai 1911 in zweiter Lesung mit dem Kommissionsentwurf und nahm nach mehrfachen Abänderungen das neue Gesetz in der Sitzung vom 30. Mai 1911 und das zugehörige Einführungsgesetz am 31. Mai 1911 mit großer Stimmenmehrheit an. Nach Zustimmung des Bundesrates am 1. Juni 1911 wurde schließlich die R.V.O. unter dem 19. Juli 1911 verkündet.[4]

Die Fortschritte dieser R.V.O. gegenüber den alten Arbeiterversicherungsgesetzen herauszustellen, deren Bedeutung in rechtlicher, wirtschaftlicher und sozialer Beziehung zu würdigen, sowie auf weitere bereits bei Beratung der Reformgesetze anerkannte, erstrebenswerte Neuerungen einzugehen, soll das Ziel der weiteren Ausführung sein.

[1] III. Nr. 1—8.
[2] I. Nr. 50.
[3] I. Nr. 52.
[4] I. Nr. 45.

Hauptteil.

Fortschritte der Reichsversicherungsordnung.

Erster Abschnitt.

Die Vereinheitlichung der deutschen Arbeiterversicherungsgesetzgebung durch die R.V.O.

§ 3. Die Zusammenfassung der einzelnen Gesetze zu einer Kodifikation.

Die Hauptbedeutung der R.V.O. besteht darin, daß sie die bisher in verschiedenen Gesetzen nebeneinander bestehende Kranken-, Unfall- und Invalidenversicherung in einer einzigen großen Kodifikation vereint. Gleichzeitig verbindet sie die neugeschaffene Hinterbliebenenversicherung (H.V.) mit der Invalidenversicherung (I.V.).

Der umfassende Name R.V.O. wurde der Bezeichnung „Arbeiterversicherung" oder „Sozialversicherung" vorgezogen, weil einmal, wie bereits in der Einleitung gezeigt wurde, der Kreis der Versicherten weit über die Personen hinausgeht, die man gewöhnlich unter Arbeitern versteht, und weil andererseits der Begriff „Sozialversicherung" ein sehr dehnbarer ist. „Da die ganze deutsche soziale Versicherung nicht nur durch Reichsgesetz geregelt, sondern auch überhaupt erst von Reichs wegen ins Leben gerufen worden ist, so schien die Benennung R.V.O. analog der der Gewerbeordnung die zutreffendste."[1] Damit sollte sich dieses Gesetz nach Ansicht des Gesetzgebers zugleich von anderen Reichsgesetzen unterscheiden, die sonstiges Versicherungsrecht betreffen, z. B. die Gesetze über die privaten Versicherungsunternehmungen vom 12. Mai 1901 (R.G.Bl. S. 139) und über den Versicherungsvertrag vom 30. Mai 1908 (R.G.Bl. S. 263). Allerdings kann nun dennoch die gewählte Bezeichnung R.V.O. den Laien leicht irreführen, da sie das erst am 20. Dezember 1911 erlassene Versicherungsgesetz für Angestellte (R.G.Bl. S. 989) nicht mit umfaßt, welche Versicherung ja ebenfalls eine Reichsversicherung ist. Dieser Widerspruch hätte um so eher vom Gesetzgeber vermieden

[1] I. Nr. 50, a. a. O. S. 21.

werden können, als bei Beratung der R.V.O. das Reichsamt des Innern schon längst das Angestelltenversicherungsgesetz in Bearbeitung hatte. Dieser rein äußerliche Fehler kann indessen keineswegs die mannigfachen Vorteile der R.V.O. schmälern, die allein die Vereinigung zu einer Kodifikation mit sich brachte.

Zerstreutes Material, das in den einzelnen Versicherungszweigen galt, wurde zusammengefaßt und gleichmäßig angeordnet, Wiederholungen wurden in der Gesetzgebung tunlichst vermieden und allen Versicherungszweigen gemeinsame Grundsätze und Einzelvorschriften in einer einheitlichen Gestaltung und in klar gefaßten Bestimmungen erlassen. Unter diesen Gesichtspunkten gelangte man zu der Einteilung des Gesamtgesetzes in 6 Bücher, wozu noch für die Übergangszeit das Einführungsgesetz kommt. Das erste Buch führt die Bezeichnung „Gemeinsame Vorschriften". Hier werden in den §§ 1—164 neben allgemeinen Grundzügen der Organisation gemeinsame, für alle Träger und Zweige der Versicherung übereinstimmende Vorschriften, sowie Begriffsbestimmungen dargelegt. U. a. werden hier einheitlich die Verordnungen über die Rechtsfähigkeit, die Organe, die Ehrenämter, das Vermögen der Versicherungsträger und ihrer Beaufsichtigung, über Behörden, Rechtshilfe, Leistung, ärztliche Behandlung, Fristen, Zustellungen, Gebühren und Stempel, Verbote und Strafen, Ortslohn, Beschäftigungsort, ausländische Gesetzgebung, sowie einige allgemeine Vorschriften zusammengefaßt. Den weitaus größten Teil dieses Buches füllen die wichtigen, gänzlich neuen Bestimmungen über die neugeschaffenen Versicherungsbehörden aus. Das zweite, dritte und vierte Buch bringen, soweit möglich, in gleichmäßiger Anordnung besondere Vorschriften für die einzelnen Versicherungszweige der R.V., also für die Kranken-, Unfall- und Invaliden- mit der neu geschaffenen Hinterbliebenenversicherung. Im fünften Buch werden die Beziehungen der Versicherungsträger zueinander und zu anderen Verpflichteten geregelt, während das sechste Buch das Verfahren in den „Beschluß- und Spruchsachen" behandelt.

Trotz des Wunsches, eine möglichst weitgehende Gleichmäßigkeit in der Anordnung in den einzelnen Versicherungszweigen des zweiten bis vierten Buches zu erreichen, mußte wiederholt dieses Vorhaben infolge der Verschiedenartigkeit und der Besonderheiten der einzelnen Versicherungen durchbrochen werden. Verschiedentlich wird der neuen R.V.O. auch die große Paragraphenzahl vorgeworfen, wodurch die Handlichkeit und Übersichtlichkeit außerordentlich leiden soll. Dieser Vorwurf wird aber abgeschwächt, zum Teil sogar unbegründet, wenn man der Ursache der großen Paragraphenzahl nachgeht. Die 1805 Paragraphen der R.V.O., denen 880 Paragraphen der bisherigen Arbeiterversicherungsgesetze gegenüberstehen, waren bedingt einmal durch das unvermeidliche Anschwellen des Stoffes infolge der neuen Vorschriften, z. B. über Versicherungsbehörden, über Einbeziehung neuer besonderer Berufskreise in die K.V., Einführung der H.V. usw. Dazu wurde die Zahl der

Paragraphen ganz erheblich dadurch noch vermehrt, daß lange Paragraphen der alten Versicherungsgesetze in mehrere kleinere, selbständige Paragraphen zerlegt, und daß die alten mit Indices (a, b, c) versehenen Paragraphen z. B. der K.V. fortlaufend numeriert worden sind, was zweifellos zur Förderung des Verständnisses und der Klarheit beitragen wird. Ist so der Vorwurf der Unübersichtlichkeit widerlegt, so ist die Unhandlichkeit infolge des Umfanges bis zu einem gewissen Grade wohl zuzugeben, jedoch wird man gern diesen unvermeidlichen Nachteil gegenüber dem größeren Gewinn an Einheitlichkeit und Klarheit nachsehen. Wenn der deutschen R.V.O. gegenüber oftmals die Kürze des im November 1908 eingebrachten Entwurfes einer (bis jetzt noch nicht Gesetz gewordenen) R.V.O. der österreichischen Regierung angeführt wird, die nur 325 Paragraphen umfaßt, so hinkt dieser Vergleich entschieden. Man übersieht hierbei gänzlich, daß der Umfang der österreichischen Versicherungen lange nicht dem unserer Versicherungen entspricht, und daß u. a. die kleine Paragraphenzahl auf Kosten des Verständnisses erzielt wurde, indem die Paragraphen sich oft über eine Seite erstrecken und damit die Übersichtlichkeit bedeutend erschweren. Nicht ganz unberechtigt ist allerdings die Frage, wie sich der Laie in den 1805 Paragraphen der deutschen R.V.O. zurechtfinden soll? Wohl kaum wird man hier eine befriedigende Antwort finden können; höchstens kann man auf die übersichtliche Einteilung des umfangreichen Gesetzes verweisen. So viel ist jedoch sicher, daß die R.V.O. im allgemeinen besser verstanden werden wird, als die 880 Paragraphen der bisherigen Gesetze der K.-, U.- und I.-V., die oftmals auf alte Gesetze und verschiedene Novellen verwiesen. Dazu bedienten sich diese alten Gesetze einer sehr geschraubten Sprache. Im Gegensatz hierzu „sind die in den alten Versicherungsgesetzen noch häufig überlangen Perioden möglichst in einzelne Sätze aufgelöst, die allzu zahlreichen Passiv- und Partizipialkonstruktionen vermindert und die ebenfalls im Überfluß angewandten Umschreibungen einfacher Zeitworte durch Haupt- und Hilfszeitworte (z. B. in Verwahrung nehmen statt verwahren) tunlichst vermieden worden“.[1] Auch muß an dieser Stelle noch lobend der klaren Begriffe gedacht werden, welche die R.V.O. ganz neu schuf, ein für die Verwaltung und Rechtsprechung nicht zu unterschätzender Vorteil. Besonders zahlreich sind solche Begriffe in der K.V. eingeführt worden. Wir begegnen hier beispielsweise den völlig neuen Bezeichnungen Regel- und Mehrleistung, Kranken-, Familien- und Wochenhilfe, Hausgeld usw., die bei einiger Einsicht einen guten Überblick gestatten.[2] Der Ausdruck „Erwerbsunfähigkeit“, allgemein die Voraussetzung für den Anspruch auf die Leistungen der einzelnen Versicherungszweige, wurde durch die sich passend unterscheidenden Ausdrücke „Arbeitsunfähigkeit“ in der K.V., „Erwerbsunfähigkeit“ in der U.V. und „Invalidität“ in der I.- und H.V. ersetzt.

[1] I. Nr. 50, a. a. O., S. 22.
[2] Vgl. die Zusammenstellung S. 82.

So bedeutet denn rein äußerlich betrachtet die R.V.O. schon infolge ihrer vereinheitlichenden Zusammenfassung, ihrer übersichtlichen Gestaltung, ihrer klaren Sprache und Begriffsbestimmungen zweifellos einen Fortschritt gegenüber den bisherigen Reichsversicherungsgesetzen.

§ 4. Die einheitliche Gestaltung des Instanzenzuges durch die neugeschaffenen Versicherungsbehörden.

A. Allgemeines.

Bei Durchführung der R.V., die in erster Linie den Versicherungsträgern der einzelnen Versicherungszweige obliegt, gibt es eine große Zahl von Aufgaben verwaltungsgerichtlicher und rechtsprechender Art, die ihrer Natur nach in die Hand von Behörden und Sonderorganisationen gelegt werden müssen. Infolge der allmählichen und stückweisen Entstehung der Versicherungsgesetze waren diese Aufgaben vor der R.V.O. auf eine große Anzahl teils staatlicher, teils polizeilicher und gemeindlicher Behörden verteilt, was, wie wir unten sehen werden, ungemeine Nachteile zur Folge hatte. Diese unerträgliche Vielgestaltigkeit der zuständigen Behörden in Rechtsprechung und Verwaltung durch einen allen Versicherungszweigen gemeinsamen Unterbau zu beseitigen, war daher schon unter den verschiedensten Bezeichnungen in den meisten Reformvorschlägen gefordert worden, die der R.V.O. und ihren Entwürfen vorausgingen. Entsprechend den verschiedenen Zielen der Reformvorschläge wichen die einzelnen Forderungen hierfür hinsichtlich der Organisation und der Zuständigkeit der zu schaffenden Behörden wesentlich voneinander ab.[1] Es war daher für den Gesetzgeber bei der Bildung des gemeinsamen Instanzenzuges keine leichte Aufgabe, möglichst allen Wünschen gerecht zu werden. Die weit auseinandergehenden Interessen und Anschauungen, die bei den Vorschlägen über die Versicherungsbehörden insbesondere über die Versicherungsämter laut wurden, erklären es auch, daß die diesbezüglichen Abschnitte darüber in den einzelnen Gesetzesvorlagen zur R.V.O. die mannigfachsten Umänderungen zu erleiden hatten. Um schließlich eine Einigung der verschiedenen Meinungen und Interessen herbeizuführen, mußte ein Gesetz angenommen werden, das sich auf eine mittlere Basis der Gegensätze stellte. Eine Folge davon war, daß die anfangs geplante verhältnismäßig große Übereinstimmung der Zuständigkeit der Versicherungsbehörden bei den verschiedenen Versicherungszweigen nicht durchgeführt und so trotz des einheitlichen Instanzenzuges ein sehr verschiedenartiger Rechtsweg in den einzelnen Versicherungszweigen geschaffen wurde. Wenn dies im Interesse einer Erleichterung der Übersicht, des Verständnisses und des Verfahrens selbst zu bedauern ist, so wird dies andererseits z. T. gerechtfertigt durch die ganz ver-

[1] II. Nr. 1—38 u. III. Nr. 1—8.

schiedene Natur der einzelnen Versicherungen, die einen besonderen Instanzenweg erfordern.[1] So muß man denn die Lösung, wie sie die R.V.O. mit ihren Bestimmungen über die Versicherungsbehörden schließlich nach heißen Kämpfen doch noch gefunden hat, im allgemeinen als eine befriedigende ansehen. Ist doch damit der Vorteil eines wenigstens in den Einzelversicherungszweigen einheitlichen Verfahrens für Streitigkeiten und Instanzenzuges für Verwaltungsangelegenheiten gesichert worden.

Als Behörden der R.V. kommen künftig die „Abteilung für Arbeiterversicherung" (V.-Ämter), die O.V.-Ämter, und das R.V.-Amt mit den daneben bestehenden L.V.-Ämtern in Betracht. Diese sind Reichs-, Staats- bzw. Kommunalbehörden, je nachdem sie selbständig oder an obere bzw. untere staatliche und gemeindliche Behörden angegliedert sind. Ihre Organisation soll die nachfolgende Übersicht[1] wiedergeben.

Unter Hinweis auf diese Übersicht (S. 14 u. 15) kann ich sogleich auf die Besprechung, besonders auf die Würdigung der Aufgaben und Bedeutung dieser Versicherungsbehörden im einzelnen eingehen.

B. Die Versicherungsämter.

Die V.-Ämter werden für die Bezirke unterer Verwaltungsbehörden[2] im Anschluß an diese errichtet.[3] Nur in ganz vereinzelten Ausnahmefällen sollen sie zu selbständigen Behörden werden. Die Voraussetzung für den Ausnahmefall ist nur dann gegeben, wenn in Bundesstaaten die Einrichtung der Landesbehörden die Errichtung der V.-Ämter bei den unteren Verwaltungsbehörden nicht zuläßt und nur ein O.V.A. besteht. Abgesehen davon, daß hierfür überhaupt nur wenige kleine Staaten in Betracht kämen, haben von dieser Bestimmung (soweit ich feststellen konnte) nur Hamburg und das Großherzogtum Mecklenburg-Schwerin Gebrauch gemacht, wo alle Behörden unmittelbar unter dem Senat (Hamburg) bzw. dem Ministerium des Innern (Mecklenburg-Schwerin) stehen, und es Mittelbehörden überhaupt nicht gibt. Die fast ausnahmslose Angliederung der V.-Ämter an untere Ver-

---

[1] Man denke z. B. an die Aufsichtsbefugnisse, die nach der R.V.O. dem V.A. in der K.V. und dem R.V.A. in der I.- u. U.V. zustehen. Ohne weiteres leuchtet hier die Notwendigkeit der verschiedenen Zuständigkeit der Versicherungsbehörden ein, denn kaum wird man sich die nur für untere Verwaltungsbezirke errichteten V.-Ämter als Aufsichtsbehörden einer B.G. oder einer V.-Anstalt denken können, die meist für einen ganzen Bundesstaat errichtet sind. Andererseits würde eine Zentralbehörde wie das R.V.A. kaum eine hinreichende Gewähr für eine umfassende Aufsicht Tausender von K.-Kassen bieten.

[2] A. N., 31. Dez. 1912, S. 1074ff.: Verzeichn. d. Verwaltungsbehörden.

[3] Die Vorschläge, wie sie öfter in der Literatur auftraten, zum gemeinsamen Unterbau K.-Kassen oder Rentenstellen der V.-Anstalten auszubauen, konnte nicht verwirklicht werden, da ein Zusammenwirken dieser Stellen mit allen Versicherungsträgern in uninteressierter und unbefangener Weise, sowie mit dem ihnen fremd gegenüberstehenden Behördenorganismus in einheitlicher Weise schwer zu erzielen gewesen wäre. Vgl. Näheres: I. Nr. 52, a. a. O. S. 50.

waltungsbehörden hat man der zuerst geplanten[1] selbständigen Organisation wegen mannigfacher Vorteile vorgezogen. Hauptsächlich sind diese organisatorischer und finanzieller Art. Die Angliederung ist insofern günstig, als die kommunalen Behörden, die hierbei größtenteils in Frage kommen, bisher auf sozialpolitischem Gebiete meist eine so umfassende Tätigkeit ausgeübt haben, daß sie nunmehr die damit gewonnenen Erfahrungen recht gut verwerten können. Dieser Vorteil wird erhöht dadurch, daß die Gesundheitspflege, Gewerbepolizei, die Fürsorge für Wohnungspflege, die Armenpflege usw., welche den unteren Verwaltungsbehörden obliegen, mit der Arbeiterversicherung in engster wechselseitiger Beziehung stehen. Mit der Angliederung der V.-Ämter wird es infolgedessen ermöglicht werden, daß die allgemeinen Verwaltungsbehörden, die anerkannt geeignetsten Organe zur Ausführung sozialer Aufgaben, mit der Sozialversicherung in bester Fühlung bleiben können. Dies ist um so mehr zu begrüßen, als die Bevölkerung auf Grund langjährigen Verkehrs und langjähriger Erfahrung weit mehr Vertrauen zu bereits bestehenden und überall genügend bekannten Behörden der Staats- und Kommunalverwaltung haben werden, als zu neuen Behörden. In finanzieller Beziehung ist gleichfalls die Angliederung der V.-Ämter der Selbständigkeit vorzuziehen. Würde doch ein selbständiger neuer Behördenapparat allein durch Vermehrung der Beamtenzahl eine ganz bedeutende Kostenvermehrung verursacht haben.[2] Die Kosten bestimmen sich nach Art und Umfang der Organisation und der Aufgaben des V.-Amtes. Es ist daher nötig, diese vorerst einer Betrachtung zu unterziehen.

Nach der R.V.O. soll der Leiter der unteren Verwaltungsbehörde (z. B. Landrat, Gemeindevorstand, Bürgermeister usw.) zugleich der Leiter des V.-Amtes werden. Dazu kann diejenige Behörde, bei der das V.-Amt angegliedert ist, ein oder mehrere Stellvertreter des Vorsitzenden mit Zustimmung des O.V.A. bestellen, soweit die Bestellung nicht überhaupt nach Landesrecht erfolgt. Diese Stellvertreter, die ganz besonders bei überlasteten großen unteren Verwaltungsbehörden unentbehrlich werden, übernehmen ausschließlich die dem V.-Amt zugewiesenen Geschäfte der R.V. Von ihnen also wird es zum größten Teil abhängen, in welchem Maße die V.-Ämter den Erwartungen entsprechen werden. Die Begründung zum Entwurf der R.V.O. weist mit Recht darauf hin, daß dieser Stellvertreter neben Geschäftsgewandtheit, sozialem Verständnis und der Fähigkeit, Menschen geschickt und taktvoll zu behandeln, ein beträchtliches Maß von Gesetzeskenntnis und Erfahrung in der R.V. haben muß, wenn er den in seiner Stellung an ihn herantretenden Aufgaben voll gewachsen sein soll. Die R.V.O. selbst schreibt vor, daß zum Stell-

---

[1] I. Nr. 47, a. a. O.

[2] Man behauptet mit Recht, daß die Kosten für selbständige V.-Ämter mindestens das Zehn- bis Zwanzigfache der der angegliederten V.-Ämter ausgemacht haben würde, da das selbständige V.A. diejenigen sachlichen und persönlichen Verwaltungseinrichtungen erheischt hätte, die bei der Angliederung bereits vorhanden waren und nur ausgebaut zu werden brauchten.

Die Organisation der Versicherungs-

	Errichtung und Abgrenzung	Besoldete Leiter sind bei dem	Besoldete Beamte	Gewählte Ehrenbeamte
Versich.-Amt: („Abteil. für Arbeiterversicherung")	a) angegliedert an untere Verwaltungsbehörden für deren Bezirk. b) als selbständige Behörde auf Bestimmen der obersten Verwaltungsbehörde, sofern nur ein O.V.A. im betr. Bundesstaat vorhanden ist.	der Vorsitzende der unteren Verwaltungsbehörde u. ein oder mehrere Stellvertreter, ernannt von der unteren Verwaltungsbehörde.	Beamte der unteren Verwaltungsbehörde.	Versicherungs-Vertreter: je $^1/_2$ Arbeitgeber u. Versicherte. Mindestzahl: 12. Daneben Stellvertreter in gleicher Anzahl.
Ober-Versich.-Amt:	Auf Anordnung der obersten Verwaltungsbehörde. a) angegliedert an obere Verwaltungsbeh. in der Regel für deren Bezirk. b) als selbständige Staatsbehörde. c) Sonder-O.-V.-Ämter für Eisenbahn- u. Marinebetriebe des Staates u. Reiches u. Knappschaftskassen.	der Vorsitzende der höheren Verwaltungsbehörde u. ein ständiger Direktor als Stellvertreter, ernannt von der oberen Verwaltungsbeh. Bei b) u. c) nur der von der obersten Verwaltungsbeh. ernannte Direktor.	Mindestens ein ständiges Mitglied und Stellvertreter, ernannt von der obersten Verwaltungsbehörde.	Beisitzer: je $^1/_2$ Arbeitgeber u. Versicherte. In der Regel 40. Daneben Stellvertreter in gleicher Anzahl.
Reichs-Versich.-Amt: entspr. **Landes-Versich.-Amt:**	In Berlin als selbständige Spruch-, Beschluß- u. Aufsichtsbehörde mit endgültiger Entscheidung. Entspr. die L.-V.-Ämter, die vor Erlaß der R.V.O. bereits bestanden u. mindestens 4 O.V.-Ämtern vorstehen, für den Bereich eines Bunstaates. Zurzeit gibt es eins in: Baden, Bayern u. Sachsen.	Präsident, sowie für die einzelnen Abteilungen der Versicherung die Direktoren u. Senatspräsidenten, ernannt vom Kaiser auf Vorschlag des Bundesrates aus der Reihe der ständigen Mitglieder. Bei L.V.-Amt ernannt durch Landesregierung.	a) Ständige Mitglieder ernannt v. Kaiser. b) Beamte, ernannt v. Reichskanzler. Bei L.V.-Amt ernannt durch Landesregierung.	32 nichtständige Mitglieder, wovon 8 der Bundesrat ernennt und je 12 von den Arbeitgebern und Versicherten gewählt werden. Daneben gewählte Stellvertreter, deren Zahl der Reichskanzler bestimmt. Bei L.V.-Amt je 8 Arbeitgeber u. Versicherte als nichtständige Mitglieder, sowie Stellvertreter.

behörden der R.V.O.

Berechtigung zur Wahl für die Ehrenbeamten haben	Bestimmung der Stimmenzahl bei der Wahl durch	Wahlsystem (1), -ordnung (2), -leitung (3) u. Wählbarkeit (4)	Gliederung der Ämter in Abteilungen
Vorstandsmitgl. der Krankenkassen im Bezirk des V.-Amtes, sowie Vorstandsmitgl. der Ersatz-, Knappschafts- u. Seemannskrankenkassen, wenn sie 50 Mitglieder haben.	das V.A. nach der Mitgliederzahl der wahlberechtigten Kassen	1. Verhältniswahl für Arbeitgeber und Versicherte. 2. Wahlordnung erlassen: durch oberste Verwaltungsbehörde. 3. Wahl leitet Vorsitzender des V.-Amtes. 4. Wählbar: nur Männer des V.-Amtsbezirkes (1/2 muß der U.V. angehören).	Ausschüsse: a) ein Beschlußausschuß, bestehend aus dem Vorsitz. und 2 Versicherungsvertretern u. 2 Stellvertretern: auf je 4 Jahre. b) ein od. mehr Spruchausschüsse bestehend aus: Vorsitzendem und 2 Versicherungsvertretern.
a) für Arbeitgeber: 1/2: Arbeitgeber des Ausschusses der zuständ. Versicherungs-Anstalt (I.V.) 1/2: Vorstände der zuständ. landwirtsch. u. gewählten Vertrauensberufsgenossenschaften. b) für Versicherte: Versicherungsvertreter der V.-Ämter des O.V.-Amtsbezirkes. Für die Wahl der Sonder-O.V.-Ämter vgl. § 75 der R.V.O.	die Wahlordnung. O.V.A. nach der Zahl der Krankenkassenmitgl. des Bezirks ihres V.-Amtes	1. für Arbeitgeber: Stimmenmehrheit, für Versicherte: Verhältniswahl. 2. Wahlordnung erlassen für Arbeitgeber: das R. V.-Amt, für Versicherte: die oberste Verwaltungsbehörde. 3. Wahl leitet Direktor des O. V.-Amtes. 4. Wählbarkeit vergl. V.-Amt.	Kammern: a) eine oder mehr Beschlußkammern: 2 Mitglieder und 2 Beisitzer: auf je 4 Jahre. b) eine oder mehr Spruchkammern: 1 Mitglied und 4 Beisitzer.
a) für Arbeitgeber: 6: Ausschuß der Versich.-Anstalt. 4: Gewerbeunfall-Vers. 2: landwirtsch. U.V. b) für Versicherte: Versichertenbeisitzer der O. V.-Ämter u. zwar: 8 aus Gewerbe- u. See-Unfallversich. 4 aus landwirtsch. Unfallvers. Entsprechend bei den L. V.-Ämtern.	den Bundesrat nach der Zahl der bei den Wahlkörpern Versicherten „	1. für Arbeitgeber: Stimmenmehrheit, für Versicherte: Verhältniswahl. 2. Wahlordnung erlassen vom R. V. A. unter Zuziehung d. Bundesrates. 3. Wahl leitet das R.V.-Amt bzw. L.V.-Amt. 4. Wählbar f. Arbeitgeber: Mitglieder der Berufsgenossensch., deren Vertreter oder Betriebsleiter sowie Arbeitgeber, die Mitgl. eines Ausschusses einer V.-Anstalt. für Versicherte: gegen Unfall Versicherte, sowie Versichertenmitgl. im Ausschuß einer Versicherungsanstalt.	Senate: a) Beschlußsenate. Präsident od. 1 Direktor od. Senatspräsident, je 1 ständ. u. v. Bundesr. gewähltes nichtständiges, sowie 2 nichtständige Mitglieder. b) Spruchsenate: 1 Vorsitzender, je 1 ständ. u. vom Bundesr. gew. nichtständ., sowie 2 nichtständige Mitgl. u. 2 richterliche Beamte. c) ein Großer Senat: 1 Präsident, je 2 ständ. und vom Bundesr. gew. nichtständ., sowie 4 nichtständ. Mitgl., 2 richterl. Beamte (auf 1 Jahr). Bei den L.V.-Ämtern besteht kein großer Senat.

vertreter bestellt werden kann, wer durch Vorbildung und Erfahrung auf dem Gebiete der Arbeiterversicherung geeignet ist. Neben Personen mit der Befähigung zum höheren Verwaltungsdienst oder zum Richteramt werden besonders auch Männer der Praxis für diese Stellung in Betracht kommen. Ganz besonders dürfte sich für Volkswirtschaftler hier ein weites Gebiet sozial wertvoller Betätigung eröffnen.

Neben den Beamten der unteren Verwaltungsbehörden wird der Vorsitzende bzw. sein Stellvertreter (V.-Amtmann genannt) in der Amtstätigkeit von mindestens 12 V.-Vertretern unterstützt, die je zur Hälfte von den Vorstandsmitgliedern der K.-Kassen aus der Mitte der Arbeitgeber und der versicherten Arbeitnehmer nach den Grundsätzen der Verhältniswahl zu wählen sind.[1] Die Wahl erfolgt nur durch die Vorstandsmitglieder der K.-Kassen, die entsprechend ihrer Mitgliederzahl Stimmen haben. U.V. und I.V. sind also von der Wahlberechtigung ausgeschlossen, was stark angefochten wurde. Einen gewissen Ausgleich dieser Benachteiligung hat man zu schaffen gesucht durch die Bestimmung, daß mindestens die Hälfte der V.-Vertreter der U.V. angehören muß. Übrigens hat die Ausschließung der U.V. und I.V. von der Wahl ihre Berechtigung, wenn man den Aufgabenkreis des V.-Amtes ins Auge faßt, der sich vorwiegend auf die K.V. erstreckt. Es soll daher im folgenden auf die Aufgaben und die Bedeutung des V.-Amtes eingegangen werden. Dabei wird zugleich deutlich der Fortschritt gegen frühere Einrichtungen erkannt werden.

Nach der Begr. z. Entw. d. R.V.O. soll das V.-Amt eine gegenseitige Annäherung der bestehenden selbständigen Versicherungszweige bewirken und als gemeinsames Bindeglied und Unterbau da eintreten, wo dies der Erfahrung gemäß am meisten nottut, nämlich in der unteren örtlichen Instanz. Die Vorteile, die dadurch erzielt werden, sind für Versicherte, Arbeitgeber und Versicherungsträger von nicht zu unterschätzender Bedeutung. Für die Versicherten ergibt sich, daß ihre Ansprüche auf Versicherungsleistung durch die V.-Ämter an die richtige Stelle geleitet werden können. Im allgemeinen ist den Versicherten viel daran gelegen, daß ihnen möglichst rasch bei Krankheit, Unfall oder Invalidität geholfen wird. Zu diesem Zwecke hatten sie bisher bei den zuständigen Versicherungsträgern

[1] Wegen der Wichtigkeit sei gleich hier darauf hingewiesen, daß in allen drei Instanzen der Versicherungsbehörden zur Durchführung ihrer Aufgaben Laien hinzugezogen werden, die wie bei dem V.-Amt je zur Hälfte aus Arbeitgebern und Versicherten gewählt werden. Nur ist zu beachten, daß die Verhältniswahl für die Wahl der V.-Vertreter aus dem Kreise der Arbeitnehmer für alle drei Instanzen, für die der Arbeitgeber jedoch nur für das V.-Amt gilt. Die Vertreter der Arbeitgeber werden für die O.V.-Ämter und das R.V.-Amt mit absoluter Stimmenmehrheit gewählt. Es kann nicht meine Aufgabe sein, hier auf die Durchführung der Wahl im einzelnen einzugehen und ihre Nachteile und Vorteile zu beleuchten. Hingewiesen sei nur auf die weittragende Bedeutung der Verhältniswahl, die auch Minderheiten eine gewisse Vertretung sichert. Mit der Heranziehung der Laien zu den Versicherungsbehörden wird dem Grundsatz kollegialer Selbstverwaltung Rechnung getragen, jenem Grundsatz, der sich bei den Gewerbe-, Kaufmannsgerichten usw. aufs beste bewährt hat.

oder Sonderorganisationen ihre Ansprüche geltend zu machen. Da nun aber oftmals die Leistungspflicht der einzelnen Versicherungsträger ineinander übergriff (z. B. bei Unfällen), so entstanden wiederholt zahlreiche Zweifel, an welchen Versicherungsträger sich der Versicherte zunächst zu wenden hatte. Diese Unklarheit führte schließlich mitunter dazu, daß bei Überschreitung der Fristen u. dgl. der Anspruch des Versicherten verloren ging, zum mindesten aber seine Erledigung unliebsam verzögert wurde. Die V.-Ämter werden in Zukunft die Gewähr bieten, daß eine Verzögerung infolge Unkenntnis des leistungspflichtigen Versicherungsträgers ausgeschlossen wird, und daß in jedem Falle die Ansprüche an die richtige Stelle geleitet werden. Weiter haben die Versicherten die Möglichkeit, ihre besonderen persönlichen Verhältnisse, die für die Inanspruchnahme der Leistung der R.V. von Belang sind, an einer unparteiischen Stelle, dem V.-Amte, auch persönlich klarzustellen. Dies ist um so eher möglich, als das V.-Amt im allgemeinen bei seiner örtlichen Verteilung leicht zu erreichen sein wird. Endlich ist für die Versicherten, für die Arbeitgeber und ebenfalls für die Versicherungsträger durch das V.-Amt eine einfache und einheitliche Zuständigkeit in Streitsachen geschaffen worden. Herrschte doch in dieser Beziehung besonders auf dem Gebiete der K.V. bisher eine außerordentliche Zersplitterung. Wie groß diese war und welche Vereinfachung durch den einheitlichen Instanzenzug gerade bei Streitsachen der K.V. gebracht worden ist, kann kaum deutlicher als durch die Übersicht gezeigt werden, die ich zu diesem Zwecke nachfolgend zusammengestellt habe (S. 18):

Aus dieser Zusammenstellung kann man erkennen, wie vielfältig und verschiedenartig die Zuständigkeit allein in Streitsachen der K.V. gewesen ist, die zu wissen für den Laien ganz unmöglich war. Diese Zersplitterung schloß den weiteren Nachteil in sich, daß für die zuständigen Behörden reichsgesetzlich jedesmal die sonst nicht allgemein üblichen Sammelnamen wie untere, höhere Verwaltungsbehörde oder Zentralbehörde gebraucht werden mußten, während die tatsächliche Bezeichnung dieser Behörden in den einzelnen Bundesstaaten je nach deren verwaltungsrechtlichen Organisationen ganz verschieden waren. Nicht zum mindesten wird die Praxis selbst durch die einheitliche Organisation der V.-Ämter gewinnen. „Mußten früher neben den Versicherungsgesetzen stets auch noch die umfangreichen Vorschriften des Gerichtsverfassungsgesetzes, der Zivilprozeßordnung oder der Landesgesetze über das Verwaltungsstreitverfahren mit herangezogen werden, so faßt nunmehr die R.V.O. die sachlichen und Verfahrensvorschriften in ein einheitliches Gesetz und in übersichtlicher Weise zusammen.“[1] Förderung der Verwaltung und Rechtsprechung wird die unmittelbare Folge davon sein. Die einheitlichen, mit geeigneten Kräften ausgestatteten V.-Ämter werden ihre Aufgaben viel sachgemäßer und besser erledigen können, als die ver-

[1] I. Nr. 50 a. a. O., Begr. S. 145.

Die bisherige und künftige Zuständigkeit bei Streitigkeiten aus der Krankenversicherung.

Bei Streitigkeiten aus der Krankenversicherung:	waren zuständig:	sind zuständig:
a) zwischen Arbeitgeber und Versicherten über die Berechnung und Anrechnung ihrer Beitragsanteile zur Versicherung:	1. die reichsgesetzl. Gewerbegerichte für Versicherte, die vor diesen ihren Gerichtsstand haben, 2. die landesrechtl. Gewerbegerichte für Versicherte, die vor diesen Recht nehmen, 3. Innungsschiedsgerichte, soweit sie dazu eingerichtet sind, bei Streit zwischen Arbeitgebern und Versicherten zu entscheiden, 4. die Innung (bei Streit zwischen Innungsmitglied und Lehrling), 5. die Kaufmannsgerichte, 6. die ordentlichen Gerichte, vergl. K.V.G. §§ 53a, 65, 72, 73 und 78.	Das Versicherungsamt (Beschlußausschuß), dem die endgültige Entscheidung zusteht, vergl. § 405.
b) zwischen Arbeitgeber bez. -nehmer und der Krankenkasse über die Berechnung der Beiträge:	Die Aufsichtsbehörden oder die von der obersten Verwaltungsbeh. bezeichnete andere Behörde, deren Entscheidung im ordentlichen Rechtswege, soweit aber solche Streitigkeiten dem Verwaltungsstreitverfahren überwiesen waren, im Wege des letzteren angefochten werden konnte. Vergl. K.V.G. § 58 i.	Das Versicherungsamt (Beschlußausschuß), dessen angefochtene Entscheidung endgültig das O.V.A. bestätigt oder verwirft, vergl. § 405.
c) zwischen Trägern der K.V. untereinander über die Kassenzugehörigkeit von Gewerbszweigen und Betrieben:	Die höheren Verwaltungsbehörden, gegen deren Entscheidung Beschwerde an die Zentralbehörde (oberste Verwaltungsbeh.) zulässig war. Vergl. § 57 b.	Das V.Amt (Beschlußausschuß), dessen Urteil bei dem O.V.A. endgültig angefochten werden kann, vgl. § 258.
d) zwischen Arbeitgeber bez. -nehmer u. der K.Kasse weg. Unterstützungsansprüchen:	Teils die höheren Verwaltungsbehörden, teils die Aufsichtsbehörde, vergl. § 58.	Das O.V.A. (Spruchausschuß), vgl. § 224.
e) wegen Ansprüchen der K.Kasse aus den auf sie übergegangenen Entschädigungsansprüchen gegen Dritte:	Die ordentlichen Gerichte, vergl. § 58.	Das V.Amt (im Spruchverfahren), vgl. § 428.
f) zwischen Kassenverband und den beteiligten Kassen:	Die Aufsichtsbehörden, deren Urteil im Verwaltungsstreitverfahren bez. Rekursverfahren anfechtbar ist, vergl. § 58 s.	Das V.Amt (Beschlußausschuß) mit Beschwerde an das O.V.A., vgl. § 413.
g) zwischen K.Kassen und anderen Versicherungsträgern:	Die Verwaltungs-bez. Aufsichtsbeh., vergl. § 76 c.	Das V.Amt, vgl. § 1515.

schiedenen bisher zuständigen Verwaltungs- und Gerichtsbehörden. Endlich dürfte die Tätigkeit der Versicherungsämter noch den Vorteil verbürgen, daß durch sie den Versicherungsträgern für ihre Entschließungen gut und sorgfältig vorbereitetes Material geliefert wird, wodurch deren Geschäftslast durch Ersparung von Rückfragen, Beweisaufnahmen u. dgl. bedeutend vermindert wird. Worin dieses Material besteht, wird die Betrachtung der Aufgaben der V.-Ämter bei den einzelnen Versicherungszweigen zeigen.

Der Aufgabenkreis der V.-Ämter ist in den einzelnen Versicherungszweigen entsprechend deren verschiedener Natur ganz verschieden umgrenzt. Am meisten wird die Tätigkeit des V.-Amtes durch die K.V. in Anspruch genommen werden. Hier übernimmt es als Aufsichts- und untere Gerichtsinstanz die Befugnisse, die nach dem alten K.V.G. vielen verschiedenartigen Verwaltungs- und Gerichtsbehörden zustanden. Dies ist um so mehr hervorzuheben, als in der Beseitigung der Zersplitterung in Aufsicht und Rechtsprechung gerade eine der wesentlichsten Verbesserungen in der K.V. mit zu sehen ist. Als Aufsichtsbehörde der K.K. stehen dem V.-Amt nicht allein reine Aufsichtsrechte über die einzelnen Kassen und Kassenverbände zu. Seine Tätigkeit geht vielmehr, ebenso wie bei den früheren Aufsichtsbehörden, über die eigentliche Kontrolle hinaus. So nimmt es u. a. Organisationsfunktionen wahr, wie Mitwirkung bei der äußeren Organisation der Kassen, Bestellung des Kassenvorsitzenden und der Kassenbeamten, falls diese infolge Streit oder Weigerung nicht durch die Kassenvorstände erfolgt, Genehmigung der Krankenordnung, Festsetzung des Wertes der Roh- und Hilfsstoffe der Hausgewerbetreibenden u. a. m. Außerdem ist dem V.-Amt das Recht übertragen worden, Ordnungsstrafen gegen Vorstandsmitglieder und Vorsitzenden der K.Kassen zu verhängen und bei Streitigkeiten über Rechte und Pflichten der Organe und ihrer Mitglieder, über die Auslegung der Satzung und über die Gültigkeit der Wahl zu entscheiden. Dies letztere Recht kann das V.-Amt nicht ausüben, ohne zugleich auch Gerichtsinstanz zu sein. Als solche übernimmt es insbesondere die Entscheidungen in erster Instanz über Streitigkeiten der K.V., wie sie oben bereits angeführt wurden.

In der U.V. stehen dem V.-Amt lediglich die Aufgaben einer örtlichen Stelle zu, als welche es Geschäfte allgemeiner Art zu erledigen hat, die ehedem einzelnen unteren Verwaltungsbehörden, Gemeinden und besonderen Organen der B.G. zukamen. So kann es an Unfalluntersuchungen teilnehmen, in welchem Falle es auf Ersuchen des Versicherungsträgers den gesamten Sachverhalt aufzuklären, wenn nötig Zeugen und Sachverständige zu vernehmen und sich gutachtlich zu äußern hat. Weiter soll es bei Anmeldung der unfallversicherungspflichtigen Betriebe und Streitigkeiten über Eintragungen in das Betriebsverzeichnis mitwirken. Auf Antrag der B.G. hat es ferner bei Zahlungsunfähigkeit von Bauunternehmern die Haftung für die Beiträge zur U.V. den Bauherren und Zwischenunternehmern aufzuerlegen. Auch setzt es die Strafen wegen Zuwiderhandlung der Versicherten gegen die Unfallverhütungsvorschriften fest, wozu früher der Vorstand der Betriebs- oder Bau-K.K. oder die Ortspolizeibehörde ermächtigt war.

Nicht nur die Aufgaben einer örtlichen Stelle, sondern auch einige Entscheidungen in unterer Instanz sind dem V.-Amt in der I.V. und H.V. übertragen worden. Als örtliche Stelle hat es hier die Anträge der Versicherten auf Leistungen entgegenzunehmen, darauf die Anspruchsberechtigung durch Beweisaufnahmen und Erhebungen nach freiem Ermessen des V.-Amtmannes klarzustellen und nach Abschluß dem Versicherungsträger ein Gutachten darüber abzugeben, nachdem zuvor evtl. vor dem vollbesetzten V.-Amt noch mündlich mit den Beteiligten verhandelt worden ist. Außerdem hönnen die V.-Anstalten dem V.-Amt die Begutachtung der Rentenentziehung, die Überwachung der Rentenempfänger und die Kontrolle der Beitragsentrichtung u. a. m. übertragen. Dabei kann das V.-Amt Geldstrafen verhängen wegen pflichtwidriger Unterlassung der Anmeldung der Versicherungspflichtigen und wegen Mißbrauch von Quittungskarten. Als untere Gerichtsinstanz trifft das V.-Amt Entscheidungen über Anträge auf Befreiungen von der V.-Pflicht und vor allem über Streitigkeiten zwischen V.-Anstalten und Arbeitgebern oder -nehmern, oder zwischen Arbeitgebern und -nehmern wegen Berechnung und Anrechnung bezgl. Erstattung und Ersatz von V.-Beiträgen. In der angeführten Tätigkeit des V.-Amts in der I.V. ersetzt es die verschiedenen unteren Verwaltungsbehörden und die sog. Rentenstellen, die seit dem I.V.G. von 1899 zur besseren und einheitlicheren Durchführung dieser Aufgaben von den V.-Anstalten gegründet worden waren und künftig nun wieder in Wegfall kommen.

Neben diesen Aufgaben für die einzelnen V.-Zweige wird dem V.-Amte noch ein weiteres Arbeitsfeld allgemeiner Art zugewiesen. U. a. hat es, wenn es geboten erscheint, anzuordnen, daß die Gewohnheitstrinker statt Geldleistungen Sachleistungen von den V.-Trägern erhalten; ferner hat es Gutachten bei Festsetzung des Ortslohnes an die O.V.-Ämter abzugeben und besonders über alle mit der reichsgesetzlichen Versicherung im Zusammenhang stehenden Fragen Auskunft zu erteilen.

Um diese mannigfachen Aufgaben und vor allem die Entscheidungen, die das V.-Amt bei Anträgen, Beschwerden und Streitigkeiten nach der R.V.O. zu fällen hat, einheitlich durchführen zu können, scheidet die R.V.O. in Spruch- und in Beschlußsachen, die dann im Spruch- und Beschlußverfahren verhandelt werden. Zu diesem Zwecke werden bei jedem V.-Amt ein oder mehrere Spruchausschüsse bestehend aus Vorsitzenden (V.-Amtmann) und zwei V.-Vertretern, sowie ein Beschlußausschuß bestehend aus dem V.-Amtmann, zwei V.-Vertretern und zwei Stellvertretern errichtet.[1] Der Spruchausschuß hat bald eine entscheidende, bald eine begutachtende Tätigkeit. Gutachten hat er z. B. bei der Gewährung erstmaliger

[1] Zusammenstellung S. 15.

Leistungen in der I.V., H.V. und auf Antrag auch bei der U.V. abzugeben. Entscheidungen trifft der Spruchausschuß über Ersatz und Erstattungsansprüche zwischen den verschiedenen V.-Trägern untereinander und zwischen diesen und Dritten (z. B. Gemeinden), sowie in erster Instanz über die Festsetzung der Leistungen in der K.V. Der Beschlußausschuß entscheidet als erste Instanz bei Streitigkeiten verwaltungsgerichtlicher Art besonders in der K.V., während er in der I.V. nur in vereinzelten Fällen und in der U.V. überhaupt nicht zuständig ist.[1]

Das Verfahren vor den Beschlußausschüssen ist gebührenfrei, während bei Streitigkeiten des Spruchverfahrens die entstehenden Barauslagen (z. B. der Beweisaufnahmen) mit Ausnahme der Bezüge der V.-Vertreter zu erstatten sind.[2] Alle sonstigen Kosten des V.-Amtes tragen der Gemeindeverband, dessen Bezirk den des V.-Amtes umfaßt, und die Bundesstaaten, bei dessen unteren Verwaltungsbehörden das V.-Amt errichtet ist. Die Begründung zum Entwurf der R.V.O. nahm an, daß rund 1000 V.-Ämter würden nötig werden, deren Kosten man auf 6,77 Millionen Mark berechnete.[3] Inzwischen ist nun die Errichtung der V.-Ämter durchgeführt worden. Bei Bestimmung der Größe und Abgrenzung ihres Amtsbezirks war darauf Rücksicht zu nehmen, daß einerseits die Bezirke groß genug gemacht wurden, um dem Leiter und den V.-Vertretern die Gewinnung genügender Erfahrungen in R.V.-Sachen zu gewährleisten, und daß andererseits die Bezirke wiederum nicht zu groß gewählt wurden, um den Versicherten einen leichten Verkehr mit dem V.-Amte zu ermöglichen. Unter Berücksichtigung dieser Gesichtspunkte ist es gekommen, daß die Zahl der errichteten V.-Ämter zurzeit über 1200 (1220) beträgt, wie sich an

[1] Zu den Beschlußsachen des V.-Amts gehören bei der K.V. und I.V. die Streitigkeiten zwischen Arbeitgebern und Versicherten, oder zwischen diesen und den V.-Trägern wegen des Versicherungsverhältnisses, Anrechnung und Berechnung von Beiträgen und deren Zahlungspflicht. Dazu kommen Verwaltungsstreitigkeiten lediglich aus der K.V. über Anordnungen und Verfügungen der K.K. z. B. betreffend das Dienstverhältnis der K.K.-Angestellten, die der Dienstordnung unterstehen.

[2] Damit folgt man im allgemeinen bisherigen Grundsätzen, wonach gleichfalls die Verwaltungs- und Gerichtsbehörden ohne Entscheidung die Geschäfte der R.V. wahrgenommen haben, und nur die Erstattungspflicht der Barauslagen für Streitigkeiten galt, die künftig dem Spruchausschuß des V.-Amtes übertragen sind. Ein Unterschied besteht nur darin, daß bei der Kostenerstattung auch die Bezüge der V.-Vertreter, wenn solche hinzugezogen waren, mit inbegriffen waren, was künftig bei den V.-Ämtern nicht mehr der Fall ist. Bemerkt sei hierbei, daß die V.-Vertreter der V.-Ämter, die ihr Amt als Ehrenamt verwalten, ihre Barauslagen (Reise usw.), sowie für entgangenen Arbeitsverdienst und Zeitverlust einen vom O.V.-Amt genehmigten Pauschbetrag erhalten.

[3] Den Bezirk eines V.-Amtes hatte man dabei, abgesehen von den Großstädten, die je ein V.-Amt erhalten sollten, durchschnittlich auf gegen 50000 Seelen festgesetzt, indem man z. B. in Preußen für jeden Kreis eines Landratsamtes oder in Sachsen für jeden Amtsgerichtsbezirk durchschnittlich ein V.-Amt in Aussicht genommen hatte. Zur Berechnung ihrer Gesamtkosten stellte sodann die finanzielle Begründung des Entwurfs einen Anschlag über die durchschnittlichen Verwaltungskosten auf, wobei man die den V.-Ämtern zugewiesenen einzelnen Aufgaben in der K.-, U.- u. I.- mit H.V. zugrunde legte und deren Kosten zu ermitteln suchte.

der Hand einer Zusammenstellung des R.V.-Amtes feststellen ließ.[1] Mithin sind also über 200 V.-Ämter mehr errichtet worden als der Entwurf vorschlug. Legte man die Berechnung des Entwurfes zugrunde, so würden die Gesamtkosten der V.-Ämter trotz ihrer größeren Zahl sich nicht höher stellen. Denn die oben erwähnte Summe von 6,77 Millionen Mark ist das Ergebnis der gesamten Verwaltungskosten, die alle den V.-Ämtern zugewiesenen Arbeiten aus der R.V. ohne Rücksicht auf die Zahl der V.-Ämter verursachen. Daß diese Rechnung nicht genau sein kann, leuchtet ohne weiteres ein. Man wird kaum zu hoch greifen, wenn man annimmt, daß die Kosten für die 200 V.-Ämter, die mehr errichtet worden sind, als der Voranschlag annahm, den veranschlagten Gesamtkostenpreis um etwa 1000:200 = $^1/_5$ erhöhen wird. Die Gesamtkosten für die V.-Ämter dürften demnach auf rund $8^1/_2$ Millionen Mark zu schätzen sein, welche Annahme jedoch unter größtem Vorbehalt zu machen ist, da erst die Zukunft eine genaue Berechnung ermöglichen wird. Bei Beurteilung der Gesamtkosten des V.-Amtes muß man berücksichtigen, daß sie keineswegs etwa eine gänzlich neue Belastung für die Gemeinden und Gemeindeverbände darstellen, die bei Wegfall der V.-Ämter hätte erspart werden können. Wie oben gezeigt wurde, übernehmen die V.-Ämter zum großen Teil Aufgaben, die ehedem bereits den verschiedensten Verwaltungsbehörden, Polizeibehörden, Rentenstellen und Gerichten zustanden, und die zum mindesten jenen Behörden dieselben Kosten verursachten, wie künftig den V.-Ämtern. Der Kostenaufwand aber, der durch Erweiterung des Aufgabenkreises der V.-Ämter z. B. durch die H.V. und durch Ausdehnung der K.V. entsteht, würde sicher auch zum Teil erforderlich geworden sein, wenn man die verschiedenen neuen Aufgaben schon bestehenden Behörden übertragen hätte. Zudem ist anzunehmen, daß die Aufgaben in Zukunft von den V.-Ämtern viel sachgemäßer und daher auch billiger erledigt werden, so daß die auf der einen Seite durch Erweiterung des Aufgabenkreises entstehenden Mehrkosten auf der anderen Seite durch bessere und billigere Arbeitsweise ausgeglichen werden. Denn bei der bisherigen Zersplitterung der Zuständigkeit war ein gründliches Einarbeiten der Beamten der verschiedenen Verwaltungsbehörden nicht möglich, wodurch infolge Rücksprache usw. die Kosten natürlich vermehrt wurden. Es bleibt also nur noch der Aufwand, der infolge Neubildung der Behörden erforderlich wird. Dieser dürfte sich indessen auch nicht so hoch stellen, wie oft angenommen wird, da ja die V.-Ämter fast durchweg an Behörden angegliedert worden sind, die schon bestehende Einrichtungen zum Zwecke der R.V. nur noch besser auszugestalten brauchten.

Zieht man das Ergebnis aus den vorstehenden Erwägungen, so wird man die neugeschaffenen V.-Ämter als notwendige und zur Förderung der R.V. wohl geeignete Einrichtungen anerkennen müssen, die einen gewaltigen Fortschritt gegenüber der früheren Vielgestaltig-

---

[1] A.N. 1912, S. 1026. Verzeichn. d. O.V.-Ämter u. V.-Ämter.

keit und Unübersichtlichkeit der örtlichen Zuständigkeit in der Sozialversicherung bedeuten. Trotzdem fehlt es auch nicht an Gegnern, die die V.-Ämter heftig befehden. Als Haupteinwand machen jene dagegen geltend: Bureaukratisierung der R.V. mit gleichzeitiger Einschränkung des Selbstverwaltungsrechtes der V.-Träger, sowie bedeutende Erhöhung der Organisationskosten. Der erste Vorwurf wird schon allein durch die Tatsache widerlegt, daß die V. Ämter, soweit die Tätigkeit eine behördliche und rechtsprechende oder wie bei der K.V. einen Aufsichtscharakter hat, Befugnisse übernehmen, die bisher in gleicher oder ähnlicher Weise schon bestanden haben und nur anderen sehr verschiedenartigen Behörden beigelegt waren. Berücksichtigt man dabei, daß die ehrenamtliche Mitarbeit der Versicherungsvertreter sicherlich direkt einen maßgebenden Einfluß auf die Entscheidungen und Entschließungen in Sachen der Gerichtsbarkeit und Verwaltung der R.V. ausüben werden, so kann man eher von einer weiteren Ausgestaltung des Rechts der Selbstverwaltung als von einer Zurückdrängung sprechen. Was die Erhöhung der Organisationskosten anbelangt, so muß diese zum Teil zugegeben werden. Nur wird man sie nach obigen Erwägungen bei richtiger Schätzung gegenüber den Vorteilen der V.-Ämter kaum als einen schwerwiegenden Nachteil ansehen können.

C. Die Oberversicherungsämter.

Die Organisation der O.V.-Ämter ist entsprechend den V.-Ämtern durchgeführt worden, so daß die Zusammenstellung S. **14** ohne eingehende Erläuterung verstanden werden wird. Die O.V.-Ämter werden in der Regel für das Gebiet einer höheren Verwaltungsbehörde errichtet. Nach dem Gesetz ist es den obersten Verwaltungsbehörden überlassen, ob sie die O.V.-Ämter an höhere Reichs- oder Staatsbehörden angliedern oder als selbständige Staatsbehörde errichten. Die gleichen Gründe aber, die für eine Anlehnung der V.-Ämter an die unteren Verwaltungsbehörden sprachen, haben auch hier zum größten Teil zu einer Angliederung der O.V.-Ämter an die entsprechenden höheren Verwaltungsbehörden geführt. Wenn der Gesetzgeber die Selbständigkeit der O.V.-Ämter bedingungslos gestattete, so ist dies lediglich auf Grund besonderer Verhältnisse in den einzelnen Staaten geschehen, wo oftmals eine Eingliederung in höhere Verwaltungsbehörden unmöglich oder sehr schwierig gewesen wäre.[1] Neben diesen territorialen selbständigen oder angegliederten O.V.-Ämtern hat die R.V.O. auch noch besondere beruflich abgegrenzte „Sonderoberversicherungsämter" vorgesehen für

1. Betriebsverwaltungen und Dienstbetriebe des Reiches oder der Bundesstaaten, die eigene Betriebskrankenkassen haben,

[1] Z. B. waren bisher in Württemberg fünf Schiedsgerichte als selbständige Schiedsgerichte errichtet, die demgemäß auch im Etat auftraten und jetzt zu einem einzigen selbständigen O.V.A. zusammengefaßt worden sind.

2. Gruppen von Betrieben, für deren Beschäftigte Sonderanstalten die Invaliden- und Hinterbliebenenversicherung besorgen,
3. Gruppen von Betrieben, die Knappschaftsvereinen oder Knappschaftskassen angehören.

Die Durchbrechung des allgemeinen Grundsatzes territorialer O.V.-Ämter und damit vielleicht auch des Einheitlichkeitsprinzipes bei den Versicherungsbehörden wird durch die praktischen Bedürfnisse solcher Sonderversicherungsämter und durch ihre historische Grundlage gerechtfertigt. Treten doch die O.V.-Ämter an die Stelle der bisherigen „Schiedsgerichte für Arbeiterversicherung", die gleichfalls im allgemeinen territorial abgegrenzt, jedoch für knappschaftliche Kasseneinrichtungen und staatliche Betriebe der Eisenbahndirektionen als Sonderschiedsgerichte errichtet waren.[1] Nachdem nach dem Abänderungsgesetz der U.V. vom Jahre 1900 die für die U.V. bestehenden und an deren berufsgenossenschaftlichen Gliederung sich anschließenden Schiedsgerichte aufgehoben und ihre ihnen zustehenden Funktionen auf die nach dem I.V.G. von 1899 errichteten Schiedsgerichte übertragen worden waren, gab es bisher 90 territoriale Schiedsgerichte für Arbeiterversicherung,[2] die nunmehr in 73 territoriale O.V.-Ämter[3] umgewandelt worden sind. Für knappschaftliche Kasseneinrichtung bestanden 9 besondere Schiedsgerichte, von denen vier auf Preußen (in Halle, Klausthal, Dortmund und Saarbrücken) und 5 auf Sachsen (in Freiberg, Leipzig, Oelsnitz, Zittau und Zwickau) kamen. An ihre Stelle sind die Sonderoberversicherungsämter für Bergbaubetriebe in Preußen mit dem Sitz in Halle, Klausthal, Dortmund und Bonn, sowie in Sachsen mit dem Sitz in Freiberg getreten. Dazu hat noch Bayern in München ein solches errichtet. Endlich sind die 25 Schiedsgerichte für die einzelnen Eisenbahndirektionsbezirke, deren in Preußen 20 und in Bayern, Sachsen, Baden,

[1] Die Notwendigkeit von Sonderschiedsgerichten für knappschaftliche Kasseneinrichtungen ergab sich aus der Sonderstellung, welche die Bergbaubetriebe in der R.V. von jeher einnahmen. Dies hat seinen Grund darin, daß schon lange vor Erlaß der R.V.-Gesetze Knappschaftskassen bzw. -vereine zur Unterstützung der in Bergwerksbetrieben bsschäftigten Arbeiter in Fällen der Krankheit und Arbeitsunfähigkeit, sowie der Hinterbliebenen dieser Arbeiter bestanden (vgl. Stier-Somlo, Sozialgesetzgebung § 9, Jena 1906). Auch haben diese Kassen laut landesgesetzlicher Bestimmung und auch nach § 10 und § 52 der I.V. für den Fall der Berufsinvalidität sog. Knappschaftsinvalidenpensionen zu gewähren, wodurch sich mancherlei Beziehungen zu der I.V. ergeben, die zu übersehen und zu beurteilen oftmals nicht ganz leicht sind. Bedenkt man noch, daß für Entscheidungen in bergbaulichen Unfallsachen eine genaue Kenntnis der eigenen Betriebsvorgänge unter Tage von größter Bedeutung sein muß, so erkennt man sicherlich die Zweckmäßigkeit dieser Sonderschiedsgerichte mit ihren sachkundigen Personen. Ähnliche Gründe sprechen für Sonderschiedsgerichte bei Betriebsverwaltungen des Reiches und der Bundesstaaten, die sich bei ihrer Tätigkeit der besonderen Organisation der betr. staatl. Verwaltung anpassen können. Anerkanntermaßen haben sich diese selbständigen Schiedsgerichte aufs beste bewährt, so daß denn auch ihr Ausbau zu besonderen O.V.-Ämtern nur befürwortet werden kann.

[2] Vgl. A.N. 1906, S. 588: Zusammenstellung der Schiedsgerichte für Arbeiterversicherung.

[3] A.N. 1912, S. 1026, Verzeichn. d. O.V.-Ämter u. V.-Ämter.

Hessen und für die Reichseisenbahn in Elsaß-Lothringen je eins vorhanden waren, in die gleiche Anzahl Sonderoberversicherungsämter umgestaltet worden, wozu sich künftig noch ein besonderes O.V.A. für den Bereich der Marineverwaltung des Reiches gesellt. Die bisherigen 124 Schiedsgerichte für Arbeiterversicherung werden somit insgesamt durch 105 O.V.-Ämter ersetzt.

Hinsichtlich ihrer Organisation und ihrer Tätigkeit stellen die O.V.-Ämter eine Weiterbildung der alten Schiedsgerichte der Arbeiterversicherung dar. Der organisatorische Fortschritt zeigt sich vor allem darin, daß die O.V.-Ämter reine Staatsbehörden geworden und nicht mehr wie die Schiedsgerichte den Landversicherungsanstalten nebengeordnet sind,[1] wodurch manch' unliebsame Unzuträglichkeiten, wie Streitigkeiten wegen Höhe der Organisationskosten u. a. m. für die Beteiligten vermieden werden. Dazu beseitigt die R.V.O. mit ihrer einheitlichen Organisation und genauen Abgrenzung der Zuständigkeit der O.V.-Ämter die mannigfachen Unklarheiten, wie sie die wechselseitigen Beziehungen der bezüglichen Bestimmungen über die Schiedsgerichte in dem U.V.G. vom 30. Juni 1900 und dem I.V.G. vom 13. Juli 1899 wiederholt gezeitigt hatten. Waren die Schiedsgerichte nur für Streitigkeiten aus der U.- und I.V. zuständig, so wird der Geschäftskreis der O.V.-Ämter ein viel weiterer sein. Nach der R.V.O. haben die O.V.-Ämter die Geschäfte der R.V. als höhere Spruch-, Beschluß- und Aufsichtsbehörde wahrzunehmen. Als Aufsichtsbehörde übernehmen sie zum großen Teil die bisherigen Aufgaben der höheren Verwaltungsbehörden in Krankenversicherungsangelegenheiten, soweit diese nicht schon den V.-Ämtern übertragen sind. Da, wie wir sahen, bereits dem V.-Amte Aufsichtsrechte über die K.-Kassen und die K.-Kassenverbände übertragen waren, so übt das O.V.-Amt in K.-Kassenangelegenheiten das Recht einer Aufsichtsbehörde im allgemeinen nur als Beschwerdeinstanz über Entscheidungen und Bestimmungen der V.-Ämter aus. Unmittelbar kann das O.V.-Amt in die Geschäfte der K.-Kassen eingreifen, wenn die Krankenpflege oder Krankenhauspflege nicht den berechtigten Anforderungen der Erkrankten genügt. In diesem Falle kann das O.V.-Amt die Kassen nach deren Anhören zur Leistung der Krankenpflege und Krankenhauspflege durch weitere als die von den Kassen bestimmten Ärzte, Zahnärzte, Apotheken oder Krankenhäuser anhalten und nötigenfalls selbst auf Kosten der Kasse das Erforderliche veran-

---

[1] Die Anlehnung der Schiedsgerichte an die V.-Anstalten ging so weit, daß diese sogar für die Beschaffung der Geschäftsräume und Geschäftsbedürfnisse (Möbel, Schreibmaschinen, Bücher, Stempel u. dgl.) und Anstellung der Hilfsbeamten zu sorgen, sowie die sachlichen und persönlichen Kosten der Gerichtshaltung ausschließlich des Gehaltes des von der Zentralbehörde besoldeten und angestellten Vorsitzenden des Schiedsgerichtes zu tragen hatten. Teilweise wurden die Kosten den V.-Anstalten von den beteiligten Versicherungsträgern der I.V. u. U.V. erstattet, ebenso wie die Kosten des Verfahrens demjenigen Träger zur Last fielen, gegen dessen Bescheid die Berufung oder das sonstige Rechtsmittel (Wiederaufnahme usw.) eingelegt worden war.

lassen.[1] Weiter entscheidet das O.V.-Amt als Aufsichtsbehörde erster Instanz über Errichtung, Auflösung und Schließung der K.-Kassen, wogegen die Berufung an die oberste Verwaltungsbehörde zusteht. Endlich hat es in der K.V. noch die Satzungen bezüglich Satzungsänderungen, die durch die R.V.O. neugeschaffenen Dienstordnungen der K.-Kassen, sowie die lebenslängliche Anstellung der Kassenbeamten zu genehmigen. Als Spruch- und Beschlußbehörde fällt das O.V.-Amt entweder in erster oder in zweiter Instanz Entscheidungen. In zweiter Instanz entscheidet es die Beschwerden gegen die Urteile des V.-Amtes. Dieses war meist für alle K.-Kassenstreitigkeiten, für einzelne Beschlußsachen in der I.V. und nur in ganz wenigen Fällen der U.V. zuständig. Daher ist das O.V.-Amt in der Hauptsache Beschluß- und Spruchbehörde zweiter Instanz in der K.V., Beschlußbehörde zweiter Instanz und Spruchbehörde erster Instanz in der I.- und H.V. und lediglich Beschluß- und Spruchbehörde erster Instanz in der U.V. In erster Instanz entscheidet es in der U.V. durch das Beschlußverfahren über Streitigkeiten zwischen B.G. und Bauherrn bzw. Zwischenunternehmern wegen Sicherheitsleistung der Haftung für die Versicherungsbeiträge. Dazu werden dem O.V.-Amte die Beschwerden gegen allgemeine Anordnungen der Träger der U.V. zur Entscheidung überwiesen, für die vordem nur das R.V.A. zuständig war.[2] Im Spruchverfahren erteilt es in erster Instanz über Streitigkeiten zwischen den Anspruchsberechtigten und den Trägern der U.- und I.- und H.V. Wichtig ist bei alledem, daß den O.V.-Ämtern nicht nur ein erheblich größerer Aufgabenkreis, als den früheren Schiedsgerichten zuerteilt worden ist, sondern auch entgegen den Schiedsgerichten in nicht wenigen Fällen eine endgültige Entscheidung zusteht, und zwar in der K.V. in zweiter Instanz und in der U.-, I.- und H.V. dann, wenn es sich um Beschwerden über Entscheidungen und Anordnungen des V.-Amtes oder Strafverfügungen der V.-Träger handelt, soweit die R.V.O. nicht Ausnahmefälle vorsieht. Man könnte glauben, daß die Einheit in der Rechtsprechung gegen früher gestört werden könnte, wenn an Stelle des R.V.-Amtes, dem bisher diese endgültige Entscheidung vorbehalten war, über 100 O.V.-Ämter treten. Diese Befürchtung wird hinfällig durch die Bestimmung der R.V.O., daß das O.V.-Amt die Sachen, in denen ihnen endgültige Entscheidungen zustehen, dann an das R.V.A. abzugeben hat, wenn es von einer amtlich veröffentlichten, grundsätzlichen Entscheidung des R.V.-Amtes abweichen will, oder wenn es sich um eine noch nicht festgestellte Auslegung gesetzlicher Vorschriften von grundsätzlicher Bedeutung handelt.

---

[1] Dieses Recht stand nach dem bisherigen K.V.G. den höheren Verwaltungsbehörden nur dann zu, wenn mindestens 30 beteiligte Versicherte den Antrag auf Einschreiten stellten. Die Bestimmungen der R.V.O. erweitern hingegen die Zuständigkeit des O.V.-Amtes, indem sie ein Eingreifen dessen eigenem pflichtgemäßen Ermessen überläßt.

[2] Solche Beschwerden sind u. a. Beitrags-, Prämien-, Gefahrtarif-, Kataster- und Strafbeschwerden.

Die Streitigkeiten selbst werden bei dem O.V.-Amt durch Beschluß- und Spruchkammern entsprechend den Beschluß- und Spruchausschüssen des V.-Amtes entschieden. Ihre Zusammensetzung läßt sich aus der Zusammenstellung S. 14 u. 15 erkennen.[1]

Die Kosten der O.V.-Ämter hat der Bundesstaat zu tragen. Hingegen sind die Kosten für die besonderen O.V.-Ämter nach Abzug der Einnahmen aus den Gebühren und Geldstrafen von den beteiligten V.-Trägern zu erstatten. Im übrigen haben die V.-Träger nur für jede Spruchsache, an der sie beteiligt sind, einen Pauschbetrag zu entrichten, der vom Bundesstaat für jeden Zweig der R.V. einheitlich für das Reich festgesetzt und von vier zu vier Jahren nachgeprüft wird. Nach einer Bekanntmachung vom 16. März 1912[2] haben die V.-Träger zu den Kosten der O.V.-Ämter zu entrichten: für jede Spruchsache, an der sie beteiligt sind:

Auf dem	Gebiete	der	K.V.	einen	Pauschbetrag	von	Mk.	18,
„	„	„	„ U.V.	„	„	„	„	16,
„	„	„	„ I.- u. H.V.	„	„	„	„	18.

Es läßt sich zurzeit noch kein genaues Urteil über die Höhe der Pauschbeträge fällen, da es gänzlich an hinreichendem Material zu deren Berechnung fehlt, und die vom Bundesrat festgesetzten Beträge zunächst nur Durchschnittsschätzungen sind. Zu verwundern ist es aber, daß die Pauschbeträge auf dem Gebiete der K.V. höher sind als die der U.V., zumal man annehmen muß, daß die Streitsachen der K.V. im allgemeinen einfacher liegen, als die der übrigen Versicherungszweige, wie dies ja auch bei der Kommissionsberatung der R.V.O. ein Kommissar des Bundesrates hervorhob.[3] Die Kostenverteilung kann im allgemeinen als eine gute Lösung der verschiedenen Vorschläge[4] angesehen werden. Zu erwarten ist, daß vor allem die Träger der U.- u. H.V. dadurch nicht unwesentlich entlastet werden, die außer den Kosten des Verfahrens noch gemeinsam die Kosten der Schiedsgerichte ausschließlich der Bezüge des Vorsitzenden und dessen Stellvertreter nach dem Verhältnis der für die beiden Versicherungszweige erledigten Berufungen zu decken hatten. Im Jahre 1910 betrug die Ausgabe der V.-Anstalten der I.V. für die Schiedsgerichte 918608 Mark. An Berufungen in I.-Versicherungssachen wurden im gleichen Jahre 30407 erledigt. Mithin verursachte eine Entscheidung des Schiedsgerichtes in der I.V. durchschnittlich über 30 Mark Unkosten. In der U.V. verausgabten die B.G. insgesamt 2735825 Mark für Schiedsgerichte, die 114905 Streitsachen erledigten. Die Kosten für einen

---

[1] Um eine bessere lokale Zuständigkeit zu ermöglichen, kann ein O.V.-Amt an verschiedenen Orten Spruchkammern errichten. So hat z. B. Württemberg, das nur ein O.V.-Amt in Stuttgart errichtete, noch je eine besondere Spruchkammer in Reutlingen, Ellwangen und Ulm begründet, wodurch für die Beteiligten eine wesentliche Erleichterung geschaffen wird.

[2] A.N. 1912, Heft Nr. 5.

[3] I Nr. 52 a. a. O., I. Buch, S. 172.

[4] Vielfach wurde gänzliche Gebührenfreiheit für die Spruchsachen vorgeschlagen.

erledigten Streitfall über Rentensachen der U.V. kam daher durchschnittlich rund 24 Mark. Man sieht hieraus im Vergleich mit den oben angeführten Pauschbeträgen, daß die V.-Träger bei den Kosten für Spruchsachen vor der R.V.O. wesentlich höher belastet wurden. Das sonstige Verfahren vor dem O.V.-Amt ist wie bei den übrigen V.-Behörden gebührenfrei mit Ausnahme der Spruchsachen der K.V., wo dem unterliegenden Teile eine Gebühr von 1—20 Mark auferlegt werden kann.[1] Wie stark bei der Kostenverteilung die Bundesstaaten belastet werden, läßt sich zurzeit kaum bestimmen. Doch muß man auch hier, wie bei den V.-Ämtern, bei Beurteilung der Belastung berücksichtigen, daß die Kosten eine gewisse Summe enthalten, die sich früher bei den höheren Verwaltungsbehörden für Ausgaben aus der R.V. nötig machten, die künftig die O.V.-Ämter mit wenigen Ausnahmen übernehmen. Auch zahlten die Bundesstaaten schon jetzt jährlich rund 500000 Mark für Schiedsgerichte, deren Vorsitzenden und Stellvertreter sie bestellten.

D. Das Reichsversicherungsamt und die Landesversicherungsämter.

Den O.V.-Ämtern übergeordnet sind die Landesversicherungsämter (L.V.A.) oder das R.V.A., wie dies bereits vor der R.V.O. bei den Schiedsgerichten der Fall war. Im allgemeinen hat die R.V.O. in dem organischen Aufbau der höchsten Instanz, des R.V.-Amtes nichts geändert. Nur einige wenige Änderungen in der Organisation wurden infolge der ständig wachsenden Geschäftslast des R.V.-Amtes in den letzten Jahren notwendig. Das R.V.-Amt ist bereits im Jahre 1884 auf Grund des U.V.G. vom 6. Juli 1884 errichtet worden. Durch den Ausbau und die Erweiterung der U.V.-Gesetze, besonders aber durch die I.V.-Gesetze, durch die dem R.V.A. die oberste Rechtsprechung und die leitende Verwaltungstätigkeit übertragen wurde, hatte sich der Aufgabenkreis des R.V.-Amtes von Jahr zu Jahr in ungeahnter Weise erweitert. Entsprechend der ständig wachsenden Geschäftslast hat die Zahl der ständigen Mitglieder des R.V.-Amtes fortwährend erhöht werden müssen, während die gesetzlich gebundene Zahl der nichtständigen Mitglieder aus den Arbeitgebern und den Versicherten unverändert verblieb. Betrug im Jahre 1884 die Zahl der ständigen Mitglieder einschließlich des Präsidenten des R.V.-Amtes nur 3, so war sie 1891 bereits bis auf 13 und im Jahre 1902 sogar schon auf 52 gestiegen. Im Jahre 1911 bestand das R.V.A., abgesehen vom Präsidenten, aus 2 Direktoren, 23 Senatsvorsitzenden und 43 ständigen Mitgliedern, wozu noch 11 kommissarische Hilfsarbeiter kamen. Dem gegenüber hatte das R.V.A. vom Jahre 1900 ab nur 18 (vorher 16) nichtständige Mitglieder, denen infolge der zunehmenden Überlastungen des R.V.-Amtes von Jahr zu Jahr eine immer größere

[1] Diese Gebühr wird dadurch gerechtfertigt, daß dafür bisher auch schon bei den verschiedenen Verwaltungsbehörden in zweiter Instanz eine Gebühr erhoben wurde, während das Verfahren in erster Instanz kostenfrei war.

Anzahl von Stellvertretern beigegeben werden mußte. Im Jahre 1911 waren als stellvertretende nichtständige Mitglieder aus dem Kreise der Arbeitgeber und -nehmer zusammen 148 Personen für den Bereich der G. und B.U.V., 96 Personen für den Bereich der L.U.V. und 8 Personen für den Bereich der S.U.V. gewählt. Die R.V.O. sucht das Mißverhältnis zwischen den nichtständigen Mitgliedern und deren Stellvertretern etwas auszugleichen, indem sie die gesetzlich festgesetzte Zahl der nichtständigen Mitglieder auf 32 erhöht, zu denen wie früher für die Arbeitgeber und -nehmer auf Anordnung des Reichskanzlers Stellvertreter nach Bedarf hinzugewählt werden können. Die nichtständigen Mitglieder werden nach der R.V.O. entweder vom Bundesrat oder von Vertretern der Arbeitgeber und der Versicherten gewählt. Nur machte sich infolge der Vermehrung der Zahl der nichtständigen Mitglieder eine Änderung der Verteilung notwendig. War bereits im Jahre 1900 die Zahl der vom Bundesrat zu wählenden 4 nichtständigen Mitglieder um 2 erhöht worden, so hat der Bundesrat nunmehr infolge der Vermehrung 8 Personen zu wählen, wovon mindestens 6 (früher 4) dem Bundesrat selbst angehören müssen. Die verbleibenden 24 nichtständigen Mitglieder werden je zur Hälfte aus der Mitte der Arbeitgeber und -nehmer gewählt, und zwar mit einfacher Stimmenmehrheit nach den Grundsätzen der Verhältniswahl. Eine fortschrittliche Änderung ist in der Bestimmung der Wahlberechtigung vorgenommen worden. Bisher wurden die nichtständigen Mitglieder aus der Mitte der Arbeitsgeber allein von den Vorständen der B.G. und den Ausführungsbehörden gewählt. Durch die R.V.O. ist es ermöglicht worden, die hinzutretenden 6 nichtständigen Mitglieder aus den Arbeitgebern in den Ausschüssen der V.-Anstalten und in den entsprechenden Vertretungen der Sonderanstalten wählen zu lassen. An der Wahl der 12 nichtständigen Mitglieder aus der Mitte der Versicherten werden künftig entgegen dem alten U.V.G. (vgl. § 11) alle V.-Träger mittelbar als Wahlkörper beteiligt sein, da die Wahlberechtigung den V.-Beisitzern der O.V.-Ämter übertragen worden ist. Wie ehedem hat die R.V.O. an der Verteilung der nichtständigen Mitglieder auf große Erwerbsgruppen festgehalten. Nur hat sie dabei der Verschiedenheit des Bedürfnisses Rechnung getragen, wie sie in den oben angeführten Zahlen der gewählten Stellvertreter vom Jahre 1911 zum Ausdruck kommt. Unter Berücksichtigung dieser Verhältnisse werden künftig von den nichtständigen Mitgliedern

dem Bereiche der G.U.V. je 7
„ „ „ S.U.V. je 1
„ „ „ L.U.V. je 4

Arbeitgeber und Versicherte angehören, während die alte Gesetzgebung aus jedem der genannten Bereiche in gleicher Weise je zwei Vertreter vorsah.

Einige kleine Vereinfachungen in der Organisation des R.V.-Amtes bringt die R.V.O. in der Besetzung und Zuständigkeit seiner

Senate. Nicht mehr Rekurs- und Revisions-Senate unterscheidet man, sondern entsprechend den Beschluß- und Spruchausschüssen oder -kammern der untern und mittleren Versicherungsbehörden Beschluß- und Spruchsenate. Wie die Rekurssenate so entscheiden die Spruchsenate in der Besetzung von 7 Mitgliedern einschließlich des Vorsitzenden und zweier richterlicher Beamten; ebenso verhandeln die künftigen Beschlußsenate entsprechend den alten Revisionssenaten in der Besetzung von 5 Mitgliedern einschließlich des Präsidenten oder eines Direktors oder Senatspräsidenten als Vorsitzenden. Zur Erzielung der Einheitlichkeit der Rechtsprechung ist ähnlich dem alten „Erweiterten Senat" der sog. „Große Senat" eingerichtet worden, der unter dem Vorsitze des Präsidenten zusammentritt und insgesamt einschließlich zweier auf 1 Jahr gewählter richterlicher Beamten aus 11 Mitgliedern besteht. Zu diesen 11 Mitgliedern treten noch 2 Mitglieder eines oder zweier L.V.-Ämter dann hinzu, wenn es sich um Spruchsachen eines dieser L.V.-Ämter handelt, die auf Grund des Gesetzes an den Großen Senat des R.V.-Amtes zu verweisen waren. Der Große Senat hat nach der R.V.O. dann zu entscheiden, wenn in einer grundsätzlichen Rechtsfrage ein Senat des R.V.-Amtes von der Entscheidung eines anderen, oder wenn ein Senat des R.V.-Amtes von der Entscheidung des Großen Senates selbst abweichen will. Dasselbe gilt, wenn der Spruchsenat eines L.V.-Amtes bei einer amtlich veröffentlichten Entscheidung des R.V.-Amtes eine andere Stellung einnehmen will. In welcher Zahl künftig in dem Senat die ständigen und nichtständigen Mitglieder verteilt sind, sieht man leicht aus der Zusammenstellung S.14u.15. Entgegen dem alten Rechte hat die R.V.O. den dreigliedrigen Senat aufgegeben, der ohne mündliche Verhandlung unzulässige, verspätete oder offenbar ungerechtfertigte Rekurse in Unfallsachen und Revisionen in Invalidensachen zurückweisen konnte. Ebenso wurde der sog. „verstärkte Senat" beseitigt, der in der Besetzung von 7 Mitgliedern bei Entscheidungen in Invalidensachen zusammenzutreten hatte, wenn es sich um eine noch nicht festgestellte Auslegung gesetzlicher Bestimmungen von grundsätzlicher Bedeutung handelte. Im ersteren Falle kann nach der R.V.O. der Vorsitzende des Spruchsenates an Stelle des dreigliedrigen Senates das Rechtsmittel ohne Verhandlung verwerfen, während im letzteren Falle künftig der Große Senat entscheidet.

Wichtiger als diese organisatorischen Änderungen des R.V.-Amtes ist die einschneidende Neuregelung des Aufgabenkreises und der Zuständigkeit dieser Behörde. Das R.V.A. war vor der R.V.O. oberste Gerichts-Verwaltungs- und Aufsichtsbehörde ausschließlich für Angelegenheiten der U.- und I.V., während es sich mit Sachen der K.V. nicht zu befassen hatte. Als Aufsichts- und Verwaltungsbehörde lagen ihm die Beobachtung der gesetzlichen und statutarischen Vorschriften sowie die Aufsicht und Prüfung der Geschäftsführung der V.-Anstalten und der B.G. ob. Als Gerichtsbehörde war das R.V.A. Rekursinstanz für die meisten Entscheidungen der Schiedsgerichte in der U.V. und Revisionsinstanz der I.V. Dazu standen ihnen noch mannigfache Entscheidungen verwaltungsgerichtlicher Art in beiden Versicherungszweigen zu. In Bundesstaaten, wo besondere L.V.-Ämter bestanden, war jedoch diesen die Aufsichtsbefugnis über die B.G. und die V.-Anstalten übertragen, deren Geschäftsbereich sich nicht über den betr. Bundesstaat hinaus erstreckte. Unter den gleichen Voraussetzungen wies das alte Gesetz den L.V.-Ämtern die Entscheidungen über Rekurse aus der U.V. und über Beschwerden der U.- und I.V. zu.

Wie schon oben erwähnt, hat im Laufe der Entwickelung und des Ausbaues der R.V. der Aufgabenkreis des R.V.-Amtes einen außerordentlich großen Umfang angenommen, was man am deutlichsten aus nachstehender Übersicht erkennen kann. Sie beweist,

Die rechtsprechende Tätigkeit des Reichsversicherungsamtes.

	Geschäftsjahr	Unerledigt aus dem Vorjahr übernommen	Neu eingegangen	Summe	Erledigt	Unerledigt
A. I. Rekurse und Anträge aus der U.-V.	1887	169	1065	1234	504	730
	1896	2780	9273	12053	8627	3426
	1904	7362	16633	24095	17047	7048
	1906	7305	19940	27245	18361	8884
	1908	10329	22794	33123	20664	12459
	1910	15321	25880	41201	23075	18126
	1911	18126	24346	42472	22680	19792
II. Summe aller Beschwerden aus der U.-V.	1887	?	?	?	5178	1235
	1896	1499	6853	8352	6708	1644
	1904	2207	6623	8830	6855	1975
	1906	1819	6027	7846	5998	1848
	1908	1888	6167	8055	6126	1929
	1910	2493	7762	10255	8017	2238
	1911	2238	6765	9003	6780	2223
B. I. Revisionen aus der I.-V.	1892	944	3571	4515	3277	1238
	1896	1081	4246	5327	4046	1281
	1904	1698	4798	6496	4797	1699
	1906	2632	6290	8922	5488	3434
	1908	2666	6305	8971	6475	2496
	1910	2667	6655	9322	6143	3175
	1911	3175	5939	9114	5564	3550
II. Beschwerden aus der I.-V.	1892	135	1830	1965	1757	208
	1896	320	2671	2991	2614	377
	1904	315	3187	3502	3209	293
	1906	558	3268	3826	3245	581
	1908	549	3335	3884	3522	362
	1910	377	3873	4250	3402	848
	1911	848	3683	4531	4191	340

Anmerk.: Die Tabelle wurde auf Grund der in den „Amtlichen Nachrichten des R.V.-Amtes" jährlich veröffentlichten Geschäftsberichte des Reichsversicherungsamtes zusammengestellt.

daß vor allem die Zahl der eingegangenen und erledigten Rekurssachen und Anträge der U.V. auffallend stark besonders in den letzten Jahren gestiegen ist. Und obwohl die Zahl der Spruchkollegien und Senate für die U.V. von 1 im Jahre 1886, dem ersten Jahre der Spruchtätigkeit des R.V.-Amtes, schließlich zurzeit bis auf 20 vermehrt und dazu deren Tätigkeit durch äußerste Anspannung aller beteiligten Kräfte immer mehr erhöht wurde, mußte dennoch von Jahr zu Jahr eine immer größere Zahl von Rekursen und Anträgen unerledigt bleiben.[1] Die angeführten Zahlen zeigen zur Genüge, daß sich so ein Zustand herausbildete, der sich in den letzten Jahren zu einem geradezu unhaltbaren gesteigert hat. Mußten doch im Jahre 1912 nicht weniger als 19792 Rekurse und Anträge und 2223 Beschwerden aus dem Vorjahre unerledigt übernommen werden, eine Arbeitslast, zu deren Bewältigung die Senate des R.V.-Amtes für die U.V. allein etwa dreiviertel Jahr hätten tätig sein müssen. In der I.V. hat sich kein so starkes Anwachsen der dem R.V.-Amte zufallenden Geschäfte gezeigt. Namentlich haben sich hier nicht entfernt in dem gleichen Maße die Revisionen und sonstigen Streitsachen wie in der U.V. vermehrt. Trotzdem konnten auch im Jahre 1911 die 6 Senate für die I.V. die ihnen zukommende Arbeit nicht erledigen, so daß 349 Beschwerden, sowie 3550 Revisionen erst im Jahre 1912 entschieden werden konnten.[2] Es ist erklärlich, daß die Reformgesetzgebung der R.V. eine Abhilfe der Überlastung des R.V.-Amtes angestrebt hat. An sich konnten die Ursachen der Rechtsmittelvermehrung auf keine Weise beseitigt werden, „weil sie teils auf natürlichen Eigenschaften der beteiligten Personenkreise, teils auf Einrichtungen oder Verhältnisse beruhen, die als solche nicht geändert werden konnten, oder doch nur wenig einer Beeinflussung zugängig waren".[3] Höchstens hätte vielleicht durch Beseitigung der Kostenfreiheit des Verfahrens in der R.V. der übermäßigen Prozeßsucht Einhalt getan werden können. „Dieses Mittel hat sich aber bei den vorsichtigen Versuchen, die damit zunächst gemacht worden sind, als unanwendbar erwiesen."[3] Die R.V.O. sucht eine wirkliche Entlastung des R.V.-Amtes durch die Beschränkung seiner Zuständigkeit als Gerichtsbehörde für letztinstanzliche Entscheidungen von Streitigkeiten über Entschädigungsansprüche herbeizuführen. Als Gerichtsbehörde ist künftig das R.V.A. im allgemeinen Revisionsinstanz in Entscheidungen des O.V.-Amtes über Sachen

[1] Geschichte und Wirkungskreis des R.V.-Amtes, herausg. von Mitgliedern des R.V.-Amtes 1911. S. 126ff.

[2] Der Grund des übermäßigen Anwachsens bes. der Rekurssachen ist nach der „Geschichte des R.V.-Amtes" in der Bevölkerungszunahme, dem wirtschaftlichen Aufschwung, der gesetzgeberischen Tätigkeit und der in der deutschen Eigenart liegenden Streitsucht zu suchen. Vor allem dürfte aber wohl die Ausdehnung der V.-Pflicht durch das Inkrafttreten der neuen V.-Novellen vom Jahre 1900 viel mit dazu beigetragen haben. Ein nicht zu übersehender Grund ist dazu die Kostenfreiheit des Verfahrens vor dem R.V.-Amte, wodurch ein großer Anreiz geboten wird, Rechtsmittel einzulegen, die wenig Aussicht auf Erfolg haben.

[3] Geschichte und Wirkungskreis des R.V.-Amtes, a. a. O., S. 129ff.

der K.-, I.- und H.V., sowie Rekursinstanz[1] in Entscheidungen des O.V.-Amtes über Sachen der U.V. Dadurch wäre an sich keine Entlastung erzielt worden, da im Gegenteil die Geschäfte aus der K.V. und H.V. neu hinzugekommen sind. Die Entlastung ist nun darin zu suchen, daß das Recht der Revision und des Rekurses bei dem R.V.-Amte zum Teil stark beschränkt worden ist. Während früher in der I.V. die Revision gegen Urteile der Schiedsgerichte allgemein zugelassen war, ist dieses Rechtsmittel gegen die Entscheidung des O.V.-Amtes nach der R.V.O. ausgeschlossen, wenn es sich handelt um: Höhe, Beginn und Ende der Renten oder Kapitalabfindungen.[2] Das Rekursrecht in der U.V. ist gleichfalls wesentlich beschränkt, indem nach § 1700 der R.V.O. der Rekurs ausgeschlossen wird, wenn in Frage stehen:

1. Krankenbehandlung oder Hauspflege,
2. Renten für eine Erwerbsunfähigkeit, die zur Zeit der Entscheidung des Rekursgerichts unstreitig oder nach rechtskräftiger Feststellung vorübergegangen ist,
3. Rententeile, die bei dauernder Erwerbsunfähigkeit für begrenzte und bereits abgelaufene Zeiträume zu gewähren sind.
4. Heilanstaltpflege,
5. Angehörigenrente,
6. Sterbegeld,
7. vorläufige Renten,
8. Neufeststellung von Dauerrenten wegen Änderung der Verhältnisse,
9. Kapitalabfindung,
10. Kosten des Verfahrens.

Besonders wird durch die Fälle 7 und 8 eine recht wirksame Entlastung des R.V.-Amtes erreicht werden. Lagen doch z. B. im Jahre 1911 den durch Urteil erledigten 19928 Rekursen des R.V.-Amtes allein 12721 gleich 63,8 % Streitfragen über Neufeststellung von Dauerrenten wegen Änderung der Verhältnisse zugrunde.[3] Ihr Ausschluß vom Rekurs war um so unbedenklicher, als durch die R.V.O.

[1] Um eine noch größere Entlastung zu erreichen, strebte der Entw. z. R.V.O. auch in der U.V. das R.V.A. als Revisionsinstanz an. Zweifellos wäre dadurch, daß hierbei nur die rechtliche und nicht auch die tatsächliche Seite einer Streitsache der U.V. hätte einer neuen Prüfung unterzogen werden müssen, erheblich die Arbeit des R.V.-Amtes vermindert worden. Für die Beschränkung des Rechtsmittels wollte der Entwurf einen Ausgleich schaffen, indem er in 1. Instanz das V.A., in 2. Instanz das O.V.A. einsetzte. Dies stieß jedoch auf lebhaften Widerspruch, so daß schließlich das R.V.A. wie ehedem Rekursinstanz in der U.V. blieb.

[2] Von den neu dem R.V.A. übertragenen Aufgaben aus der K.- und H.V. werden gleichfalls zur Revision nicht zugelassen werden Streitigkeiten wegen
1. Höhe des Kranken-, Haus- oder Sterbegeldes,
2. Unterstützungsfälle, in denen der Kranke nicht oder weniger als acht Wochen arbeitsunfähig war,
3. Wochenhilfe,
4. Familienhilfe,
5. Abfindung,
6. Kosten des Verfahrens (vgl. § 1695 R.V.O.),
7. Witwengeld,
8. Waisenaussteuer (vgl. § 1696 R.V.O.).

[3] A. N. 1912. S. 278.

ein Ausgleich dadurch geschaffen worden ist, daß künftig zwei voll entwickelte unabhängige Instanzen Untersuchungen anzustellen oder Entscheidungen zu treffen haben. Dies geschieht teils in erster Instanz bei dem V.A. durch das neue sog. „Erweiterte Einspruchsverfahren“ bei Neufeststellung der Renten und gegebenenfalls in zweiter Instanz durch das Spruchverfahren vor dem O.V.A. Zudem sind dabei die grundlegenden Streitfragen zumeist schon bei dem ersten Feststellungsverfahren (gegen das ein Rekurs an das R.V.A. zulässig ist) bindend für die späteren Feststellungen erörtert worden, so daß die durch die R.V.O. getroffene Beschränkung des Rekursrechtes in Verbindung mit dem durch das Einspruchsverfahren geschaffenen Ausgleich vollkommen ausreichend ist. Bei den andern oben aufgezählten Fällen, bei denen der Rekurs oder die Revision gleichfalls ausgeschlossen wird, handelt es sich höchst selten um Entscheidungen von grundlegender und weittragender Bedeutung, so daß die Entlastung ohne wesentliche Beeinträchtigung des Rechts erreicht werden wird.

Eine weitere Entlastung des R.V.-Amtes bringt schließlich die R.V.O. durch die allgemeine Bestimmung, daß an Stelle des R.V.-Amtes das L.V.-Amt in allen Fällen zu entscheiden hat, wenn der Bezirk der beteiligten Versicherungsträger sich nicht über das Gebiet des Bundesstaates hinaus erstreckt, für den das L.V.-Amt errichtet ist. Damit wird der bisherige Grundsatz der alten V.-Gesetze durchbrochen, wonach die L.V.-Ämter als Rekursinstanz lediglich in Unfallsachen, indessen nicht als Revisionsinstanz für Invalidensachen zuständig waren. Nur wenn es sich um vermögensrechtliche Streitigkeiten bei Veränderung des Bestandes der dem betreffenden L.V.-Amte zur Aufsicht unterstehenden V.-Anstalten und um Ersatzansprüche gegen gleichfalls vom L.V.-Amte beaufsichtigte B.G. handelte, konnte nach dem alten Gesetz auch das L.V.-Amt endgültig entscheiden. Die R.V.O. erweitert also künftig die Zuständigkeit des L.V.-Amtes zugunsten einer Entlastung des R.V.-Amtes.

Leicht kann ein Einwand gegen die Entlastung des R.V.-Amtes geltend gemacht werden. Infolge der Übertragung der endgültigen Entscheidungen an die vielen O.V.-Ämter und die zugelassenen L.V.-Ämter liegt die Befürchtung einer Rechtszersplitterung in der R.V. nahe. Dem zu begegnen, hat jedoch die R.V.O. bestimmt, daß an das R.V.-Amt und an die L.V.-Ämter die Streitsachen dann abzugeben sind, wenn die Revision oder der Rekurs an das R.V.-Amt ausgeschlossen ist und das O.V.-Amt von einer amtlich veröffentlichten grundsätzlichen Entscheidung des R.V.-Amtes abweichen will, oder wenn es sich um noch nicht festgestellte Auslegungen gesetzlicher Vorschriften von grundsätzlicher Bedeutung handelt. Ebenso hat das L.V.-Amt bei abweichender Beurteilung grundsätzlicher Rechtsfragen die betr. Sache an den Großen Senat des R.V.-Amtes zu verweisen. Durch diese Bestimmung ist, wenn auch nicht vollkommen, so doch in einem erheblichen Maße eine Einheit in der Rechtsprechung der R.V. gewährleistet. Den Gegnern der Beschränkung der Zuständigkeit des R.V.-Amtes besonders in Rekurssachen der

U.V. möge jedoch außerdem der durch die Entlastung erzielte Gewinn entgegengehalten werden, demzufolge sich das R.V.-Amt besser seinen eigentlichen Aufgaben als oberste Verwaltung und Aufsichtsbehörde widmen kann. Die ihm verbleibenden Entscheidungen bei Streitigkeiten aber, deren Zahl immerhin noch sehr groß sein wird, brauchen hoffentlich nicht mehr so lange wie bisher hinausgeschoben zu werden, was vor der R.V.O. zu harten Klagen Anlaß gab.

Wiederholt wurden vorstehend die L.V.-Ämter erwähnt, ohne daß ihre Organisation zuvor besprochen wurde. Dies erübrigte sich, weil die R.V.O. bei ihnen gegenüber den früheren Gesetzen nichts wesentliches geändert hat. Soweit in ihrer Zusammensetzung und ihrem Aufbau überhaupt Änderungen vorgenommen wurden, sind diese entsprechend der des R.V.-Amtes gestaltet worden. So ist als wichtigste die Zahl der nichtständigen Mitglieder von 8 auf 16 erhöht worden, deren Wahl ähnlich wie bei dem R.V.-Amte erfolgt. Wichtiger als die organisatorischen Änderungen, die man aus der Zusammenstellung Seite 14 u. 15 ersehen kann, ist die Beschränkung der weiteren Zulässigkeit der L.V.-Ämter. Während auf Grund der alten U.V.-Gesetze jeder Bundesstaat zur Errichtung eines L.V.-Amtes berechtigt war, sollen künftig nur die bereits errichteten unter der einschränkenden Voraussetzung bestehen bleiben, daß zu ihrem Bereiche mindestens 4 O.V.-Ämter gehören. Diese Bedingungen erfüllen nach Durchführung der R.V.O. von den 8 L.V.-Ämtern, die es bisher gab, nur

das L.V.A. in München für das Königreich Bayern,
„ „ „ Dresden „ „ „ Sachsen und
„ „ „ Karlsruhe „ „ Großherzogtum Baden,

die auch weiter bestehen bleiben. Die Befugnisse der anderen 5 L.V.-Ämter sind dagegen auf das R.V.A. übergegangen und zwar: die des Großherzogl. Mecklenb.-Schwerinschen L.V.-Amtes am 1. Januar 1912,
„ „ Fürstl. Reußischen L.V.-Amtes „ 1. August 1912,
„ „ Großherzogl. Hessischen L.V.-Amtes „ 1. Okt. 1912,
„ „ Königl. Württembergischen L.V.-Amtes „ 1. Januar 1913,
„ „ Großherzogl. Mecklenb.-Strelitzschen L.V.-Amtes[1] „ 1. Januar 1913.

Für die Beseitigung der 5 L.V.-Ämter sprachen ganz besonders Gründe der Zweckmäßigkeit. Nachdem die R.V.O. einen einheitlich geregelten Instanzenzug durch die Versicherungsbehörden gebracht hat, wurden die kleinen L.V.-Ämter überflüssig. Ihre Auflösung wurde weiter dadurch begründet, daß die Zahl der Streitsachen, die sie zu entscheiden hatten, in keinem Verhältnis zu den Kosten der L.V.-Ämter standen. Die Beträge aber, die man durch die Aufhebung erspart, werden in den betreffenden Staaten einen guten Teil der Kosten der meist an Stelle der L.V.-Ämter errichteten O.V.-Ämter

[1] A. N. 1912. S. 493, 839, 897, 898 und 1092.

tragen helfen. Durch die Aufhebung der 5 L.V.-Ämter sind der Aufsicht des R.V.-Amtes neu 9 B.G. (eine gewerbliche und acht landwirtschaftliche) sowie 2 L.V.-Anstalten unterstellt worden. Wie weit das R.V.A. durch die Übernahme der rechtsprechenden Tätigkeit der eingezogenen L.V.-Ämter belastet wird, läßt sich leider mangels Veröffentlichung statistischer Nachweise über die Rechtsprechung aller L.V.-Ämter nicht genau angeben. Dies läßt sich indessen annähernd dadurch ermitteln, daß man die Zahl der Unfälle zugrunde legt, für die im Laufe eines Jahres erstmalig eine Entschädigung von den 9 B.G. und den zugehörigen Aufsichtsbehörden festgesetzt wurde. Insgesamt wurden im Jahre 1911, wie die Berechnung S. 37 zeigt, 7246 landwirtschaftliche und 949 gewerbliche Unfälle durch die B.G. und Ausführungsbehörden erstmalig entschädigt, auf die sich die Zuständigkeit der 5 eingezogenen L.V. Ämter erstreckte.[1] Wenn nun die angeführten B.G. ihre Rentenbescheide bei diesen erstmaligen Entschädigungen so getroffen hätten, wie dies im Reichsdurchschnitt der Fall war, so würden von 100 Bescheiden bei den landwirtschaftlichen Unfällen 12,3 und bei den gewerblichen Unfällen 20,9 Fälle bei den Schiedsgerichten angefochten worden sein. Mithin würden 890 Berufungen aus der landwirtschaftlichen U.V. und 199 Berufungen aus der gewerblichen U.V. vor die zuständigen Schiedsgerichte gekommen sein. Auf 100 rekursfähige Schiedsgerichtsurteile kamen im Jahre 1911 im Reichsdurchschnitt bei der G.U.V. 30,34 und bei der L.U.V. 18,36 anhängig gewordene Rekurse. Ziehen wir diesen Durchschnitt bei unserer Rechnung heran, so würden die 5 eingezogenen L.V.-Ämter im Jahre 1911 164 Rekurse aus der landwirtschaftlichen U.V. und 61 Rekurse aus der gewerblichen U.V., zusammen also 225 Rekurse endgültig zu entscheiden gehabt haben. Zu diesen 225 Rekursen kommen gegen 65 Beschwerden, wenn wir das Verhältnis des Reichsdurchschnittes in Rechnung ziehen, wonach sich die Rekurse zu den bei dem R.V.-Amte eingebrachten Beschwerden wie 3,5 zu 1 verhalten. Dem R.V.-Amte würden demnach durch die Einziehung der 5 L.V.-Ämter neben den Aufgaben als Aufsichtsbehörde, die diesen L.V.-Ämtern bisher über die B.G.- und V.-Anstalten des betreffenden Bundesstaates übertragen waren, außerdem die Entscheidung von ungefähr 300 Rekursen und Beschwerden zufallen. Die angegebene Zahl wird bedeutend kleiner, wenn man bedenkt, daß nach der R.V.O. in nicht wenigen Fällen diese Rekurse und Beschwerden den O.V.-Ämtern zur endgültigen Entscheidung übertragen werden.

Weit größer wäre dagegen die Belastung des R.V.-Amtes geworden, wenn auch die drei L.V.-Ämter für Bayern, Sachsen und Baden eingezogen worden wären, deren Tätigkeit viel umfangreicher ist. Die Befürchtung einer weiteren Überlastung des R.V.-Amtes war der Hauptgrund, weswegen man nicht alle L.V.-Ämter beseitigt hat. Dazu kam, daß die beibehaltenen L.V.-Ämter sich im allgemeinen

[1] Zur Berechnung wurden die Zahlen aus dem Geschäftsbericht der U.V. und des R.V.-Amtes zugrunde gelegt. A. N. 1912, Nr. 1 und 2.

Zur Berechnung der Zahl der Rekurse, die dem R.V.A. durch den Wegfall der nach der R.V.O. eingezogenen L.V.Ämter neu zukommen.

Es waren zuständig:	mit gewerbl. Unfällen	mit landw. Unfällen
a) Das L.V.A. des Königreiches Württemberg:		
1. für 4 landw. B.G.	—	4684
2. „ die Kgl. Forstdirektion	—	68
3. „ die Kgl. Baugewerks.-B.G.	569	—
4. „ die staatl. Ausführungsbeh.:		
Post-, Telegr.-, Eisenbahn- und Heeresverwaltung	85	—
Baubetriebe	7	—
5. für die kommunalen Ausführungsbehörden	41	—
b) Das L.V.A. des Großherzogtums Hessen:		
1. für 1 landw. B.G.	—	1785
„ die staatl. Bauunfallversicherung	215	—
3. „ die kommunalen Ausführungsbehörden	10	—
c) das L.V.A. des Großherzogtums Mecklenburg-Schwerin:		
1. für 1 landw. B.G.	—	578
2. „ die staatlichen Ausführungsbehörden	—	12
3. „ die Großherzogl. Fr.-Franz-Eisenbahn	21	—
4. „ die kommunalen Ausführungsbehörden	1	—
d) das L.V.A. des Großherzogtums Mecklenburg-Strelitz:		
1. für die staatl. Ausführungsbehörde	—	1
2. „ die landw. B.G.	—	88
e) das L.V.A. des Fürstentums Reuß ä. L.:		
1. für die landw. B.G.	—	30
2. „ die staatl. Ausführungsbehörde	—	—
	949	7246

gut bewährt haben, wie dies aus den verschiedensten Beurteilungen Sachkundiger hervorgeht.[1] Das die L.V.-Ämter gegenüber dem überlasteten R.V.-Amte erhebliche Vorteile in sich bergen, zeigt z. B. der Geschäftsbericht vom Jahre 1912 des L.V.-Amtes von Bayern. Hiernach wurden im Jahre 1910 von insgesamt 2173 Rekursen 1854 endgültig entschieden, so daß nur 319 = 14,6 % auf das Jahr 1911 unerledigt übergingen. Dagegen konnten im gleichen Geschäftsjahre von dem R.V.-Amte von 1268 gegen bayrische Schiedsgerichtsentscheidungen (für die das bayrische L.V.A. nicht zuständig war) anhängig gewordenen Rekursen nur 788 = 37,8 % beurteilt werden.[2] Ein ähnlich günstiger Abschluß liegt bei den L.V.-Ämtern von Sachsen und Baden vor. Das sächsische L.V.A. entschied im Jahre 1910 von 370 insgesamt zu erledigenden Rekursen 291, so daß nur 79 = 21,3 %

[1] Bei der Kommissionsberatung (I. Nr. 52 a. a. O., S. 176, 1. Buch), führte z. B. der bayrische Bundesratsbevollmächtigte folgende Anerkennung an, die das Bayr. L.V.-Amt bei der Etatberatung in der Kammer der Abgeordneten vom 17. März 1910 durch den Abgeordneten Timm, Mitgl. d. sozialdemokratischen Fraktion, fand: „Was das L.V.A. anlangt, können wir, soweit unsere Erfahrung reicht, nicht darüber klagen, daß die Rechtsprechung eine schlechtere ist wie bei dem R.V.A. Wir sind veranlaßt, anzuerkennen, daß die sozialen Gesichtspunkte beim L.V.A. manchmal mehr zum Ausdruck gelangen, als dies beim R.V.A. der Fall ist."

[2] Vgl. Zahlenangabe des statistischen Jahrb. für Bayern 1911, S. 250.

Fälle unerledigt blieben, während das R.V.A. im gleichen Jahre im Durchschnitt 43,9 % Rekurse und Anträge nicht beurteilen konnte.[1] Noch besser als die Tätigkeit des sächsischen L.V.-Amtes war die des badischen L.V.-Amtes, das nur 19,7 % aller anhängig gewordenen Rekurse nicht behandeln konnte.[2] Die angeführten Zahlen erbringen nicht nur den Beweis, daß die L.V.-Ämter einen direkten Vorteil infolge ihrer schnellen Erledigung der Streitsachen gegenüber dem R.V.-Amte bringen, sondern, daß sie auch das R.V.A. mit ihren größeren Wirkungskreisen erheblich belastet haben würden, wenn sie wie ihre 5 kleinen Schwesterorganisationen der kleineren Bundesstaaten durch die R.V.O. gleichfalls aufgehoben worden wären.

Die Kosten des R.V.-Amtes und der L.V.-Ämter werden in gleicher Weise wie nach den alten Gesetzen gedeckt, wonach die Kosten des R.V.-Amtes einschließlich der Kosten des Verfahrens das Reich trägt, während die betreffenden Bundesstaaten für die Kosten der L.V.-Ämter selbst aufzukommen haben.

E. Das einheitliche Verfahren vor den Versicherungsbehörden.

Durch die R.V.O. ist in den V.-Behörden eine einheitliche Zuständigkeit für die Aufsicht und Rechtsprechung in der R.V. geschaffen worden, was von weittragender Bedeutung für die ganze Sozialversicherung werden wird. Die Vorteile der Versicherungsbehörden vor allem als Gerichtsinstanzen werden durch ein im 5. und 6. Buch der R.V.O. klar geregeltes Verfahren für alle Streitigkeiten der R.V. vermehrt. Für das Verfahren waren bisher in den alten einzelnen Versicherungsgesetzen an den verschiedensten Stellen Bestimmungen verstreut erlassen worden, die nunmehr unter einen einheitlichen Gesichtspunkt gebracht und übersichtlich zusammengefaßt sind. Besonders muß der Vorschriften des 5. Buches der R.V.O gedacht werden, die infolge ihrer genauen zusammenfassenden Regelung sämtlicher Beziehungen der Versicherungsträger untereinander und zu anderen Verpflichteten nicht nur unnötige Streitigkeiten wesentlich vermindern, sondern auch den Versicherungsbehörden eine recht gute Unterlage für ihre Entscheidungen bei Klagen der V.-Träger untereinander oder bei Ersatzansprüchen zwischen ihnen und der reichsgesetzlichen Krankenkassen, der unterstützungspflichtigen Gemeinden, der Armenverbände oder sonstigen Fürsorgepflichtigen geben werden. U. a. wird dies weiter die Einheitlichkeit in der Rechtsprechung fördern, da vielfach frühere Auslegungszweifel durch das neue Gesetz ausgeschlossen, und dazu die Urteile durch einheitliche, in der R.V. erfahrenen Instanzen sachgemäß gefällt werden können.

Für den Austrag der verschiedenen Streitigkeiten unterscheidet die R.V.O. zweckmäßig mehrere Verfahren, das Spruch- und Beschluß-

---

[1] Vgl. Zahlenangabe des statistischen Jahrb. für Sachsen 1911, S. 238

[2] Vgl Zahlenangabe des statistischen Jahrb. für Baden 1911.

verfahren. Das Spruchverfahren hat man wiederum in ein „Feststellungsverfahren“ und ein „Verfahren für andere Spruchsachen“ geteilt. Im Feststellungsverfahren werden insbesondere die Leistungen aus der R.V. durch die V.-Träger festgestellt, bez. die daraus entstehenden Streitigkeiten zwischen den Berechtigten und den V.-Trägern durch die Versicherungsbehörden entschieden. Ebenfalls Ersatz- und Erstattungsansprüche jedoch allgemeinerer Art kommen in dem Verfahren für andere Spruchsachen durch die Spruchbehörden zur Entscheidung. Das Beschlußverfahren endlich findet bei Fragen verwaltungsgerichtlicher Art, namentlich bei Beitrags-, Prämien-, Gefahrtarif- und Katasterbeschwerden statt. Für die einzelnen Versicherungszweige sind entsprechend deren verschiedener Natur die einzelnen Verfahren, besonders das Feststellungsverfahren hinsichtlich der Zuständigkeit der Versicherungsbehörden, verschieden geregelt. Darzutun, wie dies sich im einzelnen rein sachlich und rechtlich gestaltet, kann natürlich nicht die Aufgabe dieser Abhandlung sein. Soweit sie die Zuständigkeit der Versicherungsbehörden betrifft, ist sie bereits bei Schilderung der Aufgaben der einzelnen Versicherungsbehörden gestreift worden. Im übrigen wird das Verfahren, und zwar hauptsächlich das Feststellungsverfahren, noch besonders bei Besprechung der Fortschritte in den einzelnen Versicherungszweigen herausgestellt werden, wenn es in rechtlicher Beziehung wie z. B. bei der U.V. eine wesentliche Abänderung gegen früher erfahren hat. Hier möge nur noch erwähnt werden, daß zu genauer sachlicher Durchführung eines gleichmäßigen Geschäftsganges und des Verfahrens bei all den im Reiche bestehenden Versicherungsbehörden „Verordnungen über den Geschäftsgang und das Verfahren vor dem R.V.-Amte, den O.V.-Ämtern und V.-Ämtern“ am 24. Dezember 1911 vom Reichskanzler erlassen worden sind.[1]

§ 5. Die fortschrittlichen, sachlichen Neuerungen bei den allen Versicherungszweigen gemeinsamen Vorschriften.

Außer den Bestimmungen über die Versicherungsbehörden enthält das 1. Buch der R.V.O. eine größere Anzahl Vorschriften, die gemeinsam für alle Versicherungszweige gelten und in einheitlicher Gestaltung zusammengefaßt sind. Durch die Zusammenfassung dieser Vorschriften ergaben sich nicht nur Vorteile rein äußerlicher Art, sondern auch verschiedene sachlich erhebliche Neuerungen wurden damit zugleich durchgeführt. Bezüglich der Regelung der Wählbarkeit zu den Organen der V.-Träger dehnt die R.V.O. die Wählbarkeit der Frauen, die bisher nur für die Organe der K.V. zugelassen waren, auf die Ehrenämter der U.-, I.- und H.V. aus. „Es entspricht der neueren Entwicklung, so sagt die Begründung zum Entwurf, daß die Frauen, die als Arbeitgeber oder Arbeitnehmer selbständig im wirtschaftlichen Leben stehen und infolge dieser Stellung Mitglieder von

[1] A. N. 1912, S. 293.

Organisationen des öffentlichen Rechtes sind, innerhalb dieser letzteren auch ihre wirtschaftlichen Interessen in gleicher Weise wie ihre männlichen Berufsgenossen vertreten dürfen."[1] Diesen Standpunkt muß man ohne weiteres anerkennen, zumal sich die Stellung der Frau im wirtschaftlichen Leben von Jahr zu Jahr erweitert, und ihr immer mehr Erwerbszweige erschlossen werden. Demgegenüber ist zu bedauern, daß die Wählbarkeit der Frauen nicht auch zu den Versicherungsbehörden, zum mindesten zum Versicherungsamte vorgesehen ist. Werden doch gerade die V.-Ämter oft in die Lage kommen, über wichtige Fraueninteressen entscheiden zu müssen. So wäre z. B. die Tätigkeit der Frauen im V.-Amte bei Fragen, die Wöchnerinnenpflege, Wöchnerinnenunterstützungen und Hinterbliebenenversicherung betreffen, zwecks einer geeigneten Beurteilung wohl zu wünschen gewesen.

Wichtig ist es, daß allgemein für die Wahl zu den Ehrenämtern der V.-Träger die Verhältniswahl obligatorisch durch die R.V.O. vorgeschrieben wird. Unbilligkeiten werden dadurch vermieden und eine angemessene Vertretung besonders Minderheiten bei den Organen der V.-Träger gesichert. Welche Vorteile die Verhältniswahl in der K.V. bringt, wird in § 9 gezeigt werden. Gleichfalls von nicht geringem Einfluß wird dieses Wahlverfahren bei der Vorstandswahl für die B.G. sein. Hier war es nur allzu leicht möglich, daß die kleineren Gewerbetreibenden und Handwerker großen Betriebsinhabern gegenüber in der Minderheit und ohne Vertretung blieben. Künftig wird das neue Wahlverfahren es ermöglichen, daß auch die Inhaber kleinerer Betriebe ihre Interessen bei den Vorständen der B.G. in geeigneter Weise durch Vertreter aus ihrer Mitte wahrnehmen lassen können.

U. a. werden in einem mit „Rechtshilfe" überschriebenen kleinen Abschnitt des ersten Buches die öffentlichen Behörden, sowie die V.-Behörden und Organe der V.-Träger in gleicher Weise verpflichtet, bei Ausübung des R.V.-Gesetzes einander Rechtshilfe zu leisten. Insbesondere sollen die öffentlichen Behörden verpflichtet sein, auf Ersuchen sämtliche nicht mehr anfechtbaren Entscheidungen der V.-Behörden und V.-Träger zu vollstrecken. Damit wird künftig eine sichere Gewähr gegeben, besonders auf dem Gebiete der K.V., daß die erlassenen vollstreckbaren Entscheidungen mit Hilfe der Behörden durchgeführt werden können. Im Gegensatz hierzu waren nach § 58 Abs. 4 des alten K.V.G. nur die Entscheidungen der Aufsichtsbehörden über V.-Ansprüche oder über Ansprüche eines Kassenverbandes an die beteiligten Kassen vorläufig vollstreckbar, während z. B. die Pflicht zur vorläufigen Zahlung der Beiträge nicht mit Hilfe des öffentlichen Rechts erzwungen werden konnte. Die neue Bestimmung beseitigt diese Lücke, so daß die öffentlichen Behörden auch den Trägern der K.V. jede Rechtshilfe zu gewähren haben.

Von den „sonstigen neuen gemeinsamen Vorschriften" ist die nicht ganz unwichtig, wonach bei allen Versicherungszweigen Trunk-

---

[1] I. Nr. 50 Begr. S. 38.

süchtigen, die nicht entmündigt sind, ganz oder teilweise Sachleistungen statt Barleistungen gewährt werden können. Diese Anordnung ist dem alten U.V.G. für Land- und Forstwirtschaft und dem I.V.G. entnommen. Sie wird in der R.V.O. einheitlich gestaltet und auf das ganze Gebiet der R.V. ausgedehnt. Das Wesentlichste dabei ist, daß das Gewähren von Sachleistungen an Gewohnheitstrinker außerordentlich erleichtert wird, indem ein V.-Amt lediglich auf Antrag eines beteiligten Armenverbandes oder der Gemeindebehörde des Wohnortes des Trunksüchtigen schon die bezügliche Anordnung erlassen kann. Zugleich fällt damit die viel angefochtene Vorschrift des alten K.V.G. weg, wonach bei Krankheiten infolge Trunkfälligkeit das Krankengeld gekürzt oder entzogen werden konnte. Durch die Anordnung der Sachleistungen, die durch Vermittelung der Gemeinde, durch Aufnahme in eine Trinkerheilanstalt oder auch mit Zustimmung der Gemeinde durch eine Trinkerfürsorgestelle gewährt werden kann, wird künftig auf eine sehr geeignete Weise der vielbeklagte alkoholistische Mißbrauch, der von den Trägern der Arbeiterversicherung bewilligten Barleistungen durch Trunksüchtige verhindert werden können. Zugleich bedeutet die Bestimmung eine wirksame Förderung unserer sozialen Fürsorge bei Bekämpfung des übermäßigen, schädlichen Alkoholgenusses, der die Ursache so manchen Elendes und so vieler Verbrechen ist.

Gänzlich neu in der R.V.O. ist die Festlegung des Begriffes der „ärztlichen und zahnärztlichen Behandlung.“ Danach hat die ärztliche Behandlung im Sinne der R.V.O. durch approbierte Ärzte, bei Zahnkrankheiten durch approbierte Zahnärzte zu geschehen. Hilfeleistung anderer Personen, wie Bader, Hebammen, Heildiener, Heilgehilfen, Krankenwärter, Masseure und dgl. auf Kosten der V.-Träger können dagegen nur auf Anordnung eines Arztes oder Zahnarztes und nur dann erfolgen, wenn kein approbierter Arzt zugezogen werden kann. Eine Ausnahme kann nur auf Erlaß der obersten Verwaltungsbehörde gemacht werden. Auch läßt, allerdings nur mit Zustimmung der Versicherten, die R.V.O. bei Zahnkrankheiten die Behandlung durch Zahntechniker zu, vorausgesetzt, daß es sich nicht um Mund- und Kieferkrankheiten handelt. Da aber der Stand der Zahntechniker die verschiedenartigsten Elemente in sich vereinigt, so wird der obersten Verwaltungsbehörde die Bestimmung überlassen, wer als Zahntechniker im Sinne der R.V.O. anzusehen ist. Ebenso kann jene Heilgehilfen und Heildienern zahnärztliche Hilfeleistung für Versicherte gestatten. Die Ausnahme wird dadurch gerechtfertigt, daß z. B. beim Ziehen oder Plombieren der Zähne, wofür die Zahntechniker meist in Frage kommen werden, mehr eine manuelle Geschicklichkeit und Kunstfertigkeit von Bedeutung ist. Daß man dies bei Zahntechnikern im allgemeinen wird voraussetzen können, dafür bürgen bewährte Ausbildungen in Fachschulen, nicht zum mindesten die sorgfältige Vorbedingung und Auslese, die die oberste Verwaltungsbehörde bei ihren zu erlassenden Bestimmungen des Begriffes „Zahntechniker“ treffen wird. Die grundsätzliche Voraussetzung der Approbation, die künftig bei der ärztlichen Behandlung von Versicherten der R.V. verlangt wird, entsprach einer dringenden Forderung, der sich der Gesetzgeber bei der weiten Verbreitung des Kurpfuschertums nicht entziehen konnte. Wie dies ganz besonders auf dem Gebiete der Zahnheilkunde noch heute vorherrscht, geht aus einer Übersicht des Königl. Sächs. Landes-Medizinalkollegiums hervor,[1] die alle Personen aufführt, die die Zahnheilkunde ohne zahnärztliche Approbation im Königreich Sachsen im Jahre 1909 ausübten. Danach waren von 1060 die Zahnheilkunde ohne zahnärztliche Approbation ausübenden Personen nur 333 oder 31,4 % also nicht einmal 1/3 Berufszahntechniker. Approbierte Zahnärzte selbst gab es nur 227. Es mutet einem recht wunderlich an, und eigenartige Gefühle beschleichen einen, wenn man in der erwähnten Übersicht als Zahnheilkundige u. a. einen Bäcker, einen Böttcher, einen Maschinenbauer, zwei Musiker, zwei Holzarbeiter, zwei Schuhmacher, einen Koch, ja sogar einen Schlosser, sowie zwei Schmiede angeführt findet. Die R.V.O. schließt nunmehr für alle Fälle eine zahnärztliche Behandlung durch derartige Personen auf etwaige Anordnung der V.-Träger hin aus, eine Bestimmung, die man nur im Interesse der versicherten Patienten begrüßen kann. Die Bestimmung ist um so wichtiger, wenn man bedenkt, daß aus der Zahnbehandlung eine erhebliche Gefahr erwachsen kann, wenn nicht durch eine sachgemäße Behandlung der benutzten Instrumente gegen eine Übertragung ansteckender Krankheiten (z. B. Syphilis) Gewähr geboten wird. Auch allem sonstigen Kurpfuschertum, wie dies durch kleine, leistungsunfähige K.K. zuweilen begünstigt worden sein soll, um höhere Arzt- und Arzneikosten zu sparen, wird durch die R.V.O. das Handwerk gelegt werden.

Eine andere fortschrittliche Neuerung bringt die R.V.O. in dem Schweigegebot, das sie den Mitgliedern, Angestellten und den Vertretern oder Beisitzern bei den V.-Trägern und V.-Behörden auferlegt. Bisher war die Schweigepflicht nur in den U.V.-Gesetzen betreffend die Betriebs- und Geschäftsgeheimnisse vorgeschrieben. „Dagegen fehlte es gänzlich an einer Vorschrift, die den Versicherten einen ähnlichen Schutz für ihre eigene Person sicherte, wie er gegenüber dem Arzte, Apotheken, Rechtsanwalt u. s. w. infolge der Strafvorschrift in § 300 des Strafgesetzbuches bereits gegeben ist.“ Durch § 141 der R.V.O. wird nun der Versicherte eines jeden V.-Zweiges davor geschützt, daß beamtete und ehrenamtliche Personen der V.-Träger und Versicherungsbehörden unbefugt anderen Mitteilungen über diejenigen Krankheiten, Gebrechen oder deren Ursachen machen, die ihnen in ihrer amtlichen Eigenschaft von den Versicherten bekannt geworden sind. Auf Antrag des Versicherten oder der Aufsichtsbehörde soll derjenige, der die Schweigepflicht verletzt hat, mit einer Strafe bis zu 1500 Mark oder bis zu 3 Monaten Gefängnis verfolgt werden.

Da in den folgenden Teilen wiederholt der Begriff „Ortslohn“

---

[1] I. Nr. 52 a. a. O. 1. Teil, S. 221.

wiederkehren wird, der gegenüber den alten V.-Gesetzen zwar nichts wesentlich Neues, jedoch zum allgemeinen Verständnis von Bedeutung ist, so soll von ihm an dieser Stelle kurz gesprochen werden. Die kurze Bezeichnung „Ortslohn“ ist anstelle des entsprechenden Begriffes des alten K.V.-Gesetzes getreten, wo man dafür den Ausdruck „ortsüblicher Tagelohn gewöhnlicher Tagarbeiter“ gebrauchte. Der Ortslohn ist für die Bemessung der den V.-Trägern obliegenden Leistungen und der ihnen zufließenden Beiträge von Bedeutung. Er wird nicht mehr wie früher von den höheren Verwaltungsbehörden, sondern von dem O.V.-Amte festgesetzt und öffentlich bekannt gemacht. Zu diesem Zwecke hat das O.V.A. die beteiligten V.-Anstalten zu hören und die Gutachten der V.-Ämter einzuholen, welch letztere ihrerseits wiederum erst die Gemeindebehörden und die Vorstände der beteiligten K.-Kassen anhören. In dieser Ermittlung und Festsetzung des Ortslohnes ist entschieden ein Fortschritt gegen früher zu sehen, da dabei künftig im O.V.-Amte auch Arbeiter mitwirken werden, die die Verhältnisse aus eigener Erfahrung am besten zu beurteilen wissen. Durch die Gutachten der V.-Ämter, die durch ihre Beziehung zu den unteren Verwaltungsbehörden mit den einschlägigen wirtschaftlichen Verhältnissen gut vertraut sein werden und sich außerdem wie bisher die oberen Verwaltungsbehörden auf die Angaben der Gemeindebehörden und der K.-Kassen stützen, wird eine weitere Gewähr einer sorgfältigen Ermittlung des Ortslohnes gegeben. Daß schließlich die V.-Anstalten gehört werden sollen, kann nur gebilligt werden, da für deren Leistungen und Einnahmen aus den Beiträgen die Höhe des Ortslohnes am häufigsten bestimmend sein wird. Wie bei der rechnerischen Ermittlung zu verfahren ist, gibt der § 150 der R.V.O. Aufschluß. Danach ist der Ortslohn einmal für das männliche und weibliche Geschlecht, andererseits für bestimmte Altersstufen besonders festzusetzen. Bei den Altersstufen scheidet man die Versicherten weiter in Altersgruppen unter 16 Jahren, von 16—21 Jahren und schließlich über 21 Jahre. Die jüngste Altersgruppe kann gegebenenfalls nochmals in Kinder unter 14 Jahren und in junge Leute über 14 Jahren geteilt werden. Bei der gegebenen Abstufung hat man gegen früher eine weitere Differenzierung der Arbeiter nach dem Alter durch Einschieben der Altersgrenze von 16—21 Jahren eintreten lassen, wodurch ein Nachteil vermieden wird, der früher die älteren Arbeiter traf. Die Löhne der Arbeiter von 16—21 Jahren sind im Durchschnitt niedriger als die ihrer älteren Kollegen. Wird nun bei Ermittlung des Arbeitslohnes die mittlere Altersgruppe mit der ältesten vereint, so wird der durchschnittliche Ortslohn der jüngeren Arbeiter höher und der der älteren niedriger, als ihr wirklicher Arbeitsverdienst. Da nach dem festgesetzten Ortslohn sich oftmals die Versicherungsleistungen richten, so werden die jüngeren Arbeiter infolge Annahme eines höheren Durchschnittslohnes begünstigt, die älteren dagegen geschädigt werden. Die R.V.O. wird erfreulicherweise eine solche Benachteiligung der älteren, meist auch verheirateten und daher im Versicherungsfalle bedürftigeren Arbeiter beseitigen. Anders als wie in dem bisherigen V.-Rechte ist weiter die Bestimmung getroffen worden, daß der Ortslohn für den ganzen Bezirk eines V.-Amtes einheitlich festgesetzt werden soll, wobei der Durchschnitt der Lohnverhältnisse in den einzelnen Ortschaften zugrunde zu legen ist. Um jedoch dabei Unbilligkeiten zu vermeiden, sieht die R.V.O. eine Ausnahme dann vor, wenn die Lohnhöhe in einzelnen Ortschaften oder zwischen Stadt und Land erheblich abweicht. Nach dem Gesetze sollen die Ortslöhne gleichzeitig im ganzen Reiche festgesetzt werden, was vom 1. Januar 1915 ab immer in Perioden von 4 Jahren, nicht mehr wie ehedem in Perioden von 10 Jahren, neu zu erfolgen hat, um die Schwankungen in den Erwerbsverhältnissen gebührend berücksichtigen zu können. Bei erheblicher Schwankung ist eine Abänderung schon in der Zwischenzeit möglich, die jedoch nur bis zu der im Reiche allgemein vorgenommenen, neuen Festsetzung gelten soll. Die Änderungen treten zwei Monate (bisher sechs Monate) nach ihrer Veröffentlichung in Kraft. Durch den Reichskanzler sollen im „Zentralblatt für das Deutsche Reich“ vor Beginn eines jeden Jahrvierts eine Liste aller geltenden Festsetzungen, sowie mindestens alljährlich eine Liste der inzwischen vorgenommenen Änderungen veröffentlicht werden. Mit dieser letzten Bestimmung wird die inhaltlich gleiche Resolution, die der Reichstag bei Annahme der Novelle zur K.V. vom Jahre 1892 faßte, in die R.V.O. als Gesetz aufgenommen.

Zweiter Abschnitt.

Fortschritte der R.V.O. in der Krankenversicherung.

Einleitung.

Die bei weitem größten Änderungen und meist auch damit verbundenen Fortschritte hat die R.V.O. in der K.V. gebracht. Dies wird durchaus erklärlich, wenn man sich die Entwicklung der deutschen Sozialversicherung vergegenwärtigt. Danach sind in der K.V. seit dem Gesetz vom 10. April 1892 betr. die Abänderungen des K.V.-Gesetzes vom 15. Juni 1883 nur kleinere Reformen in Einzelfragen (die wichtigste davon ist das Gesetz vom 25. Mai 1903, wonach vor allem die frühere Höchstdauer der Krankenunterstützung von 13 auf 26 Wochen ausgedehnt wurde) vorgenommen worden, während eine eingehende, umfassende Umgestaltung der ganzen Invaliden- und Unfallversicherung nur bis zu den Jahren 1899 und 1900 zurückliegt. So kam es, daß die K.V. ihre ursprüngliche Form am meisten bewahrt hatte, wie sie ihr durch das Gesetz vom 15. Juni 1883 gegeben worden war. Dieses knüpfte an eine große Zahl vorhandener Einrichtungen an, wie sie ihr z. B. die Krankenfürsorge-Organisation einzelner Berufsklassen (Gesinde, Seemannschaft, Handlungsgehilfen, Bergleute, Handwerker u. a. m.) boten. Infolge der Berücksichtigung des historisch Gegebenen entstand damals eine etwas verwickelte Organisation der K.V., zu deren schon längst angestrebter, durchgreifender Reform begreiflicherweise die R.V.O. nunmehr eine geeignete Gelegenheit gab. Nicht alle Punkte des umfangreichen Reformprogrammes in der K.V. konnten scharf durchgeführt, ja oftmals nicht einmal einer Lösung durch die R.V.O. entgegengeführt werden, da widerstreitende Interessen vielfach den Mittelweg suchen ließen oder gar verschiedene Reformvorschläge überhaupt zu Falle brachten. Indessen sind immerhin noch mannigfache gute Fortschritte gerade auf dem Gebiete der K.V. durch die R.V.O. erzielt worden.

Ehe auf die Fortschritte der K.V. eingegangen wird, soll kurz der äußere Aufbau des neuen K.V.-Gesetzes gestreift werden. Der Gesetzgeber hat die alte Einteilung nach den verschiedenen V.-Trägern der K.V. gänzlich aufgegeben. Er hat sich vielmehr bei der Anordnung der Vorschriften des neuen K.V.-Gesetzes in möglichster Übereinstimmung mit den anderen V.-Zweigen von allgemeinen, für jede Versicherung geltenden Gesichtspunkten leiten lassen, so daß er zu einer Gliederung kam, die schon bisher entgegen dem alten Gesetze die meisten Kommentare und Abhandlungen über die K.V. anwendeten. In 11 Abschnitten behandelt das neue Gesetz Umfang, Gegenstand, Träger, Aufsicht, Auszahlungen der Leistungen und Aufbringung der Mittel, Verfassung, Kassenverbände, besondere Berufszweige, knappschaftliche Krankenkassen, Ersatzkassen und Schluß- und Strafvorschriften.

§ 6. Die Zentralisation der Krankenkassen.

A. Allgemeines über die Zentralisation der Krankenkassen.

Für die Entwicklung der K.V. dürfte zunächst von einschneidender Bedeutung die durch die R.V.O. angebahnte Zentralisation der K.-Kassen werden. Zur Durchführung der reichsgesetzlichen K.V. sah das alte Gesetz im Anschluß an die bereits vorhandenen Organisationsformen Zwangskassen mit weitgehender Dezentralisation vor, die sich in erster Linie auf beruflicher und nur ausnahmsweise auf territorialer Grundlage aufbauten. Man glaubte, daß kleine berufliche Krankenkassen am besten die Gewähr für einen guten Erfolg des völlig neuen und kühnen Unternehmens einer Reichskrankenversicherung bieten würden. Gestützt wurde diese Annahme auf die Vorteile, die jene Kassen infolge einer gleichen Krankheitsgefahr der einzelnen Berufe, der daraus folgenden gleichartigen sicheren Risikobemessungen, der leichten Durchführung der Selbstverwaltung und der notwendigen Kontrolle gegen Täuschung und Übertreibung der erkrankten Versicherten versprachen. So entstanden 7 Arten von Krankenkassen mit möglichst großer Dezentralisation. Es sind dies die Orts-, Betriebs- (Fabrik-), Bau-, Innungs- (eingeschriebene und landesrechtliche), Hilfs-, Knappschaftskassen und die Gemeindekrankenversicherung. Die Dezentralisation des K.-Kassenwesens war so stark, daß es im Jahre 1910 nicht weniger als 23000 K.-Kassen (neben 166 Knappschaftskassen) gab. Besonders nach ihrer Mitgliederzahl zeigten diese Kassen die größte Mannigfaltigkeit. Neben ganz großen Kassen mit über Zehntausenden von Mitgliedern bestanden zahlreiche Kassen mittlerer Größe. Dazu gab es eine unverhältnismäßig große Zahl von Zwergbildungen, die weniger als 100 Mitglieder zählten. Solche kleine Kassen gab es im Jahre 1908[1] über 44% aller bestehenden reichsgesetzlichen K.-Kassen. Diese außerordentliche Zersplitterung des Kassenwesens, die, wie wir sehen werden, für die K.V. direkt große Übelstände und Nachteile brachte, hat Anlaß zu den heftigsten Klagen gegeben und wiederholt zur Forderung einer durchgreifenden Zentralisation geführt.

Wie wünschenswert diese ist, zeigen die mannigfachen Vorteile, die große K.-Kassen gegenüber kleinen haben müssen. In erster Linie kann man bei großen K.-Kassen im allgemeinen eine größere Leistungsfähigkeit voraussetzen, da sich bei ihnen günstige und schlechte Risiken infolge der großen Mitgliederzahl besser ausgleichen. Zwar muß zugegeben werden, daß auf dem Gebiete der K.V., wie die Praxis lehrt, sich keineswegs die Begriffe „klein und leistungsunfähig" sowie „groß und leistungsfähig" immer decken. Vielmehr kann es bei Zentralisation der Kassen sehr wohl geschehen, daß die Leistungen neuer großer Kassen hinter denen bisheriger einzelner kleiner Kassen im Durchschnitt zurückstehen, die durch auserwählte gute Risiken besonders leistungsfähig gestellt waren. Doch diese Tatsache wird man nicht als einen stichhaltigen Grund gegen die Zentralisation ansehen können, da bei einer sozialen K.V. nicht die Leistungsfähigkeit einzelner (kleiner) Kassenarten oder Mitgliederschichten, sondern vielmehr die Leistungsfähigkeit der Allgemeinheit in Frage kommt. Infolge der allgemeinen größeren Leistungsfähigkeit großer Kassen wird zugleich einer weitschauenden Verwaltung eine gründlichere, die Wiederholung von Krankheitsfällen vorbeugende Fürsorge, dazu die rechtzeitige Ausnutzung, wenn auch vielleicht noch etwas kostspieliger Heilmethoden, mit den neuesten Mitteln der medizinischen Wissenschaft ermöglicht. Dies ist um so wichtiger, als gerade eine ausgedehnte Krankheitsvorbeugung neben Heilbehandlung durch die K.V. in letzter Zeit immer mehr und mehr gefordert worden ist, nachdem einige bereits bestehende große K.-Kassen damit die besten Erfahrungen gemacht haben. Wie aber sollten ohne starke Belastung ihrer Mitglieder kleine Kassen eigene Krankenanstalten, Genesungsheime und Walderholungsstätten errichten können, wie dies große Kassen getan haben? Auch leuchtet es ein, daß wirtschaftliche Krisen oder Jahre mit besonders ungünstigen Gesundheitsverhältnissen, Epidemien oder dergl. durch große Kassen leichter überstanden werden können als durch kleine, die schon an sich durch ihre geringe Mitgliederzahl in ihrem Bestande nicht genügend gesichert sind. Gilt doch auch hier der im Versicherungswesen allgemein als richtig an-

---

[1] I Nr. 50.

erkannte Grundsatz, daß die Lasten um so leichter und sicherer getragen werden, je breiter die Schultern sind. Die Zentralisation der K.-Kassen beseitigt des weiteren Mißstände, wie: häufiger Wechsel und damit verbundene Streitigkeiten über Kassenzugehörigkeit. Allzu oft kam es vor, daß in einer gar nicht zu großen Ortschaft, wo mehrere kleinere Ortskrankenkassen bestanden, die Mitglieder dieser Kassen lediglich beim Wechsel der Beschäftigung oder nur des Arbeitgebers zugleich auch die Kassen wechseln mußten. Bedenkt man dabei, daß die Leistungen und Beiträge bei diesen einzelnen Kassen mitunter sehr verschiedenartig waren, dann begreift man, wie lästig die Zersplitterung des Kassenwesens war, worunter in dem angeführten Falle die Versicherten ganz besonders zu leiden hatten. Eine weitgehende Zentralisation bringt also dem Versicherten mit der Beseitigung des an sich unliebsamen häufigen Wechsels der K.-Kassen zugleich die Gewißheit, daß er trotz Arbeitswechsels innerhalb örtlich nicht allzu beschränkter Grenzen dieselben Ansprüche und Verpflichtungen gegenüber der K.V. hat. Daß der Kassenwechsel dazu eine Menge Streitigkeiten wegen Kassenzugehörigkeit u. a. m. zur Folge hatte, war nicht selten. Besonders unerträglich war dies, wenn die Versicherungspflicht an sich feststand und das Fürsorgebedürfnis dringend war, trotzdem aber die Kassenleistung verweigert wurde, bis die Kassenzugehörigkeit in einem langwierigen Verwaltungsstreitverfahren entschieden war.

Oftmals wird gegen zu große K.-Kassen ihre Unübersichtlichkeit die Unmöglichkeit eingehender Krankenkontrolle und die Schwierigkeit der Verwaltung angeführt. Diesen Einwänden kann leicht begegnet werden. So könnte z. B. durch Verwaltungsstellen oder ähnliche Einrichtungen gut eine eingehende Beurteilung und Prüfung der Verhältnisse der Erkrankten, sowie die Erledigung aller sonstigen Verwaltungsgeschäfte, wie An- und Abmeldung, Ein- und Auszahlung, Krankenkontrolle usw. gesichert werden. Auch muß bestritten werden, daß, wie oftmals behauptet wird, kleine Kassen geringere Verwaltungskosten haben als größere. Denn es ist als sicher anzunehmen, sagt Amtsgerichtsrat Hahn[1], daß die Verwaltung einer Kasse von 10000 Mitgliedern mit ihrem wohlgeschulten Personal in der Regel wohl besser und billiger arbeiten werde, als 20 Kassen von je 500 Mitgliedern. Übrigens sprechen gegen derartige Einwände am besten eine Anzahl bestbewährter schon bestehender ganz großer K.-Kassen, wie z. B. die Leipziger Ortskrankenkasse mit einer Mitgliederzahl von über 195000.

B. Die durch die R.V.O. angebahnte Zentralisation der Krankenkassen.

Eine ihrer Hauptaufgaben erblickte die R.V.O. „in der Schaffung größerer und leistungsfähiger Träger der K.V.“, wie die Begründung

[1] I Nr. 2 a. a. O.

zu ihrem Entwurf sagt. Doch sucht sie dabei nach Möglichkeit die einzelnen K.-Kassenarten beizubehalten und nur innerhalb derselben durch Beseitigung wenig leistungsfähiger K.-Kassen eine Zentralisation anzubahnen. Sie verfolgte hierbei folgenden Grundsatz: „An die Stelle einer übertriebenen Dezentralisation darf nicht aus theoretisierenden Erwägungen ein schablonenhaftes Zusammenwerfen von Organisationen, eine Zentralisation lediglich um der Zentralisation willen und ohne Rücksicht auf besondere Bedürfnisse treten. Dies gilt für die bestehenden Kassenarten nicht minder wie für die einzelnen Kassen."[1] Dadurch, daß die R.V.O. diesen an sich richtigen Grundsatz, die Zentralisation nicht zu übertreiben, allzu ausgiebig befolgte, besonders aber, daß sie dabei eine Menge widerstreitender Interessen zu befriedigen hatte, ist eine teilweise, jedoch keineswegs etwa eine durchgreifende Zentralisation erreicht worden. So entspricht z. B. die Höhe der Mindestmitgliederzahl, die für weitere Zulassung und Neuerrichtung von K.-Kassen nach der R.V.O. nötig ist, durchaus nicht den Erwartungen, die man an sie gestellt hatte. Trotzdem wird schon durch die Anbahnung der Zentralisation eine einschneidende Wirkung auf den Fortbestand und besonders auf die Neuerrichtung der einzelnen Kassenarten ausgeübt.

Sehr verschiedenartig sind die Bestimmungen der R.V.O., die nötig wurden, künftig die Zuständigkeit, die weitere Zulassung, die Neuerrichtung und die Verwaltung der K.-Kassen genau zu regeln. Um eine gute Übersicht dieser gänzlich neuen Vorschriften der R.V.O. zu ermöglichen, soll nachfolgende Zusammenstellung dienen. Aus ihr kann man den Bezirk, den Mitgliederkreis, die allgemeine Voraussetzung und die notwendige Mindestmitgliederzahl der einzelnen K.-Kassen ersehen, die für ihre weitere Zulassung oder Neuerrichtung vorgeschrieben werden. Nach dem neuen Gesetz sind als K.-Kassen der R.V.O. anzusehen die Orts-, Land-, Betriebs- und Innungskrankenkassen, während die Knappschaftskassen landesrechtliche Einrichtungen bleiben und die alten Hilfskassen, soweit sie überhaupt noch zugelassen werden, als Ersatzkassen mit besonderen Bestimmungen gelten. Die Gemeindekrankenversicherungen des alten Rechtes sind beseitigt worden. Dies ist eines der wichtigsten Ergebnisse der durch die R.V.O. in der K.V. gebrachten Reform, da die Gemeindekrankenversicherung eine recht minderwertige Art der reichsgesetzlichen K.V. war. Sie war als eine vorübergehende Einrichtung, als eine Übergangsform in neue Verhältnisse bei Erlaß des K.V.-Gesetzes gedacht, um alle die Versicherungspflichtigen zu erfassen, die sich nach den örtlichen Verhältnissen aus verschiedenen Gründen nicht in eine der

[1] I Nr. 50 S. 108. Unter diesem Gesichtspunkt und unter dem Widerstande der Anhänger des bisherigen K. Kassensystems konnte auch die von vielen Theoretikern häufig vorgeschlagene Einheitskrankenkasse nicht durchgeführt werden, da sie den Bedürfnissen einzelner in Betracht kommender Bevölkerungskreise wie die Betriebs- und Innungskrankenkasse nicht genügend hätten Rechnung tragen können. (Über Einheitskrankenkasse: Hilse, Reformbl. d. Arbeitervers. 1905 S. 35.)

organisierten beruflichen oder örtlichen K.-Kassen unterbringen ließen. Da sie nur eine Einrichtung der Gemeinde und nicht eine selbständige Körperschaft bildete, so hatten an ihrer Verwaltung weder Arbeitgeber noch Versicherte Anteil. Gerade wegen dieses Ausschlusses von der Selbstverwaltung des Versicherungsunternehmens durch die direkt Beteiligten, wie dies bei den anderen K.-Kassen üblich ist, dazu wegen der bescheidenen Leistungen, die erheblich hinter den Mindestleistungen ihrer Schwesterorganisation zurückblieben, waren die Gemeindekrankenversicherungen die geringwertigsten Kassenformen. Nicht nur gewährten sie keine Sterbegelder und Wöchnerinnenunterstützungen, wozu die anderen organisierten reichsgesetzlichen Krankenkassen verpflichtet waren, sondern auch in ihren übrigen Leistungen boten sie im Durchschnitt kaum mehr als die Hälfte der Gesamtdurchschnittsleistungen aller übrigen Krankenkassen. Während im Jahre 1910 auf einen Versicherten eine Gesamtdurchschnittsleistung aller K.-Kassen von 24,49 Mark für gezahlte Krankheitskosten kamen, betrug die aufgewandte Summe für Krankheitskosten bei der Gemeindekrankenversicherung nur 13,6 Mark. Dabei ist bei dem Vergleich auch noch der Gesamtdurchschnitt von 24,49 Mark durch die niedrigsten Leistungen der Gemeindekrankenversicherung herabgedrückt. Trotz der geringen Leistungen und des Ausschlusses der Versicherten von der Verwaltung hatte wider alles Erwarten diese nicht vollwertige Art der K.V., die besonders in süddeutschen Staaten verbreitet ist, bis zur Gegenwart einen nicht unbeträchtlichen Umfang behalten. Während im Jahre 1885 7024 Gemeindekrankenversicherungen gleich 37% aller Kasseneinrichtungen mit 586584 Versicherten gleich 12,6% aller Versicherten bestanden, gab es 1910 8217 gleich 35,4% aller K.-Kassen mit 1671827 Versicherten gleich 12,8 aller Versicherten. Alle diese Gemeindekrankenversicherungen werden nun nach der R.V.O. aufgehoben, da das neue Gesetz durchweg die obligatorische Errichtung organisierter K.-Kassen vorschreibt. Damit wird ein doppelter Vorteil erreicht. Einmal wird durch die Aufhebung eine ziemlich umfangeriche Zentralisation ermöglicht werden, und andererseits bringt sie für die 1½ Mill. Versicherten der alten Gemeindekrankenversicherungen eine wesentliche Verbesserung dadurch, daß diese in Kassen untergebracht werden, die ihnen im allgemeinen weitgehendste Verwaltungsrechte und Ansprüche auf erhebliche größere Leistungen einräumen werden.

Bildeten bisher in der K.V. die beruflich gegliederten Ortskrankenkassen die Grundlage der Organisation, so werden im Gegensatze hier zukünftig nach der R.V.O. die territorialen „allgemeinen Ortskrankenkassen und Landkrankenkassen" die Hauptträger der Versicherung werden. Damit wird anerkannt, daß es nach den (bei schon zur zeit bestehenden großen allgemeinen Ortskrankenkassen) gemachten Erfahrungen es für eine größere Leistungsfähigkeit besser ist, die Ortskrankenkassen nach örtlichen Bezirken abzugrenzen, als nach gewissen Berufen und Betrieben, wie dies bisher die Regel bildete. Die allgemeinen Orts- und Landkrankenkassen werden für örtliche Bezirke,

Die neuen Vorschriften der R.V.O. über die Zulassung

<table>
<tr><th></th><th>Allgemeine Orts-K.Kasse:</th><th>Land-K.Kasse:</th><th>Besondere Orts-K.Kasse</th></tr>
<tr><td>Bezirk und Abgrenzung:</td><td colspan="2">Errichtet für örtliche Bezirke innerhalb eines V.Amtsbezirkes auf Beschluß des Gemeindeverbandes, soweit notwendig und oberste Verwaltungsbehörde zustimmt</td><td>Für einzelne oder mehrere, in dem Statut bestimmte Gewerbszweige innerhalb eines V.Amtsbezirkes</td></tr>
<tr><td rowspan="2">Mitglieder:</td><td colspan="2">Versicherungspflichtige, die in keiner anderen der genannten K.Kassenarten versichert sind</td><td rowspan="2">Gruppen von Vers.-pflichtigen, für die die Kasse der Satzung nach bisher schon zuständig war</td></tr>
<tr><td>—</td><td>Landw. Beschäftigte, Dienstboten, im Wandergewerbe Beschäftigte und Hausgewerbetreibende</td></tr>
<tr><td>Allgemeine Voraussetzung für die weitere Zulassung:</td><td>—</td><td>—</td><td>1. Wenn ihre Leistungsfähigkeit mindestens der maßgebenden K.Kasse (Allgem. Orts-K Kasse) gleichwertig sind, bez. binnen 6 Monaten gemacht werden und sicher sind
2. für die Dauer,
3. wenn bei ihrer Zulassung der Allgem. Orts- und Land-K.Kasse mindestens 250 Pflichtmitglieder verbleiben</td></tr>
<tr><td>Vorauszusetzende Mindestmitgliederzahl für weitere Zulassung:</td><td>—</td><td>—</td><td>250 (nach dem Durchschnitt der letzten 3 Jahre)</td></tr>
<tr><td>Allgemeine Voraussetzung für die Neuerrichtung:</td><td>Zustimmung des O.V.Amtes</td><td>Wenn keine Ausschließung durch Landesgesetzgebung erfolgt: Zustimmung des O.-V.Amtes</td><td>Keine Neuerrichtung</td></tr>
<tr><td>Vorauszusetzende Mindestmitgliederzahl für die Neuerrichtung:</td><td>Besteht schon eine Landes-K.Kasse im Bezirk: 250 Pflichtmitglieder</td><td>Besteht schon eine Allg. Orts-K.Kasse im Bezirk: 250 Pflichtmitglieder</td><td>Keine Neuerrichtung</td></tr>
</table>

und Neugründung reichsgesetzlicher Krankenkassen.

Betriebs- (und Bau-) K.Kasse:	Innungs-K.Kasse:	Ersatzkassen:	Knappschaftliche K.Kasse
Für 1 oder mehrere Betriebe ein und desselben Unternehmers oder einer öffentlichen Verwaltung. Für Betriebe mehrerer Arbeitgeber, wenn schon vor der R.V.O. bestanden	Für die einer Innung angehörenden Betriebe	Bisherige eingeschr. Hilfskassen, die vor dem 1. April 1909 die Bescheinigung als reichsgesetzl. K.Kassen erlangt haben	Keine K.Kasse im Sinne der R.V.O.
Die in den Betrieben Beschäftigten	Die in den Innungsbetrieben Beschäftigten außer den Land-K.Kassenpflichtigen	Beschränkt auf den Mitgliederkreis ihrer bisherigen Satzung und Bezirkes. Das Verhältnis der Mitglieder zu den K.Kassen der R.V.O. ist besonders geregelt	Mitglieder, für die die Kasse zuständig, werden durch Landesgesetzgebung bestimmt
Vgl. Allgemeine Voraussetzung für die Zulassung der besonderen Orts-K.Kassen (1—2)		Auf Antrag durch Entscheidung der obersten Verwaltungsbehörde. Einführung der Regelleistung als Mindestleistung: Keine Abstufung mehr nach Alter und Gesundheit der Beitretenden. Jedoch noch Abstufung der Beiträge möglich. Kein Eintrittsgeld mehr	Mindestens Regelleistung der Orts-K.Kasse. Eintrittsgeld kann beansprucht werden, wenn 26 Wochen zwischen Austritt u. Wiedereintritt liegen
100 bez. 50 bei landw. und Binnenschiffahrtsbetrieben. Ausnahme: Bauk.K.	Keine Vorschrift	Dauernd 1000 bez. 250 mit Genehmigung der obersten Verwaltungsbehörde	Keine Vorschrift
1. Vgl.: Allgemeine Voraussetzung für die Zulassung der besonderen Orts-K.Kassen (1—3) 2. Dazu müssen der Allgem. Orts- und Landk.Kasse mindestens 1000 Pflichtmitglieder verbleiben. Ausnahme: Bauk.Kasse.		Keine Neuerrichtung	Wie für ihre Zulassung
150 bez. 50 für landw. und Binnenschiffahrtsbetriebe. Bei Saisonbetrieben Mindestzahl: 2 Monate nötig. Bei Baubetrieben keine Voraussetzung	Keine Vorschrift	Keine Neuerrichtung	Keine Vorschrift

meist für den Bezirk eines V.-Amtes, auf Beschluß des Gemeindeverbandes und mit Zustimmung des O.V.-Amtes errichtet. Die Errichtung der einen der beiden Kassenarten kann unterbleiben, wenn die andere nicht mindestens 250 Mitglieder haben würde. Auch kann die Organisation der Landkrankenkassen durch Landesgesetz vollkommen ausgeschlossen werden. Unterbleibt z. B. die Errichtung einer Landkrankenkasse, so werden die Versicherungspflichtigen, die ihr eigentlich angehören sollten, Mitglieder der allgemeinen Ortskrankenkasse.

Neben den allgemeinen Ortskrankenkassen können durch das O.V.A. auch die „besonderen" Ortskrankenkassen für einzelne Berufszweige weiter zugelassen werden, wenn sie gewisse Bedingungen erfüllen. Die Voraussetzung für ihre Zulassung sind folgende:

1. Sie dürfen die allgemeinen Ortskrankenkassen und Landkrankenkassen in ihrem Bestande und ihrer Leistungsfähigkeit nicht gefährden, insbesondere müssen diesen mindestens 250 Pflichtmitglieder verbleiben.

2. Die satzungsmäßigen Leistungen müssen mindestens denen der maßgebenden allgemeinen Ortskrankenkassen gleichwertig sein bzw. binnen 6 Monaten gemacht werden.

3. Ihre Leistungsfähigkeit muß für die Dauer sicher sein.

4. Ihre Mitgliederzahl muß mindestens nach dem Durchschnitt der letzten 3 Jahre 250 betragen.

Die für die Zulassung der besonderen Ortskrankenkassen vorgeschriebene Mindestmitgliedzahl von 250 ist entschieden zu niedrig gegriffen, da damit der Zentralisationsgedanke ganz wesentlich verlassen wird. Wenn der Gesetzgeber geglaubt hat, den Mißständen der Zersplitterung des Kassenwesens dadurch abzuhelfen, daß er neben der Forderung der zu niedrig bestimmten Mindestmitgliederzahl eine bestimmte Anforderung an die Leistungen der Kassen stellt, so hat er damit wohl einige Verbesserungen[1], jedoch keineswegs eine vollkommene Abhilfe erreicht. Gewiß werden Kassen über 250 Mitglieder, deren es in einer mittleren Ortschaft nach dem Gesetze leicht mehrere geben kann, ganz gut die satzungsmäßigen Leistungen der allgemeinen Ortskrankenkassen bieten können, die vielleicht selbst nicht viel mehr als 250 Mitglieder hat. Aber darüber hinaus, etwa eine weitblickende, die Krankheit vorbeugende Fürsorge läßt sich von ihnen nicht erwarten, wie dies leicht möglich wäre, wenn die sämtlichen Ortskrankenkassen dieser Ortschaft in eine einzige zusammengefaßt worden wären.

Ist schon durch die Voraussetzung der geringen Mindestmitgliederzahl der besonderen Ortskrankenkassen die Zentralisation der K.-Kassen nicht gerade allzusehr gefördert worden, so wird sie es noch

[1] Durch die Gleichwertigkeit der Leistungen der besonderen beruflichen Krankenkassen (also auch der Betriebs- und Innungskrankenkassen) mit denen der maßgebenden Orts- und Landkrankenkassen wird besonders der Nachteil beseitigt werden, daß bei Kassenwechsel innerhalb derselben Ortschaft der Versicherte geschädigt wird.

weniger durch die neue Errichtung von Landkrankenkassen, die als besondere Form neben die allgemeine Ortskrankenkasse eines jeden Bezirkes tritt. Die Landkrankenkasse ist für einzelne Berufszweige bestimmt, insbesondere für Landarbeiter, Dienstboten, im Wandergewerbe Beschäftigte und Hausgewerbetreibende und deren hausgewerblich Beschäftigte. Diese „besonderen Berufszweige", die, wie wir sehen werden, fast durchweg durch die R.V.O. der Versicherungspflicht neu unterworfen worden sind, heben sich von den gewerblichen Arbeitern in ihren Lebensgewohnheiten und ihren örtlichen und erwerblichen Verhältnissen wesentlich ab. Auch versicherungstechnisch bieten jene Gruppen große Schwierigkeiten, z. B. wegen der verschiedenartigen und schwierigen Bestimmung der Beiträge und Leistungen. Um diesen eigenartigen Verhältnissen besser Rechnung tragen zu können, hat der Gesetzgeber geglaubt, für diese besonderen Berufsgruppen eigene Landkrankenkassen errichten zu müssen. Diese sollen zur Durchführung der Versicherung für die genannten Berufe durch eine mehr behördliche Organisation geeignet gemacht werden, indem der Vorstand und der K.-Vorsitzende von dem Gemeindeverband erwählt werden sollen. Obwohl durch das Gesetz dabei bestimmt wird, daß die gewählten Ehrenbeamten der Organe der Landkrankenkassen zu $^1/_3$ den beteiligten Arbeitgebern und zu $^2/_3$ den Versicherten angehören müssen, so ist doch damit keineswegs eine uneingeschränkte Selbstverwaltung wie bei den anderen Kassenarten ermöglicht worden. Die Selbstbestimmungsrechte der Arbeitgeber und Versicherten werden durch die Wahl der Vertreter der Landkrankenkassen durch den Gemeindevorstand illusorisch gemacht. Dies ist der Hauptgrund, warum die Landkrankenkassen nicht gerade als eine fortschrittliche Neubildung der R.V.O. von vielen Kritikern angesehen werden. Außerdem kann man einer etwaigen Rechtfertigung der Errichtung der Landkrankenkassen, die sich auf die besonderen Verhältnisse und versicherungstechnischen Schwierigkeiten beruft, noch einen weiteren nicht unwesentlichen Einwand entgegenhalten. Es ist das große Risiko, dem die Landkrankenkassen durch die ihnen zugewiesenen meist ziemlich leistungsunfähigen besonderen Berufszweige ausgesetzt sind, unter denen sich dazu sogar einige mit hoher Krankheitsgefahr (z. B. Hausgewerbetreibende) befinden. Dieses Risiko wäre sicherlich besser umfangreicheren großen allgemeinen Ortskrankenkassen übertragen worden.

Wie ehedem bleiben die Betriebskrankenkassen bestehen, worunter künftig auch die Baukrankenkassen zu verstehen sind. Nur werden ihnen für ihre weitere Zulassung oder Neugründung verschärfte Bedingungen betreffend Mindestmitgliederzahl, Leistungsfähigkeit usw. auferlegt, um dadurch die Zentralisation der allgemeinen Ortskrankenkassen weiter zu fördern. Für die Beibehaltung der Betriebskrankenkassen, deren es im Jahre 1910 einschließlich der Baukrankenkassen 7926 gleich 34,4% aller K.-Kassen mit 3290375 gleich 23,6% Versicherten gab, sprachen verschiedene Gründe. Zunächst sind es die Vorzüge, die bereits bei Erlaß der alten K.V.-Gesetze zu ihrer Einführung führten. So wurde in dem Kommissionsbericht vom Jahre 1883[1] u. a. betont, daß diese Kassen um der Arbeiter willen mit besonderer Unterstützung der Arbeitgeber bedeutende Kapitalien würden ansammeln und teilweise zu humanitären Einrichtungen verwenden können. Auch schien es zweckmäßig, Arbeiter ein und desselben Betriebes in einer besonderen Kasse zu vereinigen, die für deren Verhältnisse besonders zugeschnitten war und zugleich erheblich geringere Verwaltungskosten verursachte. Im allgemeinen haben sich diese Erwartungen vollkommen erfüllt. Haben doch die Betriebs- und Baukrankenkassen trotz allgemeiner durchschnittlich größerer Erkrankungshäufigkeit und Krankheitsdauer gegenüber allen anderen Krankenkassenarten im Durchschnitt bedeutend höhere Leistungen aufzuweisen. Noch günstiger sind sie hinsichtlich ihrer geringen Verwaltungskosten gestellt, was wesentlich zu ihrer höheren Leistungsfähigkeit beitragen muß. Die Zahlen nachfolgender Tabelle beweisen dies sehr deutlich. Leicht könnte geglaubt werden, daß die höhere Leistungsfähigkeit eine Folge der höheren Beiträge (vgl. Nr. 3 der Tabelle) wäre, die bei den Betriebskrankenkassen von den Mitgliedern

Die Durchschnittsleistungen der Krankenkassen im Jahre 1910.[2]

Auf 1 Mitglied kamen im Jahresdurchschnitt:

bei	Krankheitskosten: Mark 1	Verwaltungskosten: Mark 2	Beiträge: Mark 3	Erkrankungsfälle 4	Krankheitstage 5
Ortskrankenkasse . . .	24,41	2,37	28,63	0,41	8,55
Betriebskrankenkasse . .	31,10	0,25	32,19	0,46	8,57
Baukrankenkasse . . .	30,42	0,39	33,97	0,60	9,17
Innungskrankenkasse . .	23,04	2,74	28,35	0,37	7,58
Eingeschr. Hilfskassen .	21,96	2,73	25,79	0,35	7,10
Landesrechtl. Hilfskassen	18,01	1,71	19,14	0,30	5,68
Gemeindekrankenversich..	13,6	—	13,54	0,26	5,33
Krankenkassen überhaupt	24,49	1,56	27,36	0,40	8,01
Knappschaftskassen im Jahre 1909	39,72	1,61	22,66	0,6 m. 0,3 w.	10,0 m. 6,1 w.

zu zahlen sind. Diese Ansicht wird sofort widerlegt, wenn man die Leistungen in ein prozentuales Verhältnis zu den Beiträgen bringt. Danach entfielen auf 100 Mark Durchschnittsbeitrag eines Mitgliedes an verausgabten Krankenkosten: bei den

[1] I Nr. 28 a. a. O. S. 76.

[2] Die Zahlen sind dem Statistischen Jahrbuch des deutschen Reiches, 1912, Seite 358, entnommen. Bei fast allen Knappschaftskassen sind Pensions- und Krankenversicherung organisch vereint. Daher sind die angegebenen Zahlen nur Schätzungszahlen.

Ortskrankenkassen	85,3 Mark
Baukrankenkassen	89,6 „
Betriebskrankenkassen	96,6 „
Innungskrankenkassen	81,3 „
eingeschriebenen Hilfskassen	85,1 „
landesrechtlichen Hilfskassen	93,6 „
Gemeindekrankenversicherungen	100,7 „
Krankenkassen zusammen	89,6 „

Den Vorteilen der Betriebs- und Baukrankenkassen werden verschiedentlich Nachteile gegenübergestellt, wie z. B. die Abhängigkeit der Versicherten von dem Betriebsunternehmer, der die Kassen errichtet und ihre Satzungen nach Befragen seiner Arbeiter aufstellt, die leichte Beendigung der Mitgliedschaft durch einseitige Kündigung des Arbeitgebers, sowie etwaige starke Beeinflussung durch den Unternehmer bei der Verwaltung und Kassenführung, trotzdem, daß die Arbeiter des Betriebes $^2/_3$ der Vertreter in den Kassenausschuß und Vorstand wählen können. Es kann nicht meine Aufgabe sein, hier abzuwägen, wie weit die Nachteile und die Behauptungen von einer illusorischen Selbstverwaltung der Betriebskrankenkassen zutreffen. Ich kann mich vielmehr hier mit der Feststellung begnügen, daß die Betriebskrankenkassen sich im allgemeinen sehr gut bewährt haben, und nur selten Klagen gegen sie laut geworden sind. Welcher Beliebtheit sie sich erfreuten, dafür gibt die Einmütigkeit ein beredtes Zeugnis, mit der die Arbeitgeber und -nehmer bestehender Betriebskrankenkassen gegen jede Beseitigung dieser Kassenart eintraten. Es entsprach mithin einem dringenden Bedürfnis, daß die R.V.O. die gutbewährten Betriebskrankenkassen beibehielt, und nur ihre weniger leistungsfähigen Zwergkassen zu beseitigen suchte. Erreicht soll dieses Ziel werden durch die Voraussetzung der Forderung, daß die Leistungsfähigkeit der weiter zugelassenen Betriebskrankenkassen der der maßgebenden Orts- und Landkrankenkassen gleichwertig und sicher ist. Die Mindestmitgliederzahl für die weitere Zulassung schon bestehender Betriebskrankenkassen ist auf 100, für landwirtschaftliche und Binnenschiffahrtsbetriebe auf 50 festgesetzt. Für die Neuerrichtung einer K.-Kasse für einen oder mehrere Betriebe eines Unternehmers wird dagegen durch die R.V.O. der Nachweis einer Mindestmitgliedzahl von 150, für Land- und Binnenschiffahrtsbetriebe von 50 Personen gefordert. Neben der Voraussetzung der Leistungsfähigkeit muß weiter die Bedingung erfüllt sein, daß nach ihrer Neuerrichtung den allgemeinen Orts- und Landkrankenkassen mindestens 1000 Pflichtmitglieder verbleiben und diese auch sonst nicht gefährdet werden. Dies bedeutet eine wesentliche Beschränkung gegen früher, wo die Errichtung einer Betriebskrankenkasse im allgemeinen an den Nachweis von 50 Mitgliedern geknüpft war. Wegen der Vorteile, die man mit einer weitgehenden Zentralisation für die Allgemeinheit erreicht, wäre es jedoch zu wünschen gewesen, daß die für die Errichtung und weitere Zulassung erforderliche Mindestmitgliederzahl auch bei den Betriebskrankenkassen größer angenommen worden wäre. Was im übrigen die Organisation der Betriebskrankenkassen anbetrifft, so hat die R.V.O. die Bestimmung fallen lassen, wonach ein Unternehmer zu ihrer Errichtung durch die höhere Verwaltungsbehörde verpflichtet werden konnte. Eine Ausnahme der Vorschriften über die Betriebskrankenkassen machen die ihnen durch die R.V. zugezählten Baukrankenkassen. Der Eigenart der Verhältnisse jener Kassen wird durch Sondervorschriften entsprochen, daß z. B. die Unternehmer von Baubetrieben, wie früher direkt zu ihrer Errichtung auf Anordnung des O.V.-Amtes verpflichtet werden können. Dazu werden für ihre weitere Zulassung und Neuerrichtung außer der allgemeinen Voraussetzung der Leistungsfähigkeit keine weiteren einschränkenden Bestimmungen z. B. wegen Mindestmitgliederzahl vorgesehen.

Als K.-Kassen im Sinne der R.V.O. gelten auch die Innungskrankenkassen für die einer Innung angehörenden Betriebe. Ihre weitere Zulassung und Neuerrichtung ist nur an die Erfüllung der Leistungsfähigkeit gebunden, während eine Mindestmitgliederzahl nicht gefordert wird. Eine Neugründung kann allerdings versagt werden, wenn die zuständigen örtlichen Kassen dadurch gefährdet würden, insbesondere, wenn diesen weniger als 1000 Mitglieder verbleiben würden. Die R.V.O. hat den Innungskrankenkassen keine großen Beschränkungen auferlegt, um durch ihr weiteres Bestehen gleichzeitig das Innungsleben zu heben und zu festigen. Daß sie zur Zeit im allgemeinen in den Kreisen des Handwerks sehr in Gunst stehen, zeigt am besten ihre außerordentlich starke Entwicklung. Betrug im Jahre 1885 die Zahl der Innungskrankenkassen nur 224, denen 24879 Mitglieder angehörten, so war sie im Jahre 1910 bereits auf 802 Kassen mit 296521 Mitgliedern gestiegen, ein Zeichen, daß ein lebhaftes Bedürfnis nach solchen Kassen vorhanden ist. Möglicherweise wird ihre Zahl infolge der Erweiterung der Versicherungspflicht durch die R.V.O. noch weiter, wenn auch nicht erheblich, vermehrt, zumal einzelne Berufe (z. B. Detailhandelsbetriebe) von ihnen eine gute Berücksichtigung ihrer besonderen Verhältnisse erwarten können.[1]

Eine wirklich durchgreifende Zentralisation innerhalb der Kassenarten ist durch die R.V.O. bei den freien Hilfskassen durchgeführt worden, die künftig den Namen „Ersatzkassen" tragen sollen. Die freien Hilfskassen ohne Beitrittszwang waren entweder als eingeschriebene reichsrechtliche Hilfskassen auf Grund der Gesetze vom 7. April 1876[2] und vom 1. Juni 1884[3] oder als landesrechtliche Hilfskassen für einen beliebigen Mitgliederkreis errichtet worden. Die Mitgliedschaft bei ihnen befreite das nach dem K.V.-Gesetze ver-

[1] Z. B. wurde auf dem Verbandstage des Zentralverbandes für Handel und Gewerbe (26. August 1912) in Hannover stark für die Gründung von Kaufmannsinnungen eingetreten, um Kaufmannskrankenkassen als Innungskrankenkassen errichten zu können, da einmal künftig die Hilfskassen zum großen Teil wegfallen und andererseits die Gesamtheit der kaufmännischen Angestellten in weit höherem Maße als bisher von der Versicherungspflicht erfaßt werden.

[2] R.G.Bl. S. 125. [3] R.G.Bl. S. 54.

sicherungspflichtige Mitglied von dem Versicherungszwange bei einer Orts-, Betriebs-, Bau- und Innungskrankenkasse oder Gemeindekrankenversicherung. Zugleich waren die Arbeitgeber von dem Beitragsanteil zu den Prämien entbunden, die die Versicherten bei den Hilfskassen zu zahlen hatten. War schon dadurch das Mitglied einer Hilfskrankenkasse gegenüber seinen bei den Pflichtkassen versicherten Arbeitskollegen im gewissen Grade im Nachteil, so wurde dieser mitunter noch dadurch gesteigert, daß ihm für seine Beiträge oftmals geringere Kassenleistungen zustanden, als ihm im gleichen Falle die Zwangskassen gewährt hätten. Recht unerträglich wurde diese Benachteiligung dann, wenn von dem Arbeitgeber direkt ein Druck auf die Arbeitnehmer zum Beitritt zu einer Hilfskasse ausgeübt wurde.[1]

Zu dieser unliebsamen Begleiterscheinung des Hilfskassenwesens gesellte sich weiter eine direkte Schädigung der reichsgesetzlichen Zwangskassen, indem sich die Hilfskassen auf deren Kosten die guten Risiken auf Grund von besonderen Aufnahmebedingungen aussuchten, die sie an Alter, Geschlecht und Gesundheitszustand stellten. Welch' gute Risiken die Hilfskassen gegenüber den Pflichtkassen hatten, geht schon daraus hervor, daß bei den Hilfskassen auf 100 Mitglieder durchschnittlich die wenigsten Erkrankungsfälle und Krankheitstage kamen (abgesehen von der Gemeindekrankenversicherung, die die R.V.O. nunmehr gänzlich beseitigt hat). Die Statistik (S. 54) weist nach, daß z. B. im Jahre 1910 auf 100 Mitglieder bei eingeschriebenen Hilfskassen durchschnittlich 35 Krankheitsfälle und bei landesrechtlichen Hilfskassen durchschnittlich nur 30 Krankheitsfälle mit 710 bezüglich 568 Krankheitstagen kamen. Diesen Zahlen steht der Gesamtdurchschnitt sämtlicher Krankenkassen (die Hilfskassen eingeschlossen) mit 40 Krankheitsfällen und 801 Krankheitstagen auf je 100 Mitglieder gegenüber. Auch wegen ihrer Leistungsfähigkeit sind die Hilfskassen anzufechten. Gab es doch unter ihnen eine ganze Anzahl, die ihren Mitgliedern wenig mehr als die nach dem alten Gesetze vorgeschriebenen Mindestleistungen der minderwertigen Gemeinde K.V. gewährten.

Die angeführten großen Mißstände und Nachteile der Hilfskassen rechtfertigen es, daß die R.V.O. gründlich Wandel schuf, indem sie die Hilfskassen durch einschneidende Bestimmungen stark beschränkte und ihren Fortbestand sehr gefährdete. Zunächst wird jede Neuerrichtung von Ersatzkassen zwecks künftiger einheitlicherer Durchführung der R.V. ausgeschlossen. Unter dem Namen „Ersatzkassen" werden sodann nur diejenigen eingeschriebenen Hilfskassen auf ihren Antrag zur R.V. zugelassen, denen vor dem 1. April 1909 eine Bescheinigung nach § 75a des alten K.V.-Gesetzes erteilt worden ist.[2]

---

[1] Um sich nämlich der Beitragsanteile und der Meldepflicht zu den Zwangskassen zu entziehen, beschäftigten häufig Arbeitgeber ihre Arbeiter nur unter der Bedingung, daß sie Mitglieder einer Hilfskasse waren.

[2] Durch diese Bestimmung werden künftig sämtliche landesrechtliche Hilfskassen von der R.V. ausgeschlossen. Im Jahre 1910 gab es nur noch 136 solcher Kassen.

Ihr Bezirk und Kreis darf sich weiter nur soweit auf Versicherungspflichtige erstrecken, als die Kassensatzung zu dem angegebenen Termine bestimmte. Durch Mitgliedschaft bei einer solchen Ersatzkasse wird wie ehedem der Versicherte auf Antrag von seiner Versicherungspflicht bei einer K.K. der R.V.O. befreit. Um dabei jedoch zu verhindern, daß die Arbeitgeber weiterhin auf ihre Arbeiter einen Druck zum Beitritt zu einer Ersatzkasse ausüben, sollen jene künftig für ihre bei einer Ersatzkasse versicherten Beschäftigten einen Beitrag an die zuständigen Orts- oder Landkrankenkassen[1] zahlen, den sie bei der Versicherung ihrer Arbeiter bei einer reichsgesetzlichen K.-Kasse gleichfalls zu entrichten gehabt hätten. Durch diese Bestimmungen werden sicherlich die Ersatzkassen eine große Zahl bisheriger Mitglieder verlieren. Denn man muß im allgemeinen annehmen, daß die Versicherten den Beitragsanteil der Arbeitgeber ausnutzen und lieber ihrer Versicherungspflicht bei einer K.K. der R.V.O. genügen werden, die ihnen in der Regel wohl noch bessere Leistungen als die Ersatzkassen gewähren wird. Als Mindestleistung der Ersatzkassen sieht übrigens das neue Gesetz künftig die Regelleistung (S. 80ff.) vor. Eine weitere, die Existenzfähigkeit der Ersatzkassen hemmende Bestimmung ist darin zu sehen, daß solchen Personen, für die die Kasse errichtet ist, nicht mehr wegen ihres Lebensalters, Geschlechtes oder Gesundheitszustandes der Beitritt versagt werden darf. Am meisten wird indessen der Fortbestand vieler bisherigen Hilfskassen durch die Voraussetzung einer Mindestmitgliederzahl von 1000 bezüglich mit Genehmigung der obersten Verwaltungsbehörde von 250 Personen in Frage gestellt.

Überschauen wir kurz nochmals die Neuregelung des Krankenkassenwesens durch die R.V.O., so ist die Anbahnung einer Zentralisation unverkennbar. Sie zeigt sich in der gänzlichen Beseitigung sämtlicher Gemeindekrankenversicherungen und landesrechtlichen Hilfskassen und in dem starken Rückgang der weiter zugelassenen Orts-, Betriebs-, Innungs- und Ersatzkassen. Werden doch viele von diesen letzteren kaum die vorgeschriebenen gleichwertigen Leistungen der für sie maßgebenden allgemeinen Orts- und Landkrankenkassen gewähren und die Mindestmitgliederzahl nachweisen können. Und selbst wenn sie diese Bedingungen erfüllen, fragt es sich, ob sie nicht etwa die K.-Kassen auf örtlicher Grundlage in ihrem Bestande und ihrer Existenzfähigkeit gefährden, so daß sie aus diesem Grunde geschlossen werden müssen. Wieviel solcher Kassen davon betroffen werden, läßt sich natürlich im voraus nicht zahlenmäßig für das Reich erfassen, da dies in jedem einzelnen Falle auf Grund der örtlichen Verhältnisse und Besonderheiten festgestellt werden müßte. Nur die Wirkung der Voraussetzung einer Mindestmitgliederzahl läßt sich annähernd auf Grund einer Statistik über alle zu Ende des Jahres 1908 bestehenden

[1] Der Beitragsanteil der Arbeitgeber soll nicht an die Ersatzkassen selbst bezahlt werden, da man deren Existenz nicht noch durch Reichsgesetz unterstützen wollte, zumal sie nicht als reichsgesetzliche Krankenkassen im Sinne der R.V.O. angesehen werden.

K.-Kassen nach ihrer Mitgliederzahl übersehen, die die Reichsleitung besonders zu diesem Zwecke hat ausarbeiten lassen.[1] Die Zahlen können zurzeit noch gut zu der folgenden Schätzung herangezogen werden, da es im Jahre 1910 nur insgesamt 136 K.-Kassen weniger als im Jahre 1908 gab. Nach dieser Statistik waren unter 4768 Ortskrankenkassen 2654 mit weniger als 500 Mitgliedern. Da die Gesamtmitgliederzahl der 2654 Kassen 627040 betrug, so würde im Durchschnitt eine jede dieser Kassen 250 Mitglieder gehabt haben. Man wird somit kaum falsch rechnen, wenn man annimmt, daß tatsächlich über die Hälfte dieser Kassen weniger als 250 Mitglieder hatten. Es würden daher mindestens über 1300 Ortskrankenkassen eingehen müssen, da sie nicht der Bedingung der Mindestmitgliederzahl genügen. Ferner werden von den verbleibenden Ortskrankenkassen außerdem noch eine größere Anzahl eingezogen werden, weil ihre Mitgliederzahl auf über 250 dadurch herabgedrückt werden wird, daß ein erheblicher Teil ihrer Mitglieder entweder den neuen Landkrankenkassen wird anzugehören haben, oder von der Ausnahmevorschrift, bei den beruflichen Ortskrankenkassen bleiben zu können, keinen Gebrauch machen. Dazu werden viele von den Ortskrankenkassen mit über 250 Mitgliedern in ihren Leistungen den der allgemeinen Ortskrankenkassen nicht gleichwertig sein können, so daß auch dadurch viele nicht weiter werden bestehen können. Man wird kaum fehlgehen, wenn man annimmt, daß die Zahl der Kassen, die aus den zuletzt angeführten Gründen eingehen werden, ungefähr der Zahl der neuzugründenden allgemeinen Ortskrankenkassen wird gleichkommen. An Betriebskrankenkassen bestanden im Jahre 1908 im Deutschen Reiche 7931 mit 3050703 Mitgliedern. Von diesen werden nach der Statistik 2843 mit nur 159308 Mitgliedern nicht zugelassen werden können, weil jede einzelne Kasse nicht mindestens 100 Mitglieder nachweisen kann. Unter den 784 Innungskrankenkassen gab es im gleichen Jahre 300 mit zusammen 17219 Mitgliedern. Obwohl jede von diesen Kassen weniger als 100 Mitglieder besaß, so werden sie nach der R.V.O. dennoch weiter zugelassen werden. Indessen werden wohl von ihnen einige eingezogen werden müssen, weil sie der Anforderung der Gleichwertigkeit nicht werden entsprechen können. Ihre Beseitigung wird auf der anderen Seite durch die oben erwähnten Neugründungen von Innungskrankenkassen so ziemlich ausgeglichen werden. Von den Hilfskassen werden einmal die sämtlichen 145 landesrechtlichen Hilfskassen mit 35434 Mitgliedern zu beseitigen sein. Dazu kommen 1191 eingeschriebene Hilfskassen mit 265711 Mitgliedern, allein weil eine jede von ihnen nicht die Mindestmitgliederzahl 1000 erreicht. Ob die übrigen 119 eingeschriebenen Ersatzkassen mit je mehr als 1000 Mitgliedern mit zusammen 633544 Mitgliedern, den an sie gestellten Bedingungen genügen werden, muß dahingestellt bleiben. Endlich fallen die 8237 Gemeindekrankenversicherungen mit 1496606 Versicherten weg. Stellen wir die Zahl der zu beseitigenden K.-Kassen zusammen, so ergibt sich folgendes:

---

[1] I, Nr. 50, a. a. O. Begründung S. 116.

Es gehen ein wegen zu geringer Mitgliederzahl:

gegen 1300	berufliche Ortskrankenkassen	mit etwa	300000 (?) Mitgl.
2843	Betriebskrankenkassen	„ „	159308 „
145	landesrechtl Hilfskassen	„ „	35434 „
1191	eingeschrieb. Hilfskassen	„ „	265711 „
8237	Gemeindekrankenversicherungen	„ „	1496606 „

Zu ihnen wird sich eine ganze Anzahl gesellen, die die übrigen Anforderungen der R.V.O. nicht werden erfüllen können. Insgesamt werden also gegen 13—14000 Krankenkassen wegen zu geringer Mitgliederzahl eingehen müssen. Dagegen werden neu hinzukommen die neuzugründenden Landkrankenkassen.[1] Zieht man aus all' dem die Bilanz, so ergibt sich, daß durch die Bestimmungen der R.V.O. in der K.V. die Zahl der V.-Träger, deren es zurzeit über 23000 gibt, voraussichtlich fast auf die Hälfte sinken wird, eine Gesamtwirkung, die eine ganz erhebliche Zentralisation bedeutet.

§ 7. Die Erweiterung des Kreises der versicherungspflichtigen Personen.

Ist durch die Beseitigung kleiner leistungsfähiger K.-Kassen bis zu einem gewissen Grade eine erwünschte Zentralisation im Krankenkassenwesen durch die R.V.O. angebahnt worden, so wird diese relativ noch verstärkt durch die erhebliche Erweiterung des Kreises der versicherungspflichtigen Personen. Wird doch künftig die Zahl der Versicherungspflichtigen in der K.V. nicht mehr 14 Millionen, sondern etwa 21 Millionen betragen.

Diese außerordentliche Zunahme der Mitgliederzahl der K.V. findet ihre Erklärung in einer grundsätzlichen Änderung der die Versicherungspflicht begründenden Voraussetzung. Nach dem alten K.V.-Gesetze unterlagen im allgemeinen der Versicherungspflicht alle Personen, die in einem bestimmten „Betriebe“ gegen Lohn oder Entgelt beschäftigt waren und in einem festen Arbeitsverhältnis standen. Man machte die Zugehörigkeit zu bestimmten gewerblichen und industriellen Betrieben deswegen zur Voraussetzung für die Versicherungspflicht, weil ein unmittelbarer Zwang bei der Anmelde- und Beitragspflicht nur gegen die Arbeitgeber möglich und dadurch die Versicherung besser durchführbar erschien. Um überhaupt eine gedeihliche Durchführung der gänzlich neuen K.V. zu sichern, suchte man im übrigen durch Beschränkung der Versicherungspflicht alle größeren versicherungstechnischen Schwierigkeiten auszuschließen, die sich in zeitlichen oder örtlichen Verhältnissen geboten hätten. Dies war schließlich mit ein Hauptgrund, weswegen man insbesondere alle land- und forstwirtschaftlichen Arbeiter, das Gesinde, die Hausgewerbetreibenden und die sogen. unständig Beschäftigten bisher nicht in die reichsgesetzliche K.V. einbezogen hatte. Es wird zugegeben

[1] Die neuzugründenden allgemeinen Ortskrankenkassen wurden schon oben bei der Berechnung mit berücksichtigt.

werden müssen, daß eine gewisse Vorsicht bei Einführung der K.V. infolge der völligen Unkenntnis ihrer Einzelheiten geboten war. Daß aber allein wegen besonderer Schwierigkeiten große Gruppen von beschäftigten Personen von den großen Vorteilen eines staatlichen Fürsorgeunternehmens ausgeschlossen wurden, konnte für die Dauer nicht aufrecht erhalten werden. Wiederholt war daher eine durchgreifende Abänderung dieser unangebrachten Ausnahmebehandlung der Sondergruppen angestrebt worden. Eine reichsgesetzliche Regelung dieses schwierigen Stoffes wurde nunmehr durch die R.V.O. gebracht, nachdem zuvor zum Teil schon landesrechtliche Gesetzgebungen einen gewissen Ausgleich zu schaffen gesucht hatten. Die R.V.O. macht die Versicherungspflicht nicht mehr abhängig von der Zugehörigkeit zu einem bestimmten Betriebe, sondern nach ihr erstreckt sich künftig die Zwangsversicherung im allgemeinen auf „alle Personen, die ihre Arbeitskraft in untergeordneter, abhängiger Stellung verwerten". Um diesen allgemein gezogenen Kreis in gewisse Grenzen zu bringen, wird die Versicherungspflicht von einer bestimmten Art der berufsmäßigen Beschäftigung abhängig gemacht. Dabei legte der Gesetzgeber den Personenkreis der I.V. mit den notwendig erachteten Ergänzungen zugrunde, wodurch nunmehr auf dem Gebiete der K.V. und der I.V. eine ziemliche Gleichmäßigkeit[1] bezüglich der Versicherungspflichtigen erzielt worden ist.

Eine möglichst große Einheitlichkeit des Kreises der Versicherungspflichtigen in jenen beiden Versicherungszweigen schien um so gebotener, weil beide in gewisser Ergänzung zueinander stehen: Bekanntlich erhält nach der I.V. der vorübergehend erwerbsunfähige Versicherte in der Regel erst nach einer Wartezeit von 26 Wochen eine Invalidenrente. Ist er gleichzeitig Mitglied einer K.-Kasse, so hat diese ihm während dieser 26 Wochen Krankenunterstützung zu gewähren. Kommt es nun vor, daß der Betreffende nur in einer der beiden Versicherungen versicherungspflichtig ist, so wird natürlich der Wegfall der einen oder anderen Unterstützung und damit der Mangel an Vorsorge besonders stark empfunden. Zu dem kommt, daß im Falle einer umfangreichen und sorgfältigen Krankenfürsorge die Gefahr vorzeitigen Eintritts der Invalidität wächst, und dadurch gegebenenfalls die I.V. mehr belastet wird. Die ziemliche, wenn auch nicht völlige, durch die R.V.O. erzielte Gleichheit des Kreises der versicherungspflichtigen Personen in beiden Versicherungen wird künftig also fast allen Versicherten bei Erwerbsunfähigkeit das Recht einer ununterbrochenen Unterstützung bringen.

Was nun die Versicherungspflicht speziell in der K.V. anbetrifft, so werden ihr künftig nach § 165 der R.V.O. folgende Personen ohne Unterschied des Lebensalters, des Geschlechts und der Staatsangehörigkeit unterliegen:

1. Arbeiter, Gehilfen, Gesellen, Lehrlinge, Dienstboten.
2. Betriebsbeamte, Werkmeister und andere Angestellte in ähnlich

[1] Vgl. unten S. 96.

gehobener Stellung, sämtlich, wenn diese Beschäftigung ihren Hauptberuf bildet.

3. Handlungsgehilfen und -lehrlinge, Gehilfen und Lehrlinge in Apotheken.

4. Bühnen- und Orchestermitglieder, ohne Rücksicht auf den Kunstwert der Leistungen.

5. Lehrer und Erzieher.

6. Hausgewerbetreibende.

7. Die Schiffsbesatzung deutscher Seefahrzeuge, sowie die Besatzung von Fahrzeugen der Binnenschiffahrt.

Vorausgesetzt wird dabei, daß all diese Personen mit Ausnahme der Lehrlinge aller Art und der Hausgewerbetreibenden gegen Entgelt beschäftigt werden. Bei den unter Nr. 2—5 Bezeichneten und den Schiffern darf außerdem der regelmäßige Jahresarbeitsverdienst den Betrag von 2500 Mark nicht übersteigen. Gegen früher ist diese Jahreseinkommensgrenze um 500 Mark erhöht worden, wodurch schon eine stattliche Anzahl Personen allein aus dem bereits vor der R.V.O. versicherungspflichtigen Betrieben neu der K.V. zugeführt werden. Die Erhöhung der Jahreseinkommensgrenze bedeutet keineswegs ein Verlassen des Grundgedankens der alten K.V.-Gesetze, wonach die wirtschaftlich Schwächeren im Krankheitsfalle sichergestellt werden sollen. Als wirtschaftlich Schwache hat bereits das erste K.V.-Gesetz vom Jahre 1883 Personen mit einem Einkommen von 2000 Mark angesehen. Inzwischen ist der Geldwert bezüglich seiner Kaufkraft um mindestens 25% gesunken, was am besten die Erhöhung der Löhne der Beamtenbesoldung beweist. Man wird infolge der Wertminderung des Geldes daher die Änderungen des Jahreseinkommens in der K.V. um 500 Mark nur billigen können.[1]

Von besonderem Interesse wird die Beantwortung der Frage sein, welche Personenkreise durch die R.V.O. neu der Versicherungspflicht unterstellt worden sind, und wie groß der Umfang der K.V. tatsächlich

[1] Verschiedentlich wird die Forderung einer weiteren Erhöhung der in der K.V. gezogenen Gehaltsgrenze aufgestellt. Ihr ist jedoch aus mannigfachen Gründen nicht das Wort zu reden. Einmal können sich bei der reichsgesetzlichen K.V. alle Versicherten freiwillig weiterversichern, falls infolge des Überschreitens der Gehaltsgrenze ihre Versicherungspflicht erlischt, und ihr Jahreseinkommen 4000 Mark nicht übersteigt. Für diese würde also die Erhöhung abgesehen von dem Beitragsanteil der Arbeitgeber keinen wesentlichen Gewinn bringen. Die verhältnismäßig wenigen Personen in gehobener abhängiger Stellung aber, die gleich ein höheres Jahreseinkommen als 2500 Mark haben, ohne vorher versicherungspflichtig gewesen zu sein, finden gegebenenfalls bei einer großen Anzahl privater K.-Kassen reichlich Gelegenheit, sich vor etwaigen künftigem Vermögensbedarf in Krankheitsfällen zu schützen. Von ihnen darf man wohl erwarten, daß sie in der Lage sind, sich selbst gegen die wirtschaftlichen Folgen von Krankheiten zu sichern, ohne daß auf sie ein Zwang zur Versicherung ausgeübt wird. Ein Hauptgrund aber, der gegen die Erweiterung der Gehaltsgrenze über 2500 Mark spricht, ist, daß dadurch immer mehr Personen der freien Konkurrenz der Ärzte entzogen werden, wogegen diese sich mit Recht sträuben. Gegen eine Erhöhung lassen sich weitere Bedenken wie Verminderung des Sparsinns und des Verantwortlichkeitsgefühls, zu große Belastung des Unternehmertums u. a. m. anführen.

werden wird. Es würde den Rahmen dieser Arbeit überschreiten, wollte ich hier die außerordentlich große Anzahl von Berufsarten der neu in die Krankenversicherung einbezogenen Personen einzeln anführen.[1] Hier sollen vielmehr nur neu versicherte große Berufsklassen herausgestellt werden. Hierher gehören zunächst die zahlreichen Personen, die nicht in gewerbsmäßig sich vollziehenden Betrieben beschäftigt sind, wie Schreiber, Kanzlisten, Expedienten, Kassenboten, Schul- und Kirchenbedienstete u. a. m. Unter diese große Gruppe fallen auch die Privatlehrer, Erzieher und Erzieherinnen, Hausdamen usw., die Bühnen- und Orchestermitglieder ohne Rücksicht auf den Kunstwert ihrer Leistungen und endlich Gehilfen und Lehrlinge von Apotheken. Von ganz besonderer Wichtigkeit ist es, daß künftig die folgenden großen Gruppen versicherungspflichtig werden:

1. Die in Forst- und Landwirtschaft Tätigen,
2. das Gesinde und die Dienstboten,
3. die unständig Beschäftigten,
4. die im Wandergewerbe Beschäftigten und
5. die Hausgewerbetreibenden.

Die mächtige Erweiterung des Kreises der gegen Krankheit versicherungspflichtigen Personen zahlenmäßig zu schätzen, ist für die Bestimmung der neuen Belastung von Wichtigkeit, jedoch kann dies kaum mit einiger Sicherheit geschehen. Dennoch ist in einem Anhang zur Begr. des Entw. d. R.V.O. S. 642ff. eine Ermittlung der Zahl der neuzuversichernden Personen in eingehender Weise versucht worden, indem das Ergebnis der Berufsstatistik vom 12. Juni 1907 zugrunde gelegt wurde. Danach wäre die Zahl der neuzuversichernden Personen zu schätzen[2]:

1. In der Land- und Forstwirtschaft auf	2986000
2. der Dienstboten	1105000
3. der unständig Beschäftigten	356000
4. der im Wandergewerbe Beschäftigten	40000
5. der Hausgewerbetreibenden	295000
6. der übrigen in der Versicherung einbezogenen Personen (der sogen. freien Berufsarten) . . .	259000
insgesamt:	5044000

Bei dieser Schätzung müssen jedoch einige Korrekturen vorgenommen werden, wenn man sie zurzeit gelten lassen will. Zunächst ist die Zahl der in der Land- und Forstwirtschaft beschäftigten Ver-

[1] Interessenten werden dies aus einer vom R.V.-Amte herausgegebenen „Anleitung“ in den A.N. ersehen können. Auch mag noch auf die Anlage E zur Begründung der R.V.O. (I, Nr. 50, a. a. O.) verwiesen werden, wo die bisher gegen Invalidität, nicht aber gegen Krankheit versicherten Berufe einzeln zusammengestellt worden sind, die künftig auch in die K.V. einbezogen werden.

[2] Bei der Schätzung ist bereits berücksichtigt worden, daß Personen, die nach der R.V.O. versicherungspflichtig geworden sind, zurzeit schon auf Grund statutarischer oder landesrechtlicher Bestimmungen versichert waren.

sicherungspflichtigen sicherlich zu niedrig gegriffen, wie schon bei der angeführten Berechnung selbst zugegeben wird. Man hat nämlich angenommen, daß alle ledigen Familienangehörigen, die in der Land- und Forstwirtschaft des Haushaltungsvorstandes tätig sind, im allgemeinen ihre Arbeitskraft nicht gegen Entgelt zur Verfügung stellten und somit nicht versicherungspflichtig würden. Diese Annahme wird aber sicherlich nur bis zu einem gewissen Grade richtig sein. Zutreffender ist es, die Berechnung unter der Voraussetzung durchzuführen, daß alle tätigen Familienangehörigen mit Ausnahme der noch nicht 14 Jahre alten Kinder versicherungspflichtig werden. Danach würden, wie die herangezogene Berechnung auch angibt, 1816700 Personen mehr der K.V. zugeführt werden. Dazu kommt, daß der Berechnung die Berufsstatistik vom Jahre 1907 zugrunde gelegt werden mußte. Inzwischen wird entsprechend der Bevölkerungszunahme eine größere Zahl von Personen versicherungspflichtig geworden sein. Die Zunahme wird man am leichtesten schätzen können, wenn man das Verhältnis der Gesamtbevölkerung und der Neuzuversichernden des Jahres 1907 auf die Gesamtbevölkerung des Jahres 1911 überträgt. Im Jahre 1907 wären von 62980000 Personen der Gesamtbevölkerung 5044000 + 1816700 = 6860700 Personen, oder, was dasselbe ist, von 1000 Personen der Gesamtbevölkerung 109 Personen neu versicherungspflichtig geworden.[1] Dieses Verhältnis auf die Gesamtbevölkerung des Jahres 1911 übertragen, ergibt, daß durch die R.V.O. im Jahre 1911 über 7,5 Millionen Personen neu versicherungspflichtig geworden wären. Diese Zahl ist sogar sicherlich noch etwas höher anzunehmen, da ja auch die Erhöhung der Jahreseinkommensgrenze, die bei der angeführten Berechnung nicht berücksichtigt wurde, eine Vermehrung der Versicherungspflichtigen der K.V. bringen wird. Man wird demnach nicht zu hoch greifen, wenn man die Gesamtzahl der durch die R.V.O. der K.V. neu unterstellten Personen auf 7 bis 8 Millionen gleich 11—12% der Gesamtbevölkerung schätzen wird. Mit den zurzeit 14 Millionen Versicherungspflichtigen gleich 22% der Gesamtbevölkerung wird somit die Zahl aller gegen Krankheit durch die R.V.O. versicherten Personen etwa 21—22 Millionen gleich 33—34% der Gesamtbevölkerung betragen.

§ 8. Die Notwendigkeit und Bedeutung der Sonderbestimmungen der R.V.O. für die in die K.V. neueinbezogenen besonderen Berufszweige.

Mannigfache und fast unüberwindliche Schwierigkeiten stellten sich der R.V.O. bei der Ausdehnung der Zwangskrankenversicherung auf verschiedene Hauptgruppen von wirtschaftlich recht schwachen Personenkreisen entgegen, als welche hier die in der Land- und Forstwirtschaft, als Dienstboten, unständig oder im Wandergewerbebetriebe Beschäftigten und die Hausgwerbetreibenden in Betracht kommen.

[1] Die Zahlen wurden den statistischen Jahrbüchern für das Deutsche Reich entnommen.

Man beseitigte die Schwierigkeiten am besten nur dadurch, daß man für jeden dieser besonderen Berufszweige unter eingehender Berücksichtigung ihrer jeweiligen verschiedenen wirtschaftlichen und örtlichen Verhältnisse Sonderbestimmungen erließ. Die Grundzüge jener besonderen Vorschriften wurden in der nachstehenden Zusammenstellung „Sondervorschriften der R.V.O. für die in die K.V. neu einbezogenen besonderen Berufszweige“ zu erfassen gesucht, was die systematische Übersicht erleichtern wird. Unter Hinweis auf diese Übersicht soll hier nur noch auf die hauptsächlichsten Gesichtspunkte selbst eingegangen werden, die für die Sonderregelung maßgebend waren und für die Durchführung der K.V. für die einzelnen besonderen Berufszweige von Bedeutung sind.

A. Sonderregelung der K.V. für die in der Land- und Forstwirtschaft Beschäftigten.

Nach der S. 63 angeführten Berechnung erfährt der Kreis der versicherungspflichtigen Personen die weitaus größte Ausdehnung durch den künftig umfassenden reichsgesetzlichen Versicherungszwang für die in der Land- und Forstwirtschaft Beschäftigten oder, wie in Übereinstimmung mit der R.V.O. auch nachfolgend immer kurz gesagt werden soll, für die landwirtschaftlich Beschäftigten. Wie sehr das Bedürfnis danach vorlag, beweisen die dringenden Forderungen mehr oder weniger interessierter Kreise und wiederholte Resolutionen des Reichstages. Nun war zwar durch das alte K.V.-Gesetz, besonders durch das Gesetz vom 5. Mai 1886 betreffend die U.- u. K.V. der in land- und forstwirtschaftlichen Betrieben beschäftigten Personen, der statutarische bezüglich landesrechtliche Versicherungszwang für die landwirtschaftliche Bevölkerung zugelassen. Davon hatten Sachsen, Baden, Hessen, Braunschweig, Anhalt, die sächsischen Herzogtümer, beide Schwarzburg, Reuß jüngere Linie, Bremen sowie zahlreiche einzelne Gemeinden und Gemeindeverbände bisher Gebrauch gemacht. Von letzteren hatten allein in Preußen im Jahre 1903 60 Stadt- und 133 Landkreise die K.V. in der Landwirtschaft durchgeführt. In Bayern und Württemberg war gleichfalls für das ganze Land die landesgesetzliche Krankenfürsorge für die land- und forstwirtschaftlichen Arbeiter, jedoch mit beschränkten Leistungen vorgeschrieben.[1] Diese teilweise mangelhafte Versicherungspflicht in manchen Gegenden Deutschlands konnte natürlich keineswegs einen ausreichenden Ersatz einer umfassenden reichsgesetzlichen K.V. für die landwirtschaftlich Beschäftigten sein. Sie mußte im Gegenteil oftmals „das Gefühl der Ungleichheit bei den ländlichen Arbeitern verstärken, die in Gegenden gearbeitet hatten, wo die Versicherung bereits durchgeführt war, und die darauf infolge bloßen Wechsels des Aufenthaltes aus der Versicherung wieder herausfielen.“[2] Es war daher nur ein Gebot

[1] Dies erklärt auch die bei weitem größte Zahl von Gemeindekrankenversicherungen in Süddeutschland.
[2] I. Nr. 50, S. 88.

Sondervorschriften der R.V.O. für die in die Kranken-

	Versicherungspflichtig sind	Gegenstand der Versicherung	Beschränkung der Leistungen
Landwirtschaft (einschließlich Forstwirtschaft)	a) Alle in land- und forstwirtsch. Betrieben u. Nebenbetrieben Beschäftigten: § 417, b) Befreiung bei gleichwertigem Rechtsanspruche an den Arbeitgeber, § 418.	a) Regelleistung, b) Unter best. Voraussetzungen (§ 427) und mit Zustimmung des O.V.Amtes statt Krankengeld u. -pflege erweiterte Krankenpflege, Kur und Verpflegung i. Heilanstalt.	Mit Zustimmung des O.V.A.: a) Kürzung der Barleistungen außer Sterbegeld, wenn gleichwertige Leistungen im Arbeitsvertrag vorgesehen, b) Wegfall der Barleistung außer Sterbegeld bei Empfängern einer Reichsrente von bestimmter Höhe, c) Herabsetzung des Krankengeldes bis auf $^1/_4$ des Grundlohnes im Winter nur bei Landwirtschaft.
Dienstboten	a) Regelmäßig i. Haushalt aufgenomm. Personen, die geg. Entgelt häusliche od. landwirtschaftl. Dienste leisten, b) Befreiung bei landesrechtl., gleichw. Fürsorge und wie bei Landwirtschaft.	a) Regelleistung, b) Erweiterte Krankenpflege auf Antrag des Dienstboten oder Dienstherrn, selbst wenn eine solche nicht durch die K.Kassensatzung eingeführt ist.	
Unständig Beschäftigte	a) Personen, die weniger als eine Woche (6 Tage) beschäftigt sind, b) Befreiung auf Bundesratsbeschluß bei best. vorübergehenden Dienstleistungen: § 168.	a) Leistung nach dem Ortslohn durch die Kassensatzung besonders festgesetzt und gebucht, b) Erhöhung der Sätze des Ortslohnes durch Zuschläge bei einzelnen Gruppen.	a) Nach Satzung: Anspruch auf Kassenleistung ev. erst nach einer Wartezeit von 6 Wochen erworben, b) Ev. nur Krankenpflege, wenn während der letzten 26 Wochen 8 Wochen keine Beiträge gezahlt sind oder Beitragsfreiheit besteht.
Im Wandergewerbe Beschäftigte	Alle Angestellten des Wandergewerbes nach § 55 der Gewerbeordnung.	a) Regelleistung, b) Durch Satzung und auf Antrag Mehrleistung möglich, wenn der Versicherte im Bezirke der Kasse sich aufhält.	—
Hausgewerbetreibende und deren Beschäftigte	a) Hausgewerbetreibende im Sinne des § 162 R.V.O. und deren hausgewerbl. Beschäftigte, b) Befreiung des Hausgewerbetreibenden auf seinen Antrag durch den Bundesrat bei mindestens 2500 ℳ jährl. Einkommen des Antragstellers.	a) Regelleistung, jedoch werden die Barleistungen außer dem Krankengeld nach der Höhe des Betrages der den Hausgewerbetreibenden gutgeschriebenen Auftraggeberzuschüsse bestimmt, § 482 b) vgl. wie bei Landwirtschaft: Erweiterte Krankenpflege.	a) Kürzung des Krankengeldes bei Rückstand der Beiträge des Hausgewerbetreibenden, b) Wartezeit ev. wie bei unständig Beschäftigten, c) Nur Krankenpflege, falls der Kommunalverband Beiträge übernommen hat.

versicherung neu einbezogenen „besonderen Berufszweige".

Mitgliedschaft bei der	Meldepflicht hat	Versicherungsbeiträge werden aufgebracht und bezahlt von
Landkranken- oder Landwirtschaftl. Betriebs-K.Kasse.	Arbeitgeber binnen 3 Tagen nach Beginn und Ende der Beschäftigung des Versicherungspflichtigen.	1/3 Beiträge Arbeitgeber, 2/3 Beiträge Versicherte eingezahlt und berechnet nach den allgemeinen Vorschriften der Kassensatzungen. Kürzung und Wegfall der Barleistung hat Ermäßigung der Beiträge zur Folge.
Meist Land- ev. auch Orts-, Betriebs- oder Innungs-K.Kasse.	Wie bei der Landwirtschaft.	Wie bei der Landwirtschaft.
Allgem. Orts- oder Land-K.Kasse ihres Wohnortes. Mitgliedschaft erlangt durch Eintragen in ein Verzeichnis nach Meldung oder von Amts wegen. Mitgliedsch. besteht auch bei gelegentlicher Arbeitslosigkeit.	Versicherungspflichtige selbst. Meldepflicht auch für Behörden, Vers.-träger usw. Vorladerecht der K. zwecks Feststellung der Versicherungspflicht.	1. Beiträge durch Satzung der Kasse nach dem Ortslohn besonders festgesetzt und gebucht. 2. 2/3 Beiträge zahlen Versicherungspflichtige **selbst** bei der Kasse ein, sofern sie nicht ganz befreit sind durch Kassensatzung. 3. Beitragsanteil für die **Arbeitgeber** durch den Gemeindeverband bezahlt, der ihn auf alle oder nur auf die beteiligten Einwohner umlegen kann.
Land-K.Kasse, bei dessen Polizeibehörde der Wandergewerbeschein beantragt worden ist.	Arbeitgeber, der bei Lösung des Wandergewerbescheines seine Beschäftigten der **Zahl** nach anzugeben hat.	1. Beiträge sind im voraus durch Arbeitgeber bei Anmeldung bis Ablauf des Wandergewerbescheines zu zahlen (event. Zurückerstattung). 2. 2/3 der Beiträge kann der Arbeitgeber den Beschäftigten vom Lohne abziehen.
Land-K.Kasse desjenigen Bezirkes, wo der Hausgewerbetreibende seine eigene Betriebsstätte hat. Über Mitgliedschaft vergl.: Unständig Beschäftigte.	Vgl. Unständig Beschäftigte. An- und Abmeldepflicht besteht für Hausgewerbetreib., die wenigstens zwei hausgewerblich Versicherungspflicht. beschäftigen. **Auftraggeber** hat außerdem monatlich eine Liste der beschäftigt. Hausgewerbetreib. einzureichen.	1. **Beiträge** durch die Kassensatzung so festgesetzt, daß sie die Hälfte der Leistungen decken. a) bezahlt durch Hausgewerbetreibenden, b) übernommen event. vom Gemeindeverband. 2. **Zuschüsse** sind vom Auftraggeber zu zahlen. Sie sind nach dem vom Auftraggeber an die Hausgewerbetreibenden gezahlten Entgelt bemessen und einheitlich für das ganze Reich so berechnet, daß sie die Hälfte der Versicherungskosten decken.

ausgleichender Gerechtigkeit, daß die eingehende Reform der deutschen Sozialversicherung auch hier durch die reichsgesetzliche Ausdehnung der Versicherungspflicht auf die gesamte Landwirtschaft einem dringenden Bedürfnis entsprach.

Mit ihren besonderen Vorschriften über die reichsgesetzliche K.V. der landwirtschaftlichen Bevölkerung hat die R.V.O. gut den Schwierigkeiten zu begegnen gewußt, die sich bisher der Durchführung dieser K.V. wegen der eigenartigen wirtschaftlichen und örtlichen Verhältnisse entgegenstellten. Um die landwirtschaftliche K.V. ebenso wie die meisten anderen besonderen Berufszweige in einer den besonderen Verhältnissen entsprechenden Weise, insbesondere um die auf dem Lande erschwerte Überwachung gut durchführen zu können, hat man, wie wir oben sahen, die Landkrankenkassen neu geschaffen. Bei ihr hat der Arbeitgeber die landwirtschaftlichen Versicherungspflichtigen binnen 3 Tagen nach Beginn oder Ende der Beschäftigung an- oder abzumelden, vorausgesetzt, daß in seinem landwirtschaftlichen Haupt- oder Nebenbetriebe nicht eine landwirtschaftliche Betriebskrankenkasse besteht, oder daß nicht schon auf seinen Antrag alle in seiner Landwirtschaft Beschäftigten von der Versicherungspflicht befreit sind. Die Befreiung von der Versicherungspflicht tritt für die Dauer des Arbeitsvertrages dann ein, wenn die Arbeitnehmer einen gesicherten Rechtsanspruch auf eine Unterstützung im Krankheitsfalle an den Arbeitgeber haben, die den Leistungen der zuständigen K.-Kassen gleichwertig ist, und wenn der Arbeitgeber diese Unterstützung aus eigenen Mitteln deckt.[1] Ebenso wie die Möglichkeit für den Arbeitgeber gewahrt ist, durch die Befreiung von der Versicherungspflicht die Fürsorge für seine landwirtschaftlich Beschäftigten selbst übernehmen zu können, um dadurch bestehende enge, persönliche Beziehungen aufrecht zu erhalten, so suchen auch die Vorschriften über die Beiträge und Kassenleistungen auf die einzelnen Verhältnisse in weitgehendem Maße Rücksicht zu nehmen. So können unter bestimmten Voraussetzungen die Versicherungsbeiträge herabgesetzt und damit die sonst von der Kasse bei Krankheiten zu gewährenden Barleistungen außer dem Sterbegelde dem Versicherten vorenthalten werden, wenn die in manchen Gegenden Deutschlands in der Landwirtschaft noch üblichen Naturalleistungen des Arbeitgebers dem Beschäftigten auch in Fällen der Erkrankung zustehen. Eine für die Landwirtschaft unentbehrliche Bestimmung ist sodann diejenige, wonach während der meist ohnehin arbeitslosen Zeit vom 1. Oktober bis zum 31. März durch die Satzung der Landkrankenkassen das Krankengeld bis auf $^1/_4$ des Ortslohnes herabgesetzt werden kann. Es wird dadurch vermieden werden, daß der Versicherte ungerechtfertigter Weise durch seine Erkrankung während einer Zeit, wo er infolge unterbrochener oder verminderter Beschäftigung keinen oder nur geringen Arbeitsverdienst erzielt, in

[1] Bei den Vorschriften über die Befreiung von der Versicherungspflicht schließt sich die R.V.O. ebenso wie bei der Bestimmung wegen Ermäßigung der Beiträge und Kassenleistungen an das Gesetz vom 5. Mai 1886 an.

eine günstigere wirtschaftliche Lage kommt. Dies würde einerseits keineswegs der Absicht der K.V. entsprechen, und andererseits einen größeren Anreiz zur Simulation geben. Bezüglich des Krankengeldes hat man zudem noch für landwirtschaftliche Rentenempfänger eine Sonderbestimmung getroffen. Diesen soll nach Ermäßigung der Beiträge das Krankengeld ganz versagt werden können, wenn ihnen auf Grund der R.V. eine dauernde jährliche Rente mindestens im 300-fachen Betrage des satzungsmäßigen Krankengeldes zusteht. Um in armen Gegenden die Belastungen der Landwirtschaft infolge der K.V. zu vermindern, kann endlich die oberste Verwaltungsbehörde den Landkrankenkassen erlauben, daß nach Ermäßigung der Beiträge dem arbeitsunfähigen Erkrankten nur die sogenannte „erweiterte Krankenpflege", d. h. statt der Regelleistung an Krankenpflege und an Krankengeld nur die freie Kur und Verpflegung in einem Krankenhaus gewährt wird. Durch diese und die obigen Sonderbestimmungen wird den Landkrankenkassen ein weiter Spielraum gegeben, sich der Leistungsfähigkeit der bei ihnen Versicherten und deren Arbeitgeber anzupassen, was die Durchführung der K.V. ganz wesentlich erleichtern wird.

Gegen den reichsgesetzlichen Versicherungszwang für die Landwirtschaft sprach bei Erlaß der alten K.V.-Gesetze u. a. auch der Mangel an ärztlichen Kräften auf dem Lande, sowie die Verteuerung der ärztlichen Hilfe infolge der weiten Entfernungen auf dem platten Lande. Dieser Grund gegen die Durchführung der K.V. kann heute als gänzlich beseitigt erachtet werden, nachdem in den letzten 30 Jahren die Zahl der Ärzte im Verhältnis zur Bevölkerungszunahme in Deutschland bedeutend stärker gewachsen ist. Die Zahl der Ärzte betrug im Jahre 1883 15100, denen im Jahre 1911 eine Zahl von 32835 gegenüberstand. Danach kamen auf 1 Million Einwohner im Jahre 1883 nur 328 Ärzte, während sich das Verhältnis im Jahre 1911 weit besser gestaltete, wo bereits 506 Ärzte auf 1 Million Einwohner durchschnittlich zu zählen waren. Zwar wird man eine überaus große Vermehrung der Zahl der Ärzte im Verhältnis zur Bevölkerung besonders in großen Städten annehmen müssen. Jedoch kann man aus der Statistik schließen, daß auch in Gegenden mit ausschließlicher Landbevölkerung der übermäßige Mangel an Ärzten nachgelassen hat. So übte z. B. in Mecklenburg-Schwerin, wo besonders die Landwirtschaft gepflegt wird, im Jahre 1883 ein Arzt durchschnittlich auf einem Gebiete von 67,88 qkm seine Praxis aus, während sich sein Bereich im Jahre 1911 nur noch auf 42,9 qkm erstreckte. Noch günstiger haben sich die Verhältnisse in Ostpreußen gestaltet, das im Verhältnis zu seiner Größe und seiner Einwohnerzahl in der Zahl der Ärzte am meisten hinter allen Staaten und Provinzen zurückstand. Hier umfaßte der Tätigkeitsbereich eines Arztes im Jahre 1883 103 qkm und im Jahre 1911 nur noch 52,9 qkm.[1]

---

[1] Die Zahlen sind aus Statistiken des Reichsmedizinalkalenders von Dr. Paul Börner entnommen. Jahrgang 1884, S. 328ff. und Jahrgang 1912 S. 751ff.

Durch die Beseitigung des Ärztemangels auf dem Lande, nicht zum mindesten aber durch die besonderen Vorschriften für die Landwirtschaft ist voraussichtlich eine erfolgreiche Durchführung des reichsgesetzlichen Versicherungszwanges gesichert, den man für die landwirtschaftliche Bevölkerung nun schon bald 30 Jahre angestrebt hat. Nicht ohne allgemeine wirtschaftliche Folgen wird diese reichsgesetzliche landwirtschaftliche Versicherung sein. Außer den mannigfachen Vorteilen für die Versicherten wird sie voraussichtlich auch für die Landwirte selbst großen Nutzen bringen. Denn es darf wohl angenommen werden, daß gerade die K.V. ein nicht zu unterschätzendes Mittel sein wird, der Abwanderung der Arbeiter in die Industrie zu begegnen. Ist doch sicherlich die Schuld der vielbeklagten Landflucht zum Teil mit der Benachteiligung der landwirtschaftlichen Arbeiter gegenüber ihren industriellen oder gewerblichen Standesgenossen hinsichtlich der mangelhaften sozialen Fürsorge zuzuschreiben.

B. Sonderregelung der K.V. für die Dienstboten.

Mit der Durchführung der landwirtschaftlichen K.V. fällt zugleich eine Schranke, die bisher der reichsgesetzlichen Versicherung des Gesindes und der Dienstboten gegenüberstand. Hatte man doch bisher trotz wiederholter Versuche, das Gesinde der Versicherungspflicht zu unterwerfen, keine genauen unterscheidenden Merkmale zwischen den landwirtschaftlichen Arbeitern und dem Gesinde zu finden vermocht, so daß gegebenenfalls nur beide Gruppen zugleich in die reichsgesetzliche Versicherung hätten einbezogen werden müssen. Da dies bis zur R.V.O. nicht geschah, so hatte man es den verschiedenen Staaten überlassen, die K.V. der Dienstboten durch ihren Verhältnissen entsprechende Sondergesetze zu regeln. Im übrigen sorgte § 617 des B.G.B. bis zu einem gewissen Grade dafür, daß der Dienstherr seinem in die häusliche Gemeinschaft aufgenommenen Verpflichteten, der gegen Entgelt häusliche oder landwirtschaftliche Dienste leistete, im Falle der Erkrankung die erforderliche Verpflegung und die ärztliche Behandlung bis zur Dauer von 6 Wochen gewährte. Sehr verschieden war nun infolge der Landesgesetzgebung in den einzelnen Bundesstaaten die Krankenfürsorge für das Gesinde geregelt.[1] Es sind vier Gruppen von Bundesstaaten zu unterscheiden, die die Krankenversorgung des Gesindes ganz verschiedenartig durchgeführt haben.[1] Es genügt hier eine Aufzählung der verschiedenen Gruppen, während im übrigen auf die einzelnen landesrechtlichen Gesindeordnungen und Gesetze verwiesen werden darf. Die erste Gruppe umfaßt Bundesstaaten, in denen das Gesinde einen Anspruch auf Krankenversorgung regelmäßig nur gegen die Dienstherrschaft hatte. Es sind dies Preußische und Hamburgische Landesteile, die beiden Lippe, Elsaß-Lothringen, die beiden Mecklenburg, Oldenburg, Preußen und Waldeck. Die zweite Gruppe unterstellte regelmäßig lediglich das

[1] Eine ausführliche Zusammenstellung hierüber bringt ein Anhang D zur Begründung der R.V.O.

land- und forstwirtschaftliche Gesinde der Versicherungspflicht, während im übrigen nur ein Anspruch an die Dienstherrschaft zustand. Hierher gehören das Königreich Sachsen, Hessen, die beiden Schwarzburg und Reuß j. L. Die dritte und vierte Gruppe bilden endlich die Staaten, bei denen entweder nur in einzelnen Landesteilen oder im ganzen Lande durch Ortsstatut sämtliche Dienstboten versichert waren. Dies war der Fall in einzelnen Landesteilen von Hamburg, Lübeck und Preußen sowie in den Bundesstaaten Bayern, Württemberg, Bremen, Baden, Braunschweig, den sächsischen Herzogtümern, Anhalt und Reuß ä. L. Die Fürsorge und dementsprechend auch die Leistungen, die bei Erkrankung des Gesindes gewährt wurden, waren infolge der verschiedenen Regelung ganz verschiedenartig. Da, wo keine Krankenversicherung durchgeführt war, erstreckte sich die Krankenversorgung nur auf die verhältnismäßig kurze Zeit von 6 Wochen. Gegen längere Erkrankung aber war in diesem Falle das Gesinde nicht geschützt. War die Krankenversicherungspflicht durch statutarische Bestimmungen auf das Gesinde erstreckt, so waren die Krankenkassenleistungen oftmals sehr beschränkt und vielmals nur auf die Dauer von 13 Wochen vorgesehen. Andererseits standen sich die Dienstboten, wenn sie versichert waren, in der ersten Zeit ihrer Erkrankung besser als die gewerblichen Arbeiter, da sie während der ersten 6 Wochen vom Dienstherrn ihren Lohn abzüglich des erhaltenen Krankengeldes weiter erhielten. Auch brauchten sie selbst keine Beiträge zur Versicherung zu zahlen.

Die R.V.O. stellt nunmehr eine einheitliche reichsgesetzliche Regelung der K.V. der Dienstboten an die Spitze. Soweit aber landesrechtliche Vorschriften darüber schon bestanden, werden diese aufrecht erhalten, vorausgesetzt, daß sie mit den Bestimmungen der R.V.O. in Einklang gebracht werden, gleichwertige Leistungen gewähren und keine höheren Beiträge fordern. Für die Durchführung des Versicherungszwanges für die Dienstboten selbst gelten im allgemeinen die gleichen Bestimmungen, insbesondere über Befreiung von der Versicherungspflicht und die erweiterte Krankenpflege wie bei der Landwirtschaft. Nur wird die erweiterte Krankenpflege bei den Dienstboten unter erleichterter Voraussetzung zugelassen. Kann sie bei der Landwirtschaft nur auf Grund der vom O.V.-Amte genehmigten Kassensatzung erfolgen, so ist sie bei Erkrankung eines Dienstboten allein schon auf dessen oder des Dienstherrn Antrag möglich. In der Regel sind die Dienstboten bei der Land-K.-Kasse versichert. Sind sie jedoch auch in Betrieben oder dem sonstigen Erwerbsgeschäft des Dienstberechtigten beschäftigt, so ist diese Beschäftigung für ihre Versicherung ebenso wie für ihre Versicherungsansprüche maßgebend. Infolge der allgemeinen Durchführung der K.V. erübrigte es sich, daß dem Dienstherrn weiterhin die Krankenfürsorge auferlegt wird, daher werden die diesbezüglichen landesrechtlichen Vorschriften aufgehoben. Fortbestehen bleibt dagegen die Bestimmung, daß der Lohn von dem Dienstherrn auf Grund des B.G.B. bei Erkrankung während 6 Wochen unter Anrechnung des Krankengeldes weiter zu zahlen ist.

C. Sonderregelung der K.V. für die unständig Beschäftigten.

Nicht geringe Schwierigkeiten bot die Ausdehnung der Versicherungspflicht auf die unständig Beschäftigten. Als solche sieht die R.V.O. diejenigen Personen an, deren Beschäftigung auf weniger als 1 Woche entweder nach der Natur der Sache beschränkt zu sein pflegt, oder im voraus durch den Arbeitsvertrag beschränkt ist. Auch auf sie konnte die Versicherungspflicht bisher nur statutarisch ausgedehnt werden. Der R.V.O. war es nun keineswegs möglich, in ihren Sonderbestimmungen all die verschiedenartigen Verhältnisse der zahlreichen Arten unständig Beschäftigter zu erfassen. Sie erachtete es nur als ihre Aufgabe, einen allgemein passenden Weg zu zeigen, der die Durchführung der versicherungstechnisch sehr schwierigen Versicherung bis zu einem gewissen Grade sichert. Daneben läßt sie den Regierungen der Einzelstaaten den weitesten Spielraum, die Versicherung durch Sondererlasse den vielen Verschiedenheiten der jeweiligen Verhältnisse mehr anzupassen, oder, wenn es möglich ist, nach den allgemeinen Vorschriften der K.V. durchzuführen.

Da die Art und der Beschäftigungsort der unständig Beschäftigten sehr häufig wechseln, so werden diese der allgemeinen Ortskrankenkasse, oder, wenn sie überwiegend landwirtschaftlich beschäftigt sind, der Landkrankenkasse ihres Wohnortes als Mitglied zugewiesen. Man vermeidet mit dieser Bestimmung der Kassenzugehörigkeit auf sehr geeignete Weise den unerträglichen Wechsel, der sonst mit Rücksicht auf die einzelne Tätigkeit und die verschiedenen Arbeitsstellen eintreten würde. Infolge des Mangels eines dauernden, verantwortlichen Arbeitgebers sah sich das Gesetz ferner gezwungen, eine Anzahl besonderer Bestimmungen über Meldepflicht, Beginn und Ende der Mitgliedschaft und Aufbringung der Versicherungsbeiträge zu erlassen. Dabei mußte der Gesetzgeber von dem Grundsatze abweichen, daß nur dem Arbeitgeber die An- und Abmelde-, sowie Einzahlungspflicht aufzuerlegen ist. Statt des Arbeitgebers, der im allgemeinen sonst für die genaue Befolgung der Vorschriften über das Versicherungsverhältnis verantwortlich gemacht wird, hat bei diesem besonderen Berufszweig der Versicherte selbst für die Durchführung seiner Versicherung zu sorgen. Zu diesem Zwecke hat er sich selbst zum Eintragen in das von der Kasse für die unständig Beschäftigten geführte Verzeichnis zu melden, womit die Mitgliedschaft bei den K.-Kassen beginnt. Das Eintragen in das Verzeichnis kann auch von Amtswegen erfolgen, wenn die zuständige Kasse Kenntnis erhält, daß ein unständig Beschäftigter ihres Bezirkes keiner K.-Kasse angehört, obwohl er versicherungspflichtig ist. Dies letztere soll dadurch ermöglicht werden, daß das V.A., die Gemeinde- und Polizeibehörden, die Ausgabestellen für Quittungskarten der Invalidenversicherung, sowie alle anderen Organe der V.-Träger verpflichtet sind, den versicherungspflichtigen unständig Beschäftigten der zuständigen Kasse zu melden. Zur Feststellung der Versicherungspflicht kann schließlich die Kasse den Betreffenden vorladen und durch Geldstrafe anhalten, der Ladung zu folgen. Sehr häufig kommt es bei den unständig Beschäftigten vor, daß sie vorübergehend beschäftigungslos sind, wodurch ihre Versicherungspflicht nach den allgemeinen Grundsätzen der R.V.O. erlöschen würde. Um ein etwaiges beständiges Schwanken zwischen dem Zustande des Versichertseins und des Nichtversichertseins auch hier zu beseitigen, soll der Versicherte selbst bei vorübergehender Beschäftigungslosigkeit Mitglied der K.-Kasse bleiben. Nur dann wird er auf seine Abmeldung hin oder von Amtswegen im Verzeichnis gelöscht, wenn er Mitglied einer anderen Kasse geworden oder die unständige Beschäftigung für längere Zeit aufgegeben hat. Einer ganz besonderen Regelung bedurfte die Bestimmung über die Beiträge und Versicherungsleistungen für die unständig Beschäftigten. Allgemein sollen die Beiträge von der Kassensatzung mit Zustimmung des O.V.-Amtes nach dem Ortslohn festgesetzt und gesondert gebucht werden. Die wirtschaftlich meist ungünstigere Stellung der unständig Beschäftigten, sowie die Unmöglichkeit, ihr durchschnittliches Tagesentgelt wie bei den ständig Beschäftigten festzustellen, rechtfertigt es, daß bei ihnen der Ortslohn und nicht wie sonst das Tagesentgelt zur Berechnung der Versicherungsbeiträge und der Leistungen zugrunde gelegt wird. Um die Kasse überdies vor Schaden zu schützen infolge der für diese Berufsklasse gegebenen Möglichkeit, sich leichter der Versicherungspflicht zu entziehen, soll die K.-Kassensatzung bestimmen können, daß für die unständig Beschäftigten erst nach einer Wartezeit von höchstens 6 Wochen der Anspruch auf Kassenleistung (meist nur der Regelleistung) entsteht. Dabei soll die Dauer einer früheren Mitgliedschaft, die nicht länger als 26 Wochen zurückliegt, auf die Wartezeit angerechnet werden können. Die Unsicherheit des Einganges der Beitragsanteile der unständig Beschäftigten, die diese übrigens selbst und nicht die Arbeitgeber einzuzahlen haben, ließ den Schutz der Kasse vor Benachteiligung noch weiter geboten erscheinen. Die R.V.O. bestimmt daher, daß jeder unständig Beschäftigte nur Krankenpflege, nicht aber auch Krankengeld erhalten soll, wenn er im Laufe der letzten 26 Wochen vor der Erkrankung für mehr als 8 Wochen, oder, falls seine Mitgliedschaft noch nicht für 26 Wochen nachgewiesen ist, für mehr als $^1/_4$ der Versicherungsdauer keinen Beitragsanteil geleistet hat. Von grundlegender Bedeutung für die Einbeziehung der unständig Beschäftigten war endlich die Frage, wer bei ihnen den Beitragsanteil der Arbeitgeber tragen sollte. Die sämtlichen Arbeitgeber während einer Woche zu dem Anteil heranzuziehen, wäre das natürlichste gewesen. Nur würde diese Beitragserhebung und Berechnung zu den größten Schwierigkeiten geführt haben, zumal man Anfang der Woche gar nicht wissen kann, ob der unständig Beschäftigte überhaupt regelmäßig während der ganzen Woche beschäftigt ist. Es lag nahe, vielleicht auch wie bei der I.V. den ersten Arbeitgeber in der Woche zu dem vollen Wochenbeitragsanteil heranzuziehen. Dieses Verfahren würde jedoch den ersten Arbeitgeber ungerechterweise belastet und oftmals dazu geführt haben, daß der Gelegenheitsarbeiter Anfang der Woche nur schwer Arbeit erhalten hätte. Eine Lösung dieser schwierigen Frage bringt die R.V.O. nun mit der Bestimmung, daß der Gemeindeverband der Kasse am Schlusse jedes Vierteljahres den Gesamtbetrag der Beitragsanteile für die Arbeitgeber auf Grund einer eingereichten Rechnung zahlen soll. Dem Verbande wiederum soll es dann überlassen bleiben, wie er den Betrag entweder auf alle oder nur auf die beteiligten Einwohner des Kassenbezirkes umlegen oder endgültig tragen will. Im übrigen soll die Satzung der K.-Kasse mit Zustimmung des Verbandes und des O.V.-Amtes weiterhin noch bestimmen können, daß die unständig Beschäftigten überhaupt keinen Beitragsanteil zu zahlen brauchen. Der Entwurf zur R.V.O. begründet das Umlegen der Beiträge auf den Gemeindeverband damit, „daß der Bedarf an gelegentlicher Aushilfe durch unständige Arbeiter ungemein verbreitet ist, und daß mithin die Tätigkeit dieser Gruppe in längeren Zeiträumen fast allen Bevölkerungsklassen in größerem oder geringerem Umfange zunutze kommt." Zudem darf man wohl kaum annehmen, daß durch die verhältnismäßig nicht allzu hohen Summen die Gemeinden übermäßig belastet werden. Werden doch andererseits gerade durch den Fürsorgeanspruch der Versicherten die Gemeinden nicht unwesentlich entlastet, da die Armenpflege gegebenenfalls nicht mehr so sehr in Anspruch genommen wird.

D. Sonderregelung der K.V. für die im Wandergewerbe Beschäftigten.

Manche ähnlichen Schwierigkeiten wie bei den unständig Beschäftigten bieten sich bei der Durchführung der K.V. für die im Wandergewerbe beschäftigten Angestellten.[1] Auch hier sind es der Mangel einer festen Arbeitsstätte und der fortwährende Wechsel von Ort zu Ort, die die reichsgesetzliche Krankenversicherung erschweren. Zunächst fragt es sich, welche K.-Kassen für sie zuständig sein sollen. Unmöglich kann der Versicherungspflicht bei den vielen K.-Kassen der verschiedenen Ortschaften genügt werden, wo das betreffende Wandergewerbe überall ausgeübt wird. Höchstens kann eine der K.-Kassen des zufälligen Erkrankungsortes verpflichtet werden, die vorläufige Krankenhilfe zu übernehmen. Ihr können aber keineswegs die endgültigen Kosten der gewährten Unterstützung auferlegt werden. Dafür muß vielmehr eine Kasse eintreten, die während der ganzen Dauer des betreffenden Wandergewerbebetriebes die K.V. durchführt. Als solche ist von der R.V.O. diejenige Landkrankenkasse des Ortes gedacht, bei dessen Polizeibehörde der Wandergewerbeschein beantragt worden ist. Bei ihr hat der Wandergewerbetreibende die von ihm mitgeführten Arbeitskräfte der Zahl nach anzumelden, und die gesamten Beiträge für die Dauer der Gültigkeit des Wandergewerbe-

[1] Über den Begriff „Wandergewerbe" und die dafür geltenden Bestimmungen: Gewerbeordnung §§ 55—62, für die reichsgesetzl. K.V. kommen hauptsächlich die §§ 55, 59 u. 62 in Betracht.

scheines im voraus zu entrichten. Beschäftigte aber, für die über die angemeldete Zahl hinaus die Erlaubnis nach § 62 der Gewerbeordnung[1] erst nach Empfang des Scheines nachgesucht wird, sind durch Vermittlung der für diese Erlaubnis zuständigen Behörde anzumelden. Auch für sie sind die Beiträge gleichfalls im voraus zu entrichten, weil sonst infolge des häufigen Wechsels des Aufenthaltes kaum eine Sicherung der Beiträge gewährleistet wäre. Zur Kontrolle wird künftig der Wandergewerbeschein nur erteilt werden, wenn die Beiträge für die Versicherung der Beschäftigten gezahlt worden sind. In dem Wandergewerbeschein sollen u. a. auch der den Beschäftigten zu zahlende Grundlohn und die daraus sich ergebenden Wochenbeiträge für die K.V. angegeben werden. Gerade diese Angaben werden die Durchführung der Krankenfürsorge bedeutend erleichtern. Werden doch die Kassen, die vorläufig um die Krankenfürsorge eines bei ihnen nicht versicherten wandergewerblich Beschäftigten angegangen werden, daraus ersehen können, welche Regelleistung sie dem erkrankten Versicherten zu gewähren, und welche Kasse die Kosten zu ersetzen hat. Die Bestimmung des Umfanges der Leistung wird noch besser dadurch ermöglicht, daß nach der R.V.O. die im Wandergewerbe Beschäftigten nur die sogen. Regelleistung der K.-Kassen erhalten sollen. Doch können die Kassensatzungen die Bestimmungen hier wie auch sonst den jeweiligen Verhältnissen entsprechend erweitern. Noch sei erwähnt, daß auch im Wandergewerbe die Arbeitnehmer mit $^2/_3$ zu den von den Arbeitgebern gezahlten Versicherungsbeiträgen für die Zeiten herangezogen werden können, die längstens einen Monat zurückliegen. Dabei werden gleichfalls die Angaben der gezahlten Beiträge im Wandergewerbescheine eine geeignete Grundlage zur Berechnung des Arbeitnehmeranteils geben.

E. Sonderregelung der K.V. für die Hausgewerbetreibenden und deren Beschäftigten.

Zu den besonderen Berufszweigen der K.V. wird schließlich noch die Hausindustrie gezählt. Ihre Einbeziehung in die reichsgesetzliche K.V. stellte dem Gesetzgeber die größten Schwierigkeiten. Wie groß die Hindernisse waren, die man zu beseitigen hatte, geht allein aus der Tatsache hervor, daß trotz einer Novelle vom 30. Juni 1900[2], die den Bundesrat ermächtigte, die Versicherungspflicht auf das Hausgewerbe zu erstrecken, und daß trotz des darauf unternommenen Versuches[3] die Zwangskrankenversicherung für diese große, wirtschaftlich recht schlecht gestellte Klasse bis zum Erlaß der R.V.O. noch überhaupt nicht allgemein versucht worden war. Nur in Gegenden, wo die Schwierigkeiten nicht so sehr hervortraten, wo z. B. der Hausgewerbetreibende an demselben Ort oder in demselben Kassenbezirk

---

[1] R.G.Bl. 1883 S. 202.
[2] R.G.Bl. S. 332.
[3] Preußisches Ministerialblatt d. Handels- u. Gewerbeverwaltung 1900 S. 187.

wie sein Auftraggeber wohnte und dauernd oder während eines längeren Zeitabschnittes nur für ein und denselben Arbeitgeber beschäftigt war, da war er oftmals in der Ortskrankenkasse auf Grund der Kassensatzung versichert. Die große Mehrzahl dieser Berufsklasse und darunter gerade die Bedürftigsten entbehrte jedoch noch einer staatlichen Fürsorge im Krankheitsfalle, obwohl bei ihnen eine reichsgesetzliche K.V. noch viel begründeter gewesen wäre, als bei den versicherten gewerblichen und industriellen Arbeitern. Denn da ihr Verdienst im Durchschnitt geringer ist, muß bei ihnen auch die Möglichkeit und Neigung zur freiwilligen K.V. geringer sein, während andererseits die Anlage zur Krankheit bei ihnen im allgemeinen sehr hoch ist. Wird doch die körperliche Widerstandskraft durch Heranziehung zur Arbeit in der Kindheit, durch angestrengte Überarbeit in der Saison, durch ungesunde enge Wohnungen, die oftmals gleichzeitig als Arbeitsstätte dienen, und durch schlechte dürftige Lebensweise sehr vermindert. Bei Krankheit eines Familienmitgliedes des Hausgewerbetreibenden wird aber das Elend, das vielfach schon infolge periodenweiser Saisonarbeit oder Krisen groß ist, ins unerträgliche gesteigert. Die Angehörigen müssen um so angestrengter arbeiten, um den Ausfall des Verdienstes des Erkrankten zu decken, wobei nicht selten die Pflege des Erkrankten vernachlässigt wird. Hier helfend einzugreifen, war nur einer allgemein durchgeführten staatlichen K.V. möglich. Die in kurzen Umrissen gezeigte Notwendigkeit der Krankenversicherungspflicht für die Hausgewerbetreibenden läßt nicht die Schwierigkeit ihrer Durchführung erkennen. Schon die Abgrenzung des Begriffes „Hausgwerbetreibender“ ist nicht einfach.[1] Die R.V.O. nimmt Abstand von einer bestimmten Feststellung des Begriffes und beschränkt sich, wie in dem alten I.V.G. § 2 Abschn. 2, nur auf die Hervorhebung einzelner Merkmale. Nach § 162 der R.V.O. gelten als Hausgwerbetreibende: die selbständigen Gewerbetreibenden, die in eigenen Betriebsstätten im Auftrag und für Rechnung anderer Gewerbetreibender gewerbliche Erzeugnisse herstellen oder bearbeiten. Sie gelten dafür auch dann, wenn sie die Roh- oder Hilfsstoffe selbst beschaffen, sowie für die Zeit, in der sie vorübergehend für eigene Rechnung arbeiten. Darin, daß die R.V.O. mit den Hausgewerbetreibenden selbstständige Gewerbetreibende der Versicherungspflicht unterworfen hat, könnte von anderen kleinen selbständigen Unternehmern, die nach der R.V.O. nur versicherungsberechtigt sind, leicht eine Unbilligkeit erblickt werden. Jedoch rechtfertigt sich die Ausnahme dadurch, daß die Hausgewerbetreibenden, wie Rosin sagt, nur eine gewisse Mittelstellung zwischen selbständigen Handwerkern und abhängigen Lohnarbeitern einnehmen. „Die Produktion in eigener Betriebsstätte gewährt ihnen an sich eine gewisse persönliche Bewegungsfreiheit, der Ausschluß vom Markte mediatisiert sie als Verkehrssubjekte und bringt sie in Abhängigkeit vom Auftraggeber. Das Interesse des letz-

---

[1] Rosin, Recht der Arbeiterversicherung Bd. 2 § 22, Berlin 1904. Anleitung des R.V.-Amtes vom 6. Dezember 1905 Ziff. 33 in den A.N. S. 613.

teren als des wirtschaftlich Stärkeren wird aber schließlich für die tatsächliche Ausgestaltung des ganzen Verhältnisses maßgebend, indem er alle Betriebsunkosten, Schwankungen des Marktes, insbesondere schlechte Konjunkturen auf den Hausgewerbetreibenden abwälzen kann."[1] So haben die Hausgwerbetreibenden wohl meist die persönliche Selbständigkeit mit den Unternehmern, dagegen bei weitem mehr die wirtschaftliche Abhängigkeit mit den Lohnarbeitern gemein, was wegen ihrer drückenden Folgen direkt auf eine Gleichstellung mit den Lohnarbeitern und damit auf die Zwangskrankenversicherung hinweist.

Diese Mittelstellung ergibt alle anderen versicherungstechnischen Schwierigkeiten. Zunächst ist es die Frage der Kassenzugehörigkeit, welche auch hier einer Sonderregelung bedurfte. Der Gesetzgeber hat sich dahin entschieden, daß alle die Personen die dem oben angeführten § 162 genügen, ohne Rücksicht auf den Betriebssitz ihres Auftraggebers bei derjenigen Landkrankenkasse ihres Bezirkes versicherungspflichtig sind, wo sie ihre eigene Betriebsstätte haben. Bei der gleichen Kasse werden ebenfalls ihre hausgewerblich Beschäftigten versichert. Dabei gestaltet sich das Verhältnis dieser Versicherten zu der Kasse ähnlich wie bei den unständig Beschäftigten. Wie dort soll die Kasse über die Hausgewerbetreibenden und ihre Beschäftigten ein alphabetisches Mitgliederverzeichnis führen auf Grund der Meldepflicht der Hausindustriellen oder von Amtswegen. Ebenso gelten dieselben Vorschriften über Beginn und Ende der Versicherung nach Eintragung oder Löschung in dem Verzeichnis, sowie bei vorübergehender Nichtbeschäftigung.

Nicht einfach war die Lösung der Frage, wie die Mittel für die Versicherung aufgebracht, besonders wie die Auftraggeber zur Beitragsleistung herangezogen werden sollten. Sie war umso schwieriger in den zahlreichen Fällen, „wo ein Auftraggeber viele auf die verschiedensten Orte und Gegenden verstreute Hausgewerbetreibende beschäftigt, die er kaum dem Namen nach, noch weniger ihren eigenen Verhältnissen nach kennt. Dazu kommen die nicht minder häufigen Fälle, wo der Hausgwerbetreibende seinerseits bald für diesen, bald für jenen Auftraggeber, oft auch für mehrere zu gleicher Zeit arbeitet, und wo endlich er sowohl wie sein Hilfspersonal im Betriebe des Hausgwerbes nur zeitweilig, im übrigen oder daneben auch anderweit, z. B. in der Landwirtschaft, selbständig oder unselbständig tätig sind." Bei diesen verwickelten Fällen wäre es am einfachsten gewesen, die Hausgewerbetreibenden allein zur Zahlung der Versicherungsbeiträge heranzuziehen. Wegen ihrer meist geringen Leistungsfähigkeit konnte jedoch auf den Beitragsanteil der Auftraggeber nicht verzichtet werden. Und so hat denn die R.V.O. beide Teile am besten dadurch zu erfassen gesucht, daß sie für Auftraggeber und Hausgewerbetreibende getrennte Vorschriften erließ. Bei Heranziehung des Auftraggebers zur Deckung der Versicherungskosten hat man die Arbeit des Haus-

[1] Rosin, a. a. O. S. 188.

gewerbetreibenden als solche, losgelöst von Dauer und Art ihrer Erledigung, selbständig zur Grundlage gemacht, da nur das für die gelieferte Arbeit gezahlte Entgelt mit Sicherheit festgestellt werden kann. Nach dem Entgelt lediglich bemessen soll jeder Auftraggeber sogen. Arbeitgeberzuschüsse zahlen ohne Rücksicht auf das Versicherungsverhältnis des Gewerbetreibenden.[1] Bei Berechnung der Höhe der Auftraggeberzuschüsse wird im allgemeinen der Grundsatz der K.V. verlassen, wonach die Arbeitgeber $^1/_3$ und die Arbeitnehmer $^2/_3$ der Beiträge zu zahlen haben. Vielmehr werden hier die Arbeitgeber die Hälfte der Kosten tragen, indem die Zuschüsse einheitlich für alle Gewerbezweige und für das Gebiet des Reiches in der Weise berechnet werden sollen, daß jährlich ihre Gesamtsumme die Hälfte der Gesamtlast deckt, die den Landkrankenkassen erwachsen würde, wenn sie die Regelleistung nach dem Ortslohn als Grundlohn gewährten und ihnen alle hausgewerblich Versicherungspflichtigen angehörten. Die Feststellung der Höhe der Zuschüsse ist Aufgabe des Bundesrates, der sie in Zeiträumen von 4 Jahren auf Grund des von der Rechnungsstelle des R.V.-Amtes gesammelten Materials nachprüft und nötigenfalls neu festsetzt. Bis zum 31. Dezember 1914 sollen die Zuschüsse 2 % des wirklich gezahlten Entgeltes betragen.[2] Mit dieser Bestimmung des Beitragsanteils des Auftraggebers fallen sämtliche verwickelten Fragen der Dauer, der Art der Beschäftigung usw. weg, ohne daß die Belastung der Auftraggeber infolge ihrer Zuschüsse im Verhältnis zu den Beitragsanteilen, die von den anderen Arbeitgebern für die K.V. gezahlt werden, etwa größer wäre. Denn wenn auch im allgemeinen bei dem Hausgewerbe die Auftraggeber die Hälfte für die Deckung der Versicherungskosten aufbringen sollen, so ist dieser Betrag meist nicht so hoch, wie das Beitragsdrittel bei der regelmäßigen K.V., da den Hausgewerbetreibenden nur die Regelleistung der K.-Kassen gewährt werden soll. Auch muß man berücksichtigen, daß in den prozentualen Zuschüssen zugleich die Mitleistung des Auftraggebers für die K.V. der hausgewerblichen Hilfspersonen enthält, für die der Hausgewerbetreibende allein die Beiträge zahlt. Von besonderem Vorteil wird die einheitliche Bemessung der Arbeitgeberzuschüsse für das ganze Reich und für alle Zweige der Hausindustrie insofern sein, als sie die Konkurrenzfähigkeit wahrt. Diese wird selbst nicht dadurch gefährdet werden können, daß ein Auftraggeber ausländische Hausgewerbetreibende beschäftigt; denn in diesem Falle kann jener auf Bundesratsbeschluß für die hausgewerbliche K.V. so herangezogen werden, wie wenn er Inländer beschäftigte. Die Zuschüsse sollen dann den zuständigen Kassen des Betriebssitzes des Arbeitgebers ebenso zugute kommen, wie die von Auftraggebern gezahlten Zuschüsse für zu versichernde Hausgewerbetreibende. Um noch weiter die Durchführung der K.V. zu erleichtern, soll der Auf-

[1] Z. B. kommt es nicht darauf an, ob und welcher Kasse der Hausgewerbetreibende angehört, was für Unterstützung ihm von der Kasse gewährt wird und welchen Beitrag er für sich und seine Beschäftigten bezahlt.

[2] Zur Berechnung vgl. Abschnitt 5 d. finanziellen Begr. z. Entw. d. R.V.O.

traggeber der Landkrankenkasse oder der allgemeinen Ortskrankenkasse seines Betriebssitzes in der ersten Woche eines jeden Monates eine Liste der im abgelaufenen Monate beschäftigten Hausgewerbetreibenden einreichen. Gleichzeitig zahlt er dabei seine sämtlichen fälligen Zuschüsse, die nach dem in der Liste für jeden Hausgewerbetreibenden angegebenen Entgelt berechnet werden. Die Kasse, bei der die Liste und Zuschüsse abgegeben werden, gibt darauf in Zweifelsfällen unter Vermittlung des V.-Amtes Auszüge aus den Leistungen und die Zuschüsse an die Kasse weiter, bei der die betreffenden Hausgewerbetreibenden Mitglieder sind. Diese ihrerseits schreibt ihren Mitgliedern die für sie nach den Listen gezahlten Zuschüsse gut, welche Beiträge dann für die Höhe der von der Kasse im Krankheitsfalle gewährten Barleistung bestimmend sind.

Das Verhältnis dieser Barleistungen zu den Auftraggeberzuschüssen soll von der Kassensatzung bestimmt werden. Die R.V.O. selbst zeigt hierfür einen etwas komplizierten Weg. Danach soll z. B. die Höhe des Krankengeldes sich zum gesetzlichen Krankengeld verhalten, wie der Betrag der im letzten Geschäftsjahr gutgeschriebenen Zuschüsse zu dem aller Beiträge, die der Hausgewerbetreibende für diese Zeit gezahlt hat.[1] Der Kassensatzung ist es überlassen, den Verhältnissen entsprechend die Versicherungsbeiträge festzusetzen, die die versicherten Hausgewerbetreibenden für sich und ihre hausgewerblich Beschäftigten einzuzahlen haben. Auch im übrigen sind den K.-Kassen nicht allzu enge Grenzen gezogen, so daß beispielsweise das Krankengeld und die Barleistungen gekürzt, erweiterte Krankenpflege gewährt, eine Wartezeit vorgeschrieben, sowie die Beitragszahlung durch die Auftraggeber erlaubt werden kann. Es würde zu weit führen, hier auf alle Sonderbestimmungen einzugehen. Es mag genügen, die Grundzüge mit ihren Abweichungen von der allgemeinen K.V. hier herausgegriffen zu haben.

Durch die Auftraggeberzuschüsse ist die Durchführung der hausgewerblichen K.V. bis zu einem gewissen Grade gesichert, und damit zugleich die Höhe der Beitragsanteile der Versicherten vermindert worden. Trotzdem werden selbst geringe Beiträge infolge der überaus ungünstigen wirtschaftlichen Lage mancher Zweige der Hausindustrie von einem großen Teil derselben kaum oder nicht ohne schweren Schaden für ihre ohnedies schon kärgliche Lebenshaltung aufgebracht werden können. Inwieweit dies der Fall ist, läßt sich natürlich zurzeit noch nicht überblicken, da sich die Höhe der Kosten noch nicht annähernd berechnen läßt. Da man aber ohne Zweifel mit einer gewissen Leistungsunfähigkeit einzelner oder gar ganzer Gruppen von Hausgewerbetreibenden rechnen mußte, so hat die R.V.O. auch hierfür zur Sicherung der K.-Kassen einige Bestimmungen erlassen. Durch Beschluß des

---

[1] Sind z. B. für einen Hausgewerbetreibenden in einem Jahr insgeamt: 25 Mark an Zuschüssen der Auftraggeber eingegangen, während er selbst 30 Mark Kassenbeiträge gezahlt hat, so ist ihm im darauffolgenden Jahre im Erkrankungsfalle ein Krankengeld im Verhältnis 25 zu 30 gleich 5/6 des reichsgesetzlichen Krankengeldes zu zahlen.

Kommunalverbandes kann nämlich mit Zustimmung des O.V.-Amtes angeordnet werden, daß von Hausgewerbetreibenden Beiträge überhaupt nicht erhoben werden, und daß der Verband die Kosten der Versicherung nach Abzug der Auftraggeberzuschüsse übernimmt. In Bezirken, wo die Hausindustrie zur Leistung von Beiträgen überhaupt unfähig ist, soll sogar der Gemeindeverband durch die Landesregierung zur Übernahme der Versicherungskosten gezwungen werden können. In diesem Falle erhalten die Versicherten nur Krankenpflege, wodurch sich die Kosten wesentlich verringern werden. Immerhin können zuweilen dadurch einzelne Gemeinden schwer belastet werden, da hierbei meist wohl nur Orte in Frage kommen dürften, deren finanzielle Leistungsfähigkeit wegen geringer Steuerkraft der Einwohner ohnehin schon beschränkt ist. Zu wünschen wäre daher, daß vielleicht besser der Staat oder das Reich für diese leistungsunfähigen Hausgewerbetreibenden einen jährlichen Zuschuß zur K.V. gewährten, der von der Gesamtheit sehr leicht zu tragen sein würde, für eine arme Gemeinde jedoch eine schwere Last bedeutet.

§ 9. Die einheitliche Bestimmung und teilweise Erweiterung der Leistungen der K.V.

Bei der Besprechung der Sondervorschriften der R.V.O. für die in die K.V. neu einbezogenen besonderen Berufszweige mußte wiederholt besonders auf die Krankenkassenleistungen eingegangen werden, die bei jenen neuen Versicherten oftmals nach besonderen Grundsätzen bestimmt werden sollen. Als Grundlage zu deren Bestimmung dient allgemein die gesetzlich festgelegte Mindestleistung der K.-Kassen, die sog. Regelleistung, die jedoch bei besonderen Berufsgruppen unter gewissen Voraussetzungen noch beschränkt oder in anderer Form gewährt werden kann. Fragen wir uns nun, worin eigentlich im allgemeinen die Leistungen der K.-Kassen bestehen, oder, wie die R.V.O. sagt, was der Gegenstand der Versicherung ist, und was hier die neueste Gesetzesreform für fortschrittliche Änderungen gebracht hat? Ein wesentlicher Fortschritt ist zunächst auch hier wiederum, daß die R.V.O. alle in den alten K.V.-Gesetzen zerstreut behandelten Vorschriften über die Krankenunterstützung an einer Stelle zusammengefaßt hat. Die dadurch erzielte gute Übersicht wird weiter dadurch gefördert, daß die Bestimmungen über die einzelnen Leistungen der K.V. in sich einheitlich geordnet sind ohne Rücksicht darauf, ob sie auf Grund des Gesetzes oder der einzelnen Kassensatzungen gewährt werden. Dabei werden einige neue Begriffsbestimmungen getroffen, die ihrerseits gleichfalls zu einem besseren Verständnis beitragen werden. So unterscheidet die R.V.O. in der K.V. Regelleistungen und Mehrleistungen. Unter Regelleistungen sind die kraft des Gesetzes regelmäßig den Versicherten (mit Ausnahme der besonderen Berufszweige und der freiwillig Versicherten) zu gewährenden Mindestleistungen zu verstehen, die von allen reichsgesetzlichen K.-Kassen nach gleichen Grundsätzen zu bestimmen sind. Außer kleinen Erweiterungen sind unter dem neugeprägten Ausdruck „Regelleistung“ dieselben Leistungen zu verstehen, die das alte K.V.-Gesetz unter dem Namen „Mindestleistungen der Ortskrankenkassen“ zusammenfaßte. Da diese Mindestleistungen bei allen K.-Kassen die gleichen sein sollen, so fällt künftig die Verschiedenartigkeit der gesetzlichen Mindestleistungen bei den einzelnen Kassenarten weg, wonach z. B. für die Gemeindekrankenversicherung und für die Hilfskassen als Mindestleistung kein Wochengeld und Sterbegeld wie bei den anderen K.-Kassenarten vorgeschrieben war. Allgemein werden alle Kassen als Regelleistung: Krankenhilfe, Wochenhilfe und Sterbegeld zu gewähren haben. Da sich deren Umfang wie ehedem bei den Mindestleistungen der Ortskrankenkassen bestimmt, so soll hier nur auf diejenigen gesetzlichen Leistungen eingegangen werden, die gegen früher eine Erweiterung bedeuten. Vorerst soll aber auf die nachstehende Zusammenstellung der Regelleistung und Mehrleistung der K.V. hingewiesen werden, worin bereits durch ein Zeichen (+) angedeutet wird, welche Erweiterung die R.V.O. hier gebracht hat. Wichtig ist vor allem, daß alle Barleistungen, die Versicherte mit höherem Tagesarbeitsverdienst in der K.V. beziehen sollen, künftig höher sein werden. Wie bisher sollen zwar die baren Leistungen der Kassen nach einem Grundlohn bemessen werden. Als solchen kann die Kassensatzung festsetzen:

1. Das durchschnittliche Tagesentgelt, das wiederum bestimmt werden kann nach:
   a) den verschiedenen Klassen der Versicherten, für die die Kasse errichtet ist (z. B. nach Stellung, Beruf, Geschlecht),
   b) den verschiedenen Lohnstufen (z. B. 1. Stufe bis 1 M., 2. Stufe 1—2 M. usw.),
2. dem wirklichen Arbeitsverdienst jedes einzelnen Versicherten,
3. dem Ortslohn (in der Regel nur für die besonderen Berufszweige).

Während aber im alten K.V.-Gesetze vorausgesetzt wurde, daß der nach 1a) oder nach 1b) und 2 bemessene Grundlohn 4 Mark bezüglich 5 Mark für den Arbeitstag nicht überschreiten sollte, werden durch die R.V.O. nunmehr diese Höchstbeträge auf 5 bezüglich 6 Mark erhöht. Damit wird für eine versicherte Person mit mindestens 6 Mark Tageseinkommen eine Steigerung der Barleistungen um 20 bis 25 % erzielt. Die Verschiebung der Maximalgrenze des Grundlohnes nach oben ist schon allein deswegen zu billigen, weil seit dem Jahre 1883 wesentliche Änderungen der Verhältnisse, insbesondere Steigerung der Löhne und Verteuerung der Lebenshaltung eingetreten sind. Sie war umso nötiger, als auch die Höchsteinkommengrenze für die Versicherungspflicht, wie wir oben sahen, von 2000 auf 2500 Mark erhöht wurde. Zu der gesetzlich allgemein zu gewährenden Krankenhilfe, unter der man Krankenpflege und Krankengeld zu verstehen hat, ist eine neue Art der Krankenpflege hinzugekommen, die sogen. Hauspflege. Diese häusliche Hilfe und Wartung durch Krankenpfleger und Krankenschwestern kann mit Zustimmung des Ver-

Die Leistungen der Krankenversicherung nach der R.V.O.

	Regelleistung:[1] (geleistet von allen Kassen an alle Mitglieder mit Ausnahme der Versicherten, der bes. Berufszweige).	Mehrleistung:[2] (nur geleistet auf Grund der Kassensatzung).
Krankenhilfe	1. Krankenpflege: Ärztliche Behandlung, Arznei, Brillen, Bruchb. usw. vom Beginn der Krankheit für die Dauer von 26 Wochen. 2. Krankengeld: $^1/_2$ Grundlohn + bei Arbeitsunfähigkeit vom 4. Krankheitstage an für die Arbeitstage von **26** Wochen. An Stelle von 1. u. 2.: a) Krankenhauspflege u. Hausgeld = $^1/_2$ Krankengeld od. b) Hauspflege + durch Pfleger unter Abzug von $^1/_4$ des Krankengeldes.	1. Erweiterung der Dauer der Krankenhilfe auf **1** Jahr. 2. Fürsorge für Genesende. 3. Gewährung von Hilfsmitteln bei Verkrüppelung. 4. Erhöhung des Krankengeldes auf $^3/_4$ Grundlohn. 5. + Zubilligung des Krankengeldes vom Tage der Erkrankung ab und für Sonn- und Festtage. 6. Erhöhung des Hausgeldes bis zum Betrage des Krankengeldes.
Wochenhilfe an weibliche Versicherte vor und nach ihrer Niederkunft	1. Wochengeld: + in Höhe des Krankengeldes für 8 Wochen (6 W. in der Zeit nach der Niederkunft). + 4 Wochen nur bei Landkrankenkassen nach einer Mitgliedschaft von mindestens 6 Monaten. An Stelle von 1.: a) + Aufnahme in ein Wöchnerinnenheim und Hausgeld = $^1/_2$ Krankengeld oder b) Hauspflege durch Pflegerinnen unter Abzug von $^1/_2$ des Wochengeldes.	1. Ärztliche Geburtshilfe und Hebammendienste. 2. Schwangerschaftsunterstützung nach einer Mitgliedschaft von mindestens 6 Monaten. a) Ärztliche Behandlung und Hebammendienste. b) Krankengeld bis zur Gesamtdauer von 6 Wochen bei Arbeitsunfähigkeit. 3. + Stillgeld: bis $^1/_2$ Krankengeld neb Wochengeld bis zum Ablauf der 12. W. nach der Niederkunft.
Sterbegeld	1. Beim Tode des Versicherten der 20fache Grundlohn +, wovon zunächst die Begräbniskosten zu bestreiten sind. Der Restbetr. fällt an Ehegatten, Kinder, Vater oder Mutter bzw. Geschwister des Verstorbenen, sonst an die Kasse zurück.	1. Erhöhung des Sterbegeldes bis zum 40fachen Betrag des Grundlohnes +. 2. Festsetzung des Mindestbetrages auf 50 M.
Familienhilfe an Familienmitglieder des Versicherten	—	1. Krankenpflege an versicherungsfreie Familienmitglieder des Versicherten. 2. + Wochenhilfe an versicherungsfreie Ehefrauen der Versicherten (Regelleistung u. Mehrleistung). 3. Sterbegeld beim Tode des Ehegatten = $^2/_3$ des Mitgliedsterbegeldes, oder beim Tode eines Kindes = $^1/_2$ des Mitgliedersterbegeldes unter Kürzung des Sterbegeldes, auf das der Verstorb. vers. war.

[1] Anspruch auf Regelleistung wird erworben: a) für Versicherungspflichtige in der Regel (vgl. b) mit der Mitgliedschaft, b) für unständ. Beschäft., Hausgewerbetr. u. Versicherungsberecht. nach einer Wartezeit von höchstens 6 Wochen.

[2] Anspruch auf Mehrleistung wird erworben: soweit die Satzung nichts anderes bestimmt für alle Versicherten nach einer Wartezeit von höchstens 6 Monaten mit Ausnahme für diejenigen, die während der letzten 12 Monate bereits 6 Monate lang die Mehrleistung einer Krankenkasse erhalten haben.

\+ bedeutet, daß die angeführten Leistungen durch die R.V.O. erweitert oder neu eingeführt worden sind.

sicherten von der K.-Kasse dann gewährt werden, wenn die Aufnahme des Kranken in ein Krankenhaus geboten, aber nicht ausführbar ist, weil z. B. der Zustand des Erkrankten eine Überführung in ein Krankenhaus nicht gestattet, oder weil die zur Verfügung stehenden Krankenhäuser überfüllt oder zu weit entfernt sind. Daß für die Kosten der Hauspflege die K.-Kasse bis zu einem Viertel des Krankengeldes abziehen kann, wird kaum beanstandet werden, zumal ja der Versicherte selbst erst die Zustimmung zur Hauspflege geben muß.

Von wesentlich größerer Bedeutung ist, daß nach der R.V.O. nunmehr allgemein die Wochenhilfe in die gesetzliche Regelleistung aller K.-Kassen einbezogen wird. Unter Wochenhilfe sind alle Unterstützungen zu verstehen, die nach der K.V. allen weiblichen Versicherten vor und nach ihrer Niederkunft gewährt werden. Als Regelleistung der Wochenhilfe gilt das Wochengeld. Schon das alte K.V.-Gesetz fordert von den reichsgesetzlichen K.-Kassen, d. h. den Orts-, Betriebs-, Bau- und Innungskrankenkassen eine Mindestunterstützung für Wöchnerinnen. Sie bestand in einem Wochengeld, das in Höhe des Krankengeldes auf die Dauer von 6 Wochen nach der Niederkunft gezahlt wurde, wenn im Jahre vor der Niederkunft mindestens eine Mitgliedschaft von 6 Monaten nachgewiesen war. Die R.V.O. verlängert die Dauer des Wochengeldes auf 8 Wochen, was einer Erhöhung des bisher gezahlten gesamten Wochengeldes von 33,3 % gleichkommt. Mit dieser Erweiterung wird der Gesetzgeber zugleich einer Bestimmung der Gewerbeordnung[1] gerecht, wonach Arbeiterinnen vor und nach ihrer Niederkunft im ganzen während 8 Wochen nicht beschäftigt werden dürfen, und ihr Wiedereintritt in den Betrieb an den Ausweis geknüpft wird, daß seit ihrer Niederkunft wenigstens 6 Wochen verflossen sind. Diese sozialpolitische Maßnahme der Gewerbeordnung würde eine empfindliche Unbilligkeit gewesen sein, wenn ihr nicht auch eine solche zur Seite getreten wäre, die den Schwangeren und Wöchnerinnen einen Ersatz für den Gewinnentgang infolge Beschäftigungslosigkeit gewährte. Das Beschäftigungsverbot gilt nach der Gewerbeordnung nur für Wöchnerinnen gewerblicher aber nicht auch landwirtschaftlicher Betriebe. Dennoch ist es kaum zu billigen, daß durch die R.V.O. für Mitglieder der Landkrankenkassen, vornehmlich also für Versicherte der Landwirtschaft und der übrigen besonderen Berufszweige, das Wochengeld nur auf 4 Wochen festgesetzt worden ist. Es ist dies eine Benachteiligung einzelner Klassen, die gerade durch die Reform hätte vermieden werden sollen, die doch sonst bestrebt war, Unbilligkeiten der R.V. auszugleichen. Eine Neuerung der Regelung der Wochenhilfe besteht weiter darin, daß statt des Wochengeldes mit Zustimmung der Wöchnerinnen die Aufnahme in ein Wöchnerinnenheim bewirkt werden kann, wobei daneben noch ein Hausgeld an die von der Versicherten unterhaltenen Angehörigen in der Höhe des halben Krankengeldes zu zahlen ist.

---

[1] Gesetz betr. Abänderung der Gewerbeordnung vom 28. Dez. 1908 § 137 Abs. 6, R.G.Bl. S. 667.

Auch Hauspflege selbst ist für Wöchnerinnen unter Abzug des halben Wochengeldes zulässig.[1] Außer der Erhöhung der Barleistung und der Verlängerung der Dauer des zu zahlenden Wochengeldes, sowie der Einführung von Haus- und Wöchnerinnenpflege bringt die R.V.O. keine andere Erweiterung der Regelleistung. Der Regelleistung als Mindestleistung der K.-Kassen steht die Mehrleistung gegenüber, die die Kassensatzung bis zu einer gesetzlich vorgeschriebenen Höchstgrenze einführen kann. Die R.V.O. bringt auch hier mehrere Erweiterungen. U. a. wird von Anhängern der Mutterschaftsversicherung[2] die fakultative Gewährung des Stillgeldes begrüßt werden, das Wöchnerinnen neben dem Wochengeld in Höhe des halben Krankengeldes bis zum Ablauf der zwölften Woche auf Grund der Kassensatzung zustehen soll. Mit dieser Bestimmung ist ein erfreulicher Fortschritt in der Richtung gemacht worden, die die K.V. in den Dienst der allgemeinen Volkswohlfahrt und Hygiene stellen will. Den gleichen Zweck verfolgt die neue Bestimmung der R.V.O., wonach neben anderer Familienhilfe auch Wochenhilfe versicherungsfreien Ehefrauen von Versicherten geleistet werden kann. Dies ist eine nicht unbedeutende Erweiterung gegenüber dem alten Gesetze, das nichtversicherungspflichtigen Ehefrauen von K.-Kassenmitgliedern nur Schwangerschaftsunterstützungen zubilligte.

Trotz dieser Erhöhung der Leistungen werden manche Befürworter der staatlichen Mutterschaftsversicherung und der gesetzlichen Familienhilfe in ihren Erwartungen, die sie an die R.V.O. stellten, getäuscht sein. Ihre Forderungen aber, wie obligatorische Gewährung von Stillgeld und obligatorische Einführung der Familienhilfe als Regelleistung, würden so große Mittel beansprucht haben, daß sie die Leistungsfähigkeit der K.V. zurzeit erheblich überstiegen haben würden. Man hätte höchstens den Wünschen vielleicht durch kommunale Unterstützungen an die K.-Kassen entgegenkommen können. So hätte z. B. nach dem Vorbild des „Genter Systems für Arbeitslosenversicherung“ von den Gemeinden an diejenigen Orts- und Landkrankenkassen Zuschüsse gezahlt werden können, die obligatorisch Stillprämien und Schwangerschaftsunterstützung gewähren. Besonders wären diese kommunalen oder auch landesgesetzlichen Zuschüsse in Bezirken mit großer Säuglingssterblichkeit zu empfehlen gewesen, wie z. B. in Industriebezirken von Reuß j. L. und ä. L.,

[1] Nicht ohne Vorteil für die Versicherten, wie auch für die Kasse selbst wäre es gewesen, wenn die Hauspflege bei Wöchnerinnen ganz ohne Kürzung des Wochengeldes als Regelleistung durch die R.V.O. eingeführt worden wäre. Die Erfahrung lehrt, daß die mangelhafte Versorgung der Hauswirtschaft in sehr vielen Fällen die Wöchnerinnen veranlaßt, vorzeitig aufzustehen, wodurch oftmals der Grund zu schweren Leiden gelegt wird, die die Arbeitsfähigkeit vorübergehend, wenn nicht gar dauernd beeinträchtigen. Dies zu verhindern, würden die K.-Kassen durch freiwillige Hauspflege mit verhältnismäßig geringen Mitteln erzielt haben können. Es ist sehr wahrscheinlich, daß sogar ein Ausgleich dieser Ausgaben infolge Hebung der Gesundheit durch spätere Ersparnisse an Krankheitskosten erreicht worden wäre.

[2] III Nr. 8, Marschner.

Sachsen und dergl., oder auch in Gegenden mit vorwiegend landwirtschaftlicher Bevölkerung wie Bayern, Westpreußen usw., wo prozentual die höchste Säuglingssterblichkeit nachgewiesen ist. Ebenso könnte vielleicht z. T. die Familienhilfe obligatorisch durchgeführt werden. Die R.V.O. folgt bei Deckung der durch die fakultative Familienhilfe verursachten Kosten den alten Vorschriften der K.V.-Gesetze, wonach Kassen mit Familienhilfe von den Versicherten mit Familienangehörigen einen Zusatzbeitrag erheben können. Von wirtschaftlich schlechtgestellten Kassenmitgliedern wird indessen ein erhöhter Beitrag oftmals nur sehr schwer aufgebracht werden können, so daß schließlich die fakultative Familienhilfe unterbleiben muß. In diesem Falle müßten die Gemeindeverbände oder noch größere Landesverbände eintreten, um durch Zuschüsse die Familienhilfe zu ermöglichen. Damit würde sowohl die wirtschaftliche Lage der Versicherten gebessert, als auch die gesundheitlichen Verhältnisse der Arbeiterbevölkerung wesentlich gehoben werden. Die Armenpflege der einzelnen Gemeinden würde damit zugleich immer mehr und mehr verdrängt werden.

Neben den gesetzlich vorgeschriebenen bezüglich satzungsgemäß zugelassenen Leistungen der K.V., gestattet die R.V.O. den K.-Kassen neuerdings noch eine allgemeine Betätigung zum Zwecke der Krankheitsverhütungen, indem künftig Kassenmittel dafür, ebenso wie für die Beschickungen von Versammlungen, die dem Zwecke der K.V. dienen, verwendet werden dürfen. Dieses lang ersehnte Zugeständnis wird weitschauenden leistungsfähigen K.-Kassenverwaltungen ein weites Feld sozial nützlicher Betätigung eröffnen. Herstellung und Verteilung von Flugblättern, die gesundheitlich belehrend und aufklärend wirken, Abhaltung von Vorträgen, Errichtung oder Unterstützung von Auskunftsstellen zur Bekämpfung von Volkskrankheiten, Desinfektion der Wohnungen von Mitgliedern, die an einer ansteckenden Krankheit gelitten haben, Bau von Erholungs- und Genesungsheimen für ihre Patienten, Gründungen von Trinkerheilstätten und andere Aufgaben mehr werden künftig in den natürlichen Wirkungskreis der K.-Kassen einbezogen und damit den vielseitigen Wünschen moderner hygienischer Bestrebungen entsprochen werden können.

§ 10. Fortschrittliche Neuerungen in der inneren Organisation (Verfassung) der Krankenkassen. Besondere Regelung des Verhältnisses der Kassen zu ihren Angestellten, den Ärzten, Zahnärzten, Krankenhäusern und Apotheken.

Der oben gezeigten folgereichen Neuordnung der äußeren Organisation der K.-Kassen stellen sich einige anerkennenswerte Reformen der inneren Organisation zur Seite. Vor allem sind es die Ortskrankenkassen, bei deren Verwaltungsorganen verschiedene Mängel mit Hilfe des Gesetzes abgestellt worden sind. Es handelt sich hierbei besonders um das Fernhalten äußerer, namentlich parteipolitischer Einflüsse in dem Kassenwesen, Beseitigung der absoluten Stimmenmehrheit bei Wahl und Abänderungen der ungünstigen Stellung, die den Arbeitgebern infolge der gesetzlichen Verteilung des Stimmrechtes bei der Kassenverwaltung zugewiesen war. Untersuchen wir, wieweit sich diese Mängel fühlbar machten und wie man sie zu beseitigen gesucht hat.

Der in der R.V. durchweg für die V.-Träger geltende Grundsatz der Selbstverwaltung ist bei der K.V. dahin verwirklicht, daß die Verwaltung der Kassen den Vorständen und den Generalversammlungen, künftig Ausschüsse genannt, übertragen ist, welche Körperschaften sich aus gewählten Vertretern der Kassenmitglieder und Arbeitgeber zusammensetzen. Dabei stehen den Versicherten bezüglich den Arbeitgebern entsprechend ihren Leistungen $^2/_3$ bezüglich $^1/_3$ der Ehrenämter in diesen Kassenorganen zu.[1] Soweit sind diese Bestimmungen auch von der R.V.O. übernommen worden, wie man aus der Zusammenstellung über „die Wahlen bei den K.-Kassen“ ersehen kann. Jedoch sollen künftig die Wahlen zu den Ehrenämtern anders vollzogen werden.

Es ist nämlich die Tatsache festzustellen gewesen, daß „bisher in überaus zahlreichen Fällen in größeren Städten und in industriereichen Gegenden sogar ganz überwiegend die Kandidaten der Versicherten zu den Organen der Ortskrankenkassen von politischen oder gewerkschaftlichen Organisationen aufgestellt wurden, und daß die Wahlen auch auf deren Namen hin erfolgten.“ Da bei der Wahl die absolute Stimmenmehrheit entschied, so wurden die Minderheiten (einzelne kleine wirtschaftliche oder politische Verbände) meist von der Krankenkassenverwaltung in rücksichtsloser Weise ausgeschlossen. Daraus brauchte nun zwar noch nicht mit Notwendigkeit zu folgen, daß die so gewählten Ehrenbeamten der Kassen sich bei ihrer Verwaltungstätigkeit von Parteirücksichten leiten ließen. Doch ist es erklärlich, daß ihnen von der unterlegenen Partei ein gewisses Mißtrauen entgegengebracht wurde, was dem Ansehen der Kasse oftmals sehr schaden mußte. Dazu ist des öfteren direkt auch Parteiwirtschaft in verschiedenen Kassen nachgewiesen worden. Da sich nun bei Wahlen die verschiedenen Interessen politischer und gewerkschaftlicher Parteien oder nur nach Geschlecht, Beruf oder Stellung gebildete Vereinigungen kaum ausschalten lassen, so hat die R.V.O. dem gänzlichen Ausschluß von Minderheiten und dem Zufall von Mehrheitsbildungen durch Einführung der Verhältniswahl für alle Vorstands- und Ausschußwahlen der K.-Kassen zu begegnen gesucht. Mißtrauen, Unzufriedenheit und Interessenlosigkeit werden am besten dadurch gebannt werden, daß nunmehr auch Minderheitsgruppen entsprechend ihrer Zahl angemessen vertreten sind, an der Verwaltung teilnehmen und unter gegenseitiger Überwachung die Geschäfte ausüben. Trotz dieser Verhältniswahl

[1] Eine Ausnahme besteht bei der Innungskrankenkasse, wo auf Grund der Kassensatzung Arbeitgeber- und -nehmer die gleiche Vertreterzahl haben, wenn beide Teile je die Hälfte der Versicherungskosten tragen.

Die Wahlen und Zusammensetzung der Verwaltungsorgane bei den Krankenkassen.

	Wahl des Vorstandsvorsitzenden erfolgt durch	Wahl des Stellvertreters des Vorsitzenden erfolgt durch	Wahl der Vorstandsmitglieder erfolgt durch	Wahl der Vertreter im Ausschuß erfolgt durch
Allgemeine Orts-K.Kasse	die Vorstandsmitgl. aus ihrer Mitte in getrennter Wahl. Der zu Wählende muß die Stimmenmehrheit beider Gruppen erhalten.	die Vorstandsmitglieder aus ihrer Mitte in ungetrennter Verhältniswahl.	die getrennt wählenden Vertreter der Arbeitgeber ($1/3$) u. der Versicherten ($2/3$) im Ausschuß	die beteiligten volljährigen Arbeitgeber ($1/3$) u. die volljähr. Versicherten ($2/3$) in getrennter Verhältniswahl. Zahl der Ausschußvertreter: 90 höchstens
Land-K.Kasse	Gemeindeverband wählt Vorstand und dessen Stellvertreter, sowie Mitglieder des Vorstandes,		die zu $1/3$ den beteiligten Arbeitgebern u. zu $2/3$ den bei der Kasse Versicherten angehören müssen	Gemeindeverband wie bei den Vorstandsmitgliedern. Die Zahl der Ausschußvertreter: 90 höchstens
	Durch Landesgesetzgebung können die Wahlen wie bei den Organen der Allgemeinen Orts-K.Kasse erfolgen.			
Besondere Orts-K.Kasse	wie bei der Allgemeinen Orts-K.Kasse			
Betriebs- (und Bau-) K.Kasse	Keine Wahl: Arbeitgeber oder dessen Vertreter führt ohne weiteres den Vorsitz.	Bestellung durch den Arbeitgeber	die Vertreter der Versicherten im Ausschuß: $2/3$, $1/3$ Stimmen hat der Arbeitgeber	die volljährigen Versicherten der Kasse aus ihrer Mitte: $2/3$ $1/3$ Stimmen hat der Arbeitgeber im Ausschuß
Innungs-K.Kasse	Keine Wahl: Bestellung durch die Innung aus den Vorstandsmitgliedern.	Bestellung durch die Innung	die Vertreter der Arbeitgeber u. Versicherten je zur Hälfte, wenn die Vers.-Beiträge je zur Hälfte von den Arbeitgebern u. Versichert. aufgebracht werden	die beteiligten, volljährigen Arbeitgeber u. Versicherten wie bei der Wahl der Vorstandsmitglieder
			Sonst wie bei der Allgem. Orts-K.Kasse	
Ersatzkassen	Nach Bestimmung der Satzung bez. Landesgesetz			
Knappschaftl. K.Kassen	Nach Bestimmung der Satzung bez. Landesgesetz			

werden die Arbeitgeber in ihren Rechten bei der Verwaltung den Versicherten gegenüber im Nachteil bleiben, da ihnen nur $^1/_3$ der Stimmen zukommt. Durch den Entwurf der R.V.O. war auch hier ein Ausgleich angestrebt worden dadurch, daß den Arbeitgebern und Versicherten in der K.V. gleiche Rechte und Pflichten eingeräumt werden sollten, d. h. mit anderen Worten, daß beide Teile gleiche Stimmenzahl bei der Verwaltung erhalten, und dafür zu gleichen Teilen die Beiträge zur K.V. tragen sollten. Dieser Vorschlag, Arbeitgeber und -nehmer zur Förderung gemeinsamer Interessen und Pflichten heranzuziehen, hat jedoch leider nicht die Zustimmung der Reichstagsmehrheit gefunden. Besonders sträubten sich die Arbeitnehmer, das alte Recht aufzugeben, zumal sie mit Halbierung der Stimmen eine Bevormundung durch die Arbeitgeber bei der Kassenverwaltung befürchteten. Auch wurde von verschiedenen Seiten Bedenken gegen die neue Belastung der Arbeitgeber infolge der Erhöhung ihrer Beitragsanteile geltend gemacht, die vor allem für kleine Unternehmer, insbesondere auch für den niederen Bauernstand schwer zu tragen gewesen wären. Um indessen das oft zu sehr ausgenutzte Übergewicht der Versicherten bei der Kassenverwaltung etwas zu beschränken, hat die R.V.O. ein besonderes Verfahren für die Wahl des Kassenvorsitzenden der Ortskrankenkasse vorgeschrieben. Nach dem alten Rechte waren bei der Wahl des Kassenvorsitzenden aus der Mitte der Vorstandsmitglieder nicht selten Mißstände vorgekommen, indem z. B. mit rücksichtsloser Majorisierung Personen von den Versicherten gewählt wurden, deren Wahl von den Arbeitgebern nicht gebilligt, aber auch infolge der Stimmenminderheit nicht entgegengetreten werden konnte. Verärgerung hierüber und Interessenlosigkeit der Arbeitgeber an der Kassenverwaltung, auf die ja sie doch einmal keinen Einfluß haben konnten, war die natürliche Folge. Der Gesetzgeber sucht hier künftig eine Vermittlung herbeizuführen. Man hält zwar weiter daran fest, daß der Vorsitzende der Ortskrankenkasse durch Wahl der Arbeitgeber und der Versicherten im Vorstande aus ihrer Mitte bestellt wird. Hierzu wird jedoch die paritätische Beschlußfassung vorgeschrieben, so daß sich also die Mehrheit beider Gruppen in gesonderter Wahl auf den zu Wählenden vereinigen muß. Falls eine solche Vereinigung beider Parteien selbst nach einem zweiten Wahlgange an einem anderen Tage nicht zustande kommen sollte, dann wird das V.A. ermächtigt, bis zu einer gültigen Wahl einen Vertreter zu bestellen, der Rechte und Pflichten des Vorsitzenden auf Kosten der Kasse ausübt. Mit dieser Regelung der Vorsitzendenwahl ist eine recht geeignete Möglichkeit geschaffen worden, mit der Leitung des Vorstandes, wo Arbeitgeber und Versicherte nebeneinander zum Wohle der Kasse wirken sollen, eine möglichst neutrale, unparteiische Person zu betrauen, die das Vertrauen zum mindesten der Mehrheit beider Teile genießt. Der berechtigte Unwille der Arbeitgeber wird damit beseitigt und ihre Bereitwilligkeit zur Mitarbeit an der Kassenverwaltung gestärkt werden. Anders wie bei den Orts-, Betriebs- und Innungskrankenkassen soll sich die Wahl zu den Ehrenämtern bei der Landkrankenkasse vollziehen[1], weswegen, wie schon an anderer Stelle einmal gesagt wurde, diese neugeschaffene Kassenart sich nicht gerade einer allgemeinen Beliebtheit erfreuen wird. Es sollen hier alle Wahlen zu den Ehrenämtern durch den Gemeindeverband erfolgen, weil man glaubt, daß „die ländlichen Arbeiter vielfach mit der Ausübung von Selbstverwaltungsrechten, insbesondere bei den Wahlen noch minder vertraut, und bei großen Entfernungen weit weniger dazu in der Lage seien."[2] Man muß bezweifeln, ob die angeführten Gründe in allen Fällen stichhaltig genug sind, um die Mitglieder von Landkrankenkassen von der Wahl zu den Kassenorganen auszuschließen, und sie so eines großen Teiles ihres direkten Einflusses auf die Verwaltung zu berauben. Denn die Vertretung im Vorstand und Ausschuß, die ihnen der Gemeindeverband wählt, wird nur eine von den Arbeitgebern abhängige Scheinvertretung sein, da die Arbeiterschaft an der Wahl hierzu kaum beteiligt ist. Ist sie doch noch zurzeit in vielen ländlichen Gemeindeverwaltungen ganz selten, in den meisten Kreistagen oder Distriktsräten noch viel weniger vertreten. Das Ziel ausgleichender Gerechtigkeit muß es sein, auch bei der Vertreterwahl die Landarbeiter und die sonstigen in der Landkrankenkasse Versicherten mit den Mitgliedern anderer Kassenarten gleichzustellen. Aus diesem Grunde ist es nur zu wünschen, daß die obersten Verwaltungsbehörden recht ergiebig von der Bestimmung der R.V.O. Gebrauch machen, wonach sie bei den Landkrankenkassen das gleiche Wahlverfahren wie bei den Ortskrankenkassen vorschreiben können. Nur die von den Versicherten und Arbeitgebern selbstgewählten Kassenorgane können das unumschränkte Vertrauen der Beteiligten genießen, und die beste Gewähr einer möglichst nach allen Seiten hin befriedigenden Geschäftsführung bieten.

Bei dem Aufbau und der Zuständigkeit der Organe aller Kassenarten hat die R.V.O. noch einige andere erwähnenswerte Abänderungen getroffen. An die Stelle der Generalversammlung ist allgemein ein Ausschuß getreten, den die Gesamtheit der an der Kasse beteiligten volljährigen Arbeitgeber und Versicherten aus ihrer Mitte wählen. Während früher die Generalversammlung entweder aus sämtlichen Kassenmitgliedern oder aus deren Vertretern (letztere dann immer, wenn die Mitgliederzahl der K.-Kasse 500 überstieg) und aus Vertretern der beteiligten Arbeitgeber bestand, wird künftig immer der Ausschuß sich zu $^1/_3$ aus Vertretern der beteiligten Arbeitgeber und zu $^2/_3$ aus den Vertretern der Versicherten zusammensetzen und insgesamt höchstens 90 Personen zählen. Die Erfahrung hat gelehrt, daß zahlreich besetzte Mitgliederversammlungen, wie die Generalversammlungen nicht gerade die sachliche und gedeihliche Behandlung der Geschäfte einer Körperschaft fördern, so daß eine Beschränkung der Vertreterzahl recht angebracht war. Ein gutes und schnelles Arbeiten des Ausschusses ist aber umso nötiger, nachdem ihm von der R.V.O.

---

[1] Vgl. Übersicht S. 87.
[2] I Nr. 50.

eine größere Zahl wichtiger Kassenangelegenheiten neu zugewiesen worden ist; soll doch nach § 345 der R.V.O. künftig der Ausschuß über alles beschließen," was nicht Gesetz, Satzung oder Dienstordnung dem Vorstand zuweisen. Insbesondere soll seinem Beschluß vorbehalten bleiben:

1. Den Voranschlag festzusetzen,
2. die Jahresrechnung abzunehmen,
3. die Kasse gegenüber den Vorstandsmitgliedern zu vertreten,
4. Vereinbarungen und Verträge mit anderen Kassen zu beschließen,
5. die Errichtung von Melde- und Zahlstellen zu beschließen,
6. die Satzung zu ändern,
7. die Kasse aufzulösen oder mit anderen Krankenkassen freiwillig zu vereinigen.

Bei diesen Vorschriften sind es vor allem die unter 4 und 5 genannten Rechte, die dem Ausschuß neu die Befugnis geben, über wichtige folgereiche Maßnahmen zu entscheiden. Auch zur Vertretung der Kasse bei Erwerb, Veräußerung oder Belastung von Grundstücken soll künftig der Ausschuß mit hinzugezogen werden. Ein neues Recht des Ausschusses besteht endlich noch darin, daß künftig seiner Zustimmung bedürfen:

1. Die vom Vorstand aufgestellte oder geänderte Dienstordnung für die Angestellten,
2. Vorstandsbeschlüsse über Errichtung von Krankenhäusern und Genesungsheimen.

Mit diesen Bestimmungen hat die R.V.O. die Zuständigkeit des Ausschusses nicht nur wesentlich erweitert, sondern auch gegenüber dem Vorstande bedeutend besser abgegrenzt, als das alte K.V.-Gesetz, das sicherlich ein ersprießliches Zusammenarbeiten beider leitender Kassenorgane erhöhen wird. Nicht alle Geschäfte der Kasse lassen sich durch ehrenamtliche Verwaltung bewältigen. Dies ist um so weniger möglich, je größer die Kasse ist. Die einzelnen Kassen haben daher im Laufe der Zeit eine mehr oder weniger größere Zahl von Angestellten zur Erledigung der laufenden Verwaltungsgeschäfte heranziehen müssen, so daß sich schließlich ein ganzer Stab von Angestellten bei verschiedenen K.-Kassen gebildet hat, dessen besoldete Tätigkeit im Dienste der K.-Kasse den dauernden Haupt- und Lebensberuf bildet. Die Beziehungen der Kassen zu ihren Beamten waren durch das alte K.V.-Gesetz so gut wie gar nicht geregelt, was seit Jahren Klagen und Unzuträglichkeiten veranlaßt hat. Die R.V.O. schafft auch hier Wandel. Durch das neue Gesetz selbst und durch das obligatorische Einführen einer Dienstordnung mit einem Besoldungsplan soll künftig der Willkür der Kassenorgane bei Besetzung der Stellen von Kassenbeamten entgegengetreten, die Sicherheit der Stellung bis zu einem gewissen Grade in ihren berechtigten Ansprüchen gewährleistet, und auch die Kasse selbst vor Verstößen ihrer Angestellten gegen die Pflichten beschützt werden. Dabei ist vor allem wichtig, daß bei Besetzung der Kassenbeamtenstellen auch den Arbeitgebern ein größeres Recht als früher eingeräumt wird. Nach der R.V.O. soll die Anstellung von Beamten der Kasse ähnlich wie bei den Kassenvorsitzenden nur noch durch übereinstimmende Beschlüsse beider Gruppen, der Arbeitgeber- und der Versichertenvertreter, im Vorstande erfolgen. Falls selbst bei einer zweiten Beschlußfassung keine Einigung erzielt werden sollte, kann die Anstellung in einer weiteren Vorstandssitzung mit $^2/_3$ Mehrheit sämtlicher Anwesenden (durch geschlossene Wahl der Arbeitgeber- und Versichertenvertreter zusammen) beschlossen werden, welcher Beschluß jedoch der Zustimmung des V.-Amtes bedarf. Dieses soll die Bestätigung versagen können, wenn dem Vorgeschlagenen die erforderliche Fähigkeit oder Zuverlässigkeit, insbesondere für eine unparteiische Wahrnehmung seiner Dienstgeschäfte fehlt. Wird die Anstellung eines Kassenbeamten endgültig durch das O.V.-Amt versagt, oder kommt überhaupt kein Anstellungsbeschluß zustande, so kann das V.A. auf Kosten der Kassen widerruflich die erforderlichen Personen bestellen. Für die Angestellten ist vom Vorstande eine Dienstordnung mit einem Besoldungsplan aufzustellen, denen der Kassenausschuß zuzustimmen und das O.V.-Amt die Genehmigung zu erteilen hat. Im Falle der Weigerung der Einführung einer Dienstordnung stellt das O.V.A. die Dienstordnung rechtsverbindlich fest. In ihr muß der Nachweis der fachlichen Befähigung des Kassenbeamten, ihre Zahl, die Art der Anstellung (ob auf Lebenszeit oder nach Landesrecht unwiderruflich oder mit Anrecht auf Ruhegehalt), die Kündigung oder Entlassung und die Festsetzung von Strafen geregelt sein. Die Kündigung und Entlassung der auf Grund der Dienstordnung Angestellten kann ebenfalls nur durch übereinstimmende Beschlüsse der Arbeitgeber und Versicherten im Vorstand und, wenn solche nicht zustande kommen, auf Beschluß der gesamten Vorstandsmehrheit erfolgen, welcher Beschluß aber die Zustimmung des Vorsitzenden des V.-Amtes erheischt. Das Gesetz schreibt dazu besonders vor, daß Angestellte, die ihre dienstliche Stellung oder ihre Dienstgeschäfte zu einer religiösen oder politischen Betätigung mißbrauchen, nach wiederholter Warnung entlassen werden müssen. Von der Notwendigkeit und Bedeutung dieser von der R.V.O. neu vorgeschriebenen Dienstordnung wird man am besten überzeugt durch die Mißstände, die die Ausnutzung des Übergewichtes politischer Parteien vor allem in den Organen der Ortskrankenkassen bei der willkürlichen Bestimmung des Rechts- und Dienstverhältnisses der Angestellten zeitigten. Zahlreiche Klagen[1] berichten darüber, daß bei der Anstellung der Kassenbeamten häufig nicht die sachliche Befähigung und erwiesene Tüchtigkeit des Bewerbers, sondern vielmehr die politische Gesinnung und bewährte Parteirührigkeit den Ausschlag gegeben hat. Die meisten Vorwürfe dieser Art treffen die Sozialdemokratie, die gern ihre Agitatoren als Beamte in einer K.-Kasse unterbrachte. Wo sozialdemokratische Angestellte

[1] Dr. Möller, Die Herrschaft der Sozialdemokratie in der K.V. I Nr. 52 a. a. O., II. Teil S. 249ff.

einmal Fuß gefaßt hatten, da ließen sie sich nicht wieder so leicht verdrängen. Eine einwandfreie Bestätigung dieser Tatsachen erfolgte bei den Verhandlungen der Reichstagskommission über den Entwurf der R.V.O., wo mehrere Normalverträge für Anstellung der Krankenkassenbeamten zwischen dem sozialdemokratischen Verband der Bürobeamten der Krankenkassen- und Berufsgenossenschaften und dem sozialdemokratischen Verband der Ortskrankenkassen aus den Jahren 1906 und 1908 vorgelegt wurden.[1] Diese Verträge haben offenbar die Absicht verfolgt, die sozialdemokratischen Angestellten der K.-Kassen in ihren Stellungen derart zu sichern, daß bei einem Wechsel der Verwaltung oder bei einer Änderung der Gesetzgebung ihre Entlassung so gut wie ausgeschlossen war. Sollte doch unter Umständen einem Angestellten nicht gekündigt werden können, selbst wenn die Geschäftsführung eine Verminderung des Geschäftspersonals angezeigt erscheinen ließ. Ja eine Entlassung sollte selbst dann nicht einmal möglich sein, wenn der Angestellte wegen Hoch- und Landesverrat, wegen Beschimpfung der Religionsgemeinschaften, wegen Gotteslästerung und dergl. zu hohen Gefängnis- und Zuchthausstrafen verurteilt worden war, vorausgesetzt, daß ihm nicht zugleich auch die bürgerlichen Ehrenrechte aberkannt waren. Die wenigen hier herausgestellten Punkte aus diesen Vertragsformularen werden schon allein genügend die Entscheidung des „Preußischen Oberverwaltungsgerichts" vom 21. März 1910 begründen, das diese und ähnliche Verträge „als gegen die guten Sitten und gesetzlichen Vorschriften verstoßend bezeichnete."[2] Wie vielfach solche „gegen die guten Sitten verstoßende" Verträge bestanden, ergab eine Erhebung des Reichsamtes des Innern, deren Ergebnis ein Regierungsvertreter in den Kommissionsberatungen zur R.V.O. mitteilte. Trotzdem diese Erhebungen sich in Preußen nur auf etwa die Hälfte der Regierungsbezirke beschränkten, waren allein aus Preußen 680, dazu noch aus Bayern 190 und aus Sachsen 192 Verträge bekannt geworden, die nach dem angeführten Urteil des „Preußischen Oberverwaltungsgerichtes" wegen ihres Inhaltes anfechtbar waren.[3] Wenn man von solchen und vielen ähnlichen Mißbräuchen bei Besetzung der Beamtenstellen der K.-Kassen Kenntnis nimmt, ermißt man leicht den großen Fortschritt der R.V.O. mit ihrer paritätischen Beschlußfassung der beiden Gruppen im Vorstande bei Anstellung und Entlassung der Beamten und der genauen Regelung der Verhältnisse der Kassen zu ihren Angestellten durch die obligatorische Dienstordnung. Eine Menge unliebsamer Reibungen einzelner Interessentengruppen werden dadurch hoffentlich vermieden, und der scharfe politische Geist, der bei der Verwaltung vieler K.-Kassen zu oft sehr unliebsam zur Geltung kam, wird ausgeschlossen werden.

Weniger geglückt ist es dem neuen Reformgesetz, auch eine befriedigende Lösung der gesetzlichen Regelung des Verhältnisses der K.-Kassen zu den Ärzten herbeizuführen, die umso dringender

[1] I Nr. 52 a. a. O., II. Teil Anl. 1—4.
[2] I Nr. 52 a. a. O., II. Teil Anl. 3.
[3] I Nr. 52 a. a. O., II. Teil S. 249ff.

schien, als seit Jahren ein scharfer Gegensatz zwischen Ärzten und K.-Kassen zutage getreten ist. Die Quelle dieser Unzuträglichkeiten ist in dem sogen. durch die K.V. herausgebildeten „Kassenarztsystem“ zu erblicken. Danach schreibt die K.-Kasse dem Versicherten die ärztliche Behandlung bei einem bestimmten Arzte vor, mit dem sie einen Vertrag abgeschlossen, oder den sie überhaupt dauernd angestellt hat. Zahlreiche Vorwürfe werden gegen dieses System geltend gemacht. Insbesondere wird von den Ärzten über zu geringe Honorierung und unwürdige Behandlung durch den Kassenvorstand geklagt. Ein nicht abzuleugnender Haupteinwand ist weiter der, daß dadurch größere Gruppen der Bevölkerung für den freien Wettbewerb der Ärzte ausgeschlossen werden. So kam es denn, daß sich große ärztliche Vereinigungen zur Wahrung ihrer Interessen bildeten, die sich zum großen Teil in dem Leipziger Verband mit zurzeit gegen 26000 Mitgliedern zusammenschlossen. U. a. wurde von diesem Verbande seit Jahren sehr nachdrücklich die Einführung der „beschränkt freien Arztwahl“ gefordert, wonach dem Versicherten im Erkrankungsfalle die Wahl unter allen denjenigen Ärzten zustehen soll, die sich bereit erklärt haben, die ärztliche Behandlung zu den von der Kasse und der Ärztevereinigung vereinbarten Bedingungen zu übernehmen. Um diese und ähnliche Forderungen durchzusetzen, kam es nicht selten zur Boykottierung der K.-Kassen und zu Ärztestreiks, die teils mit dem Siege der Ärzte endeten, so daß die beschränkt freie Arztwahl bei verschiedenen K.-Kassen eingeführt wurde. Durch derartige Kämpfe wurde natürlich oftmals geradezu die ordnungsmäßige ärztliche Versorgung der erkrankten Versicherten in Frage gestellt und damit eine schwere öffentliche Notlage geschaffen. Dies ist auch der Grund, weshalb man wiederholt eine öffentlich-rechtliche Regelung des Verhältnisses der Kassen zu den Ärzten anstrebte. Es würde über die Aufgabe dieser Abhandlung hinausgehen, wollte ich hier auf die verschiedenen Vorschläge, die zu diesem Zwecke gemacht wurden, eingehen, worüber zudem eine reichhaltige Literatur Aufschluß gibt.[1] Sehen wir daher sogleich, welche Lösung, wenn man überhaupt in diesem Falle von einer solchen sprechen kann, die R.V.O. in dieser Frage bringt. Nach wie vor soll der Grundsatz gelten, daß die Beziehungen zwischen K.-Kassen und Ärzten durch schriftlichen Vertrag frei geregelt werden kann. Kassenarztsystem und freie Arztwahl können daher nach dem Gesetze je nach den Verhältnissen bei den Kassen bevorzugt werden. Der Vorteil der Vertragsfreiheit ist unverkennbar. Würde man z. B. gesetzlich nur die beschränkt freie Arztwahl vorgeschrieben haben, wie sie von dem Leipziger Ärzteverband gefordert wurde, so würden die Kassen ihre Verträge nur mit der Mehrheit der in ihrem Bezirke wohnenden Ärzte haben abschließen können. Es ist als sicher anzunehmen, daß die gute ärztliche Standesorganisation stets wie zum Teil schon jetzt als geschlossenes Ganze aufgetreten wäre, um die Bedingung für ihre Tätigkeit den Kassen unumschränkt vorzuschreiben. Durch einen

[1] II Nr. 25 a. a. O. u. III Nr. 6.

Wechsel des Arztsystems, z. B. durch feste Anstellung eines Kassenarztes, wird dagegen eine ärztliche Konkurrenz geschaffen, die bis zu einem gewissen Grade den Kassen ein Entgegenkommen von seiten der Ärzte sichert. Überdies soll künftig das Kassenarztsystem bei leistungsfähigen K.-Kassen eine Einschränkung erfahren. Es sollen die Kassen, soweit sie dadurch nicht erheblich mehr belastet werden, ihren Mitgliedern die Auswahl zwischen mindestens 2 Ärzten und, wenn der Versicherte die Mehrkosten übernimmt, die Auswahl unter allen von der Kasse bestellten Ärzten freilassen. Um jedoch die Kasse vor willkürlichem und allzu häufigem Wechsel zu schützen, was die Krankenkontrolle erschweren und die Kosten erhöhen könnte, soll auf Grund der Satzung der Behandelte während desselben Versicherungsfalles oder Geschäftsjahres den Arzt nur mit Zustimmung des Vorstandes wechseln dürfen. Mit der zu billigenden weiteren Anerkennung der Vertragsfreiheit werden keineswegs die Meinungsverschiedenheiten und Kämpfe zwischen den Ärzten oder ihren Organisationen und den K.-Kassen beseitigt werden. Um in diesen Fällen einen leichten Ausgleich zwischen den streitenden Parteien zu ermöglichen, hätte der Gesetzgeber gern einen geeigneten Weg zu einer Einigung vorgezeichnet. Leider fanden die Vorschläge[1], die der Entwurf zu diesem Zwecke machte, nicht die Zustimmung der Kommission und des Reichstages, so daß die Regelung der Arztfrage auf halbem Wege Halt machen und so gut wie unterbleiben mußte. Die R.V.O. begnügt sich infolgedessen nur mit der Vorschrift, daß die Kassen mit der Ermächtigung des O.V.-Amtes statt ärztlicher Hilfe eine bare Leistung bis zu $^2/_3$ des Durchschnittsbetrages des gesetzlichen Krankengeldes ihren erkrankten Versicherten gewähren können, wenn sie keinen Vertrag zu angemessenen Bedingungen mit einer ausreichenden Zahl von Ärzten schließen können, oder wenn von den Ärzten der Vertrag nicht eingehalten wird. Damit wird wenigstens verhindert werden können, daß die Kassen gegenüber der festgeschlossenen Macht der Ärztevereinigungen in eine Zwangslage kommen. Denn gerade die Pflicht zur Gewährung ärztlicher Hilfe war bisher von den Ärzten, nachdem sie sich zu mächtigen Standesorganisationen zusammengefunden hatten, durch Verweigerung der Übernahme der Kassenpraxis zu rückhaltloser Durchführung grundsätzlicher Forderung ausgenutzt worden. Ein solcher Druck auf die Kassen ist nun künftig infolge der von der R.V.O. eingeräumten Abfindungsmöglichkeit statt ärzt-

[1] In Anlehnung an die in Württemberg mit Erfolg bestehenden Revisions-, Einigungs- und Schiedsgerichtseinrichtungen des Eßlinger Delegiertenverbandes und des Württembergischen K.-Kassenverbandes schlug der Entw. zur R.V.O. die reichsgesetzliche Einrichtung von Vertragsausschüssen und Schiedsinstanzen für die Bezirke von O.V.-Ämtern vor. Sie sollten zu gleichen Teilen aus Vertretern der Kassen und der Ärzte bestehen. Ihre Aufgabe würde nach dem Entw. darin bestanden haben, für die Ärzteverträge allgemeine den Verhältnissen des Bezirkes entsprechende Grundsätze, namentlich Höhe und Art des Entgeltes festzusetzen, als Einigungsamt ähnlich wie z. B. die Gewerbegerichte zu fungieren und endlich bei allen Streitigkeiten aus bestehenden Verträgen zu entscheiden. Im Falle, daß es zu keiner Einigung der Vertragsgrundsätze gekommen wäre, hätte diese das O.V.-Amt erlassen sollen. Vgl. I Nr. 52 a. a. O., II. Teil S. 272ff.

licher Hilfe nicht mehr in dem Maße wie früher möglich. Trotzdem wird immerhin noch der Kampf zwischen den Ärzteorganisationen und den Kassen in scharfer Weise geführt werden können, ohne daß die R.V.O. überhaupt einen Weg zum Ausgleich der Gegensätze weist. Eine recht gute Grundlage zur Vermittlung wäre sicherlich durch die Verwirklichung der von dem Entwurfe zur R.V.O. vorgeschlagenen Vertragsausschüsse geschaffen worden, was im Interesse einer gesicherten und ordnungsmäßigen Durchführung der K.V. nur zu wünschen gewesen wäre.

Besseren Erfolg hat der Entwurf mit seinem Vorschlag betreffend die Apothekerfrage gehabt. Danach hat die R.V.O. die beschränkte freie Apothekenwahl eingeführt. Darunter ist dasjenige System zu verstehen, nach dem ein Kassenvorstand durch die Satzung ermächtigt wird, wegen Arzneilieferungen an die Versicherten mit einem oder mehreren Apothekenbesitzern innerhalb des Kassenbereiches oder auch nach Genehmigung des V.-Amtes über diesen hinaus Vorzugsbedingungen zu vereinbaren. Hat ein solches Abkommen stattgefunden, so sollen ihm künftig auch alle im Bezirke der Kasse wohnenden Apotheker unter den gleichen Bedingungen beitreten dürfen. Für die Einschränkung des bisherigen K.-Kassenrechtes, wonach die Kassen zur Arzneilieferung nur bestimmte Apotheken zulassen konnten, sprachen hauptsächlich Gründe allgemeiner Art. Durch einseitige Sonderverträge der K.-Kassen mit einzelnen Apotheken konnte bisher den anderen nicht begünstigten Schwesterbetrieben unter Umständen ein ungerechtfertigter Schaden durch Entziehung eines beträchtlichen Teiles des Kundenkreises erwachsen, der für die Anlage und Konzessionierung der so benachteiligten Apotheken bestimmend war. Da nun der Apothekenbetrieb kein freies Gewerbe, sondern durch die notwendige staatliche Konzession, durch Vorschriften über Einrichtung, Betrieb und Besichtigung der Apotheken, sowie über Zubereitung, Aufbewahren, Bereithalten und einheitliche feste Preise der Heilmittel beschränkt ist, so ist ein gewisser gesetzlicher Schutz durch die beschränkt freie Apothekerwahl gerechtfertigt. Dadurch wird verhindert werden, daß einzelne Apotheker die Lieferung für die K.-Kassen an sich reißen, und ihre Kollegen von der Kassenlieferung unter den gleichen Bedingungen ausschließen können. Zugleich wird damit auch den Versicherten gedient, die die Heilmittel nicht mehr aus einer beschränkten Anzahl ganz bestimmter Apotheken zu holen brauchen, die z. B. in Großstädten mitunter weit entfernt von dem Wohnsitz der Versicherten gelegen waren. Allerdings wird es den Kassen infolge der Beschränkung der Vertragsfreiheit nicht mehr so leicht möglich werden, durch Sonderabmachungen mit einzelnen Apothekern, die ihre Kollegen unterbieten, noch weitergehende Preisermäßigungen zu erzielen. Um aber auch den K.-Kassen weiterhin günstige Bezugsbedingungen zu sichern, wird ihnen künftig in allen Bundesstaaten[1]

[1] Rabatt auf Rezepturwaren war schon bisher in einzelnen Bundesstaaten nach der Gewerbeordnung zulässig und vorgeschrieben.

auf Grund der R.V.O. ein Abschlag auf die Arzneipreise gewährt werden müssen, dessen Höhe je nach den örtlichen Verhältnissen und nach dem Umsatze von der obersten Verwaltungsbehörde bestimmt wird. Außerdem sorgt die R.V.O. dafür, daß die Kassen bei den Preisen für die sogen. Handverkaufsartikel zum mindesten mit der Privatkundschaft der Apotheken gleichgestellt werden. Infolge der zur Kontrolle und Abrechnung notwendigen Einrichtung, wonach an K.-Kassenmitglieder im Versicherungsfalle selbst Handverkaufsartikel der Apotheken nur im Rezepturwege abgegeben werden durften, mußten die Kassen für diese Waren mangels einer anderen Vereinbarung nicht selten höhere Preise (die Rezepturpreise) als die privaten Käufer bezahlen. Die hierüber geführte lebhafte Klage wird nun durch die R.V.O. abgestellt. Die höheren Verwaltungsbehörden setzen künftig mit Rücksicht auf die örtlichen Verhältnisse und die im Handverkauf üblichen Preise die Höchstpreise von solchen einfachen Arzneimitteln fest, die sonst ohne ärztliche Verschreibung abgegeben zu werden pflegen. So hat denn die R.V.O. durch die beschränkte freie Apothekenwahl und Festsetzung der Höchstpreise für Handverkaufsartikel zwischen Apotheken und Kassen unter gewissen Opfern beider eine gesetzliche Regelung gebracht, die wiederholt geäußerte Wünsche befriedigen und die wesentlichsten Ursachen früherer Streitigkeiten zwischen beiden Teilen beseitigen wird.

Dritter Abschnitt.

Fortschritte der R.V.O. in der Invalidenversicherung und die neugeschaffene Hinterbliebenenversicherung.

§ 11. Fortschritte in der Invalidenversicherung bei den Vorschriften über die Versicherungspflicht und Versicherungsleistungen.

Bei der I.V. hat die R.V.O. an den Grundzügen des alten I.V.-Gesetzes vom 13. Juli 1899 festgehalten und sich nur auf deren weitere Ausgestaltung beschränkt. Wie wir bereits sahen, ist der Kreis der Versicherungspflichtigen für das Gebiet der Kranken- und Invalidenmit der neuen Hinterbliebenenversicherung grundsätzlich gleichartig gestaltet worden, indem man den Personenkreis der alten I.V. zugrunde legte, ohne ihn wesentlich zu erweitern. Allerdings ließ sich dabei keine völlige Gleichheit erzielen. Denn die R.V.O. hat wohl die K.V. auf die der I.V. bisher unterliegenden Personen ausgedehnt, konnte aber umgekehrt aus verschiedenen Gründen nicht die Versicherungspflicht der I. und H.V. auf alle die Kreise erstrecken, die bereits jetzt der K.V. unterworfen waren oder durch das neue Gesetz unterworfen worden sind. So sind denn entgegen der K.V. die Hausgewerbetreibenden und die ohne Entgelt beschäftigten Lehrlinge nicht in die I.V. einbezogen worden, während andererseits der Begriff der

Schiffsbesatzung deutscher Seefahrzeuge und der Besatzung von Fahrzeugen der Binnenschiffahrt bei der I.V. erheblich weiter gefaßt ist. Obwohl die obligatorische Heranziehung der Hausindustrie zur I. und H.V. einem ebenso großen Bedürfnis entsprochen haben würde, wie ihre Einbeziehung in die K.V., so hat man dennoch mit Rücksicht auf ihre wirtschaftliche Lage zurzeit noch davon absehen müssen, da sie durch eine neue zweifache Beitragsleistung für die K. und die I.V. gleich zu sehr belastet worden wäre. Aus diesem Grunde und auch wegen versicherungstechnischer Schwierigkeiten, besonders wegen des oft verwickelten Beschäftigungsverhältnisses, hat man es daher dem Bundesrat weiterhin überlassen, nach Ermessen die Versicherungspflicht für die I.V. auf die Hausgewerbetreibenden ohne Rücksicht auf die Zahl ihrer hausgewerblich Beschäftigten zu erstrecken. Von dieser Befugnis hat der Bundesrat bisher nur hinsichtlich der Hausgewerbetreibenden der Tabakfabrikation[1] und hinsichtlich eines großen Teiles von Hausgewerbetreibenden der Textilindustrie, hauptsächlich der Weberei und Wirkerei mit ihren Nebenbetrieben[2] Gebrauch gemacht, die nach Art ihrer Beschäftigungsverhältnisse dem Fabrikbetriebe nahestehen.[3] Man wird in der Annahme nicht fehlgehen, daß in nicht mehr ferner Zukunft auch die anderen hausgewerblichen Berufe obligatorisch in die I.V. einbezogen werden können, nachdem die K.V. mit ihrer neuen Versicherungspflicht für die gesamte Hausindustrie die versicherungstechnischen Schwierigkeiten beseitigt und damit für die I.V. zugleich Mittel und Wege zu ihrer erfolgreichen Durchführung gezeigt haben wird. Entgegen der K.V. hat die I.V. weiterhin an ihrer alten Voraussetzung festgehalten, daß für die Betriebsbeamten, Handlungs- und Apothekengehilfen und -Lehrlinge, Bühnen- und Orchestermitglieder, Lehrer und Erzieher[4] eine Versicherungspflicht nur bis zu einem Jahreseinkommen von 2000 Mark bestehen soll. Daß man diese Grenze nicht erhöht hat, ist hauptsächlich im Hinblick auf die inzwischen auch in Kraft getretene Angestelltenversicherung[5] geschehen, die für jene Klassen eine Versicherungspflicht bis zum Jahreseinkommen von 5000 Mark vorschreibt. Auch hätte wohl dann der Aufbau der I.V. mit den alten 5 Lohnklassen kaum weiter beibehalten werden können, wie wir weiter unten sehen werden. Von einer Ausdehnung der V.-Pflicht wie bei der K.V. auf beschäftigte Personen unter 16 Jahren oder auf solche, die kein Entgelt oder als Entgelt nur freien Unterhalt vom Arbeitgeber für ihre Tätigkeit erhalten, sieht mit Recht die R.V.O. gleichfalls fernerhin ab. Denn damit würde einer Anzahl minderwertiger Personen, wie Epileptikern, Idioten, die weder Kraft noch Intelligenz erfordernde Arbeiten verrichten, eine erwünschte Gelegenheit gegeben werden, die Versicherung nach einer kurzen Mitgliedschaft bereits in ganz jungem Alter auszubeuten.

[1] R.G.Bl. 1891 S. 395.
[2] R.G.Bl. 1894 S. 324 und 1895 S. 452.
[3] Rosin, Recht der Arbeiterversicherung II. T. § 22.
[4] Vgl. S. 62 Nr. 2—5.
[5] R.G.Bl. 1911 S. 989.

So erfolgt schließlich eine Erweiterung des Kreises der versicherungspflichtigen Personen in der I.V. gegen früher nur durch die Gehilfen und Lehrlinge in Apotheken, durch die Bühnen- und Orchestermitglieder ohne Rücksicht auf den Kunstwert ihrer Leistungen und schließlich durch Deutsche, die bei einer amtlichen Vertretung des Reiches oder eines Bundesstaates im Auslande oder bei deren Leitern oder Mitgliedern beschäftigt sind.

Zur Durchführung der I.V. und damit auch für die H.V. hat man für die Versicherten nach der Höhe ihres durchschnittlichen Jahresarbeitsverdienstes Lohnklassen gebildet, die für die Versicherungsbeiträge und die Rentenberechnungen ausschlaggebend sind. Die R.V.O. hat an den alten 5 Lohnklassen:

Klasse	I	bis zu 350 Mark					
„	II	von mehr als	350 Mark	bis zu	550 Mark		
„	III	„ „ „	550 „	„ „	850 „		
„	IV	„ „ „	850 „	„ „	1150 „		
„	V	„ „ „	1150				

festgehalten, obwohl eine Anfügung neuer Lohnklassen dringend wünschenswert gewesen wäre. Die Notwendigkeit neuer Lohnklassen wird vor allem dadurch begründet, daß die Rentenleistungen in der V. Lohnklasse keineswegs in einem angemessenen prozentualen Verhältnis zu den höheren Jahresarbeitsverdiensten dieser Klasse stehen. Berechnen sich doch die obligatorischen Invalidenrenten nach dem alten sowie nach dem neuen Gesetz so, daß z. B. ein Invalidenrentner

	nach 500 nachgewiesenen Beitragswochen	nach 2000 nachgewiesenen Beitragswochen	
der Lohnkl. I	35,7 %	48,6 %	seines vers. Jahreink. von 350 Mk.
„ „ II	27,2 %	43,6 %	„ „ „ „ 550 „
„ „ III	20 %	34,1 %	„ „ „ „ 850 „
„ „ IV	16,5 %	29,5 %	„ „ „ „ 1150 „
„ „ V	18,3 %	34 %	„ „ „ „ 1150 „
„ „ V	14 %	26 %	„ „ „ „ 1500 „
„ „ V	11,7 %	21 %	„ „ „ „ 1800 „
„ „ V	10,5 %	19,5 %	„ „ „ „ 2000 „

erhält.

Bei dieser Gegenüberstellung der Rentenleistung und des für die Versicherung maßgebenden Jahresarbeitsverdienstes kann die Tatsache übergangen werden, daß wohl in den seltensten Fällen ein Versicherter während der ganzen Versicherungsdauer ein und derselben Lohnklasse angehören wird. Denn es soll damit ja nur gezeigt werden, daß die I.V. in der V. Lohnklasse den verschiedenen Jahresarbeitsverdiensten in recht ungenügender Weise Rechnung trägt, indem ein Versicherter mit 2000 Mark Einkommen nur dieselbe Rente erwerben kann wie der mit 1150 Mark, vorausgesetzt, daß beide stets in derselben Lohnklasse gleich lang versichert waren. Vielfach ist nun die Ansicht verbreitet, daß diese im Verhältnis des versicherten Verdienstes ungerechte Bemessung der Invalidenrenten der höher belohnten Versicherten lediglich nur durch Anfügung neuer Lohnklassen verbessert werden könnte, indem etwa eine

Lohnkl. VI für Versicherte mit mehr als 1150 bis zu 1500 Mark
„ VII „ „ „ „ „ 1500 „ „ 2000 „
„ VIII „ „ „ „ „ 2000 (bei Weiterversicherung, da die Versicherungspflicht nur bis zu 2000 Mark beibehalten werden soll)

gebildet würde. Man meint, daß in diesen Lohnklassen höheren Wochenbeiträgen dann auch höhere Invalidenrenten würden gegenüberstehen können. Demgegenüber weist aber die Begründung der R.V.O. in einer eingehenden Erörterung nach, daß solche neue Lohnklassen unter Beibehaltung des bisherigen Systems der Rentenberechnung die finanzielle Leistungsfähigkeit der V.-Träger in einem sehr bedenklichen Grade gefährden würden.[1] „Der Versicherte", so führt u. a. die Begründung aus, „hat es sowohl bei der Zwangsversicherung wie bei der Selbst- und Weiterversicherung[2] nach dem Gesetz in der Hand, seinen Anspruch nicht nur hinsichtlich der Steigerungssätze, sondern auch hinsichtlich des Grundbetrages[3] dadurch zu erhöhen, daß er beim Einrücken in höhere, der Invalidität näherstehende Altersjahre Beiträge in der höchsten Lohnklasse zahlt. Selbst wenn dies aber nicht geschehen würde, so würde trotzdem der Kreis der Personen, die in den neuen Lohnklassen der Pflichtversicherung unterstellt werden würden, vielfach erst mit steigendem Alter in höhere Lohnbezüge und damit in die höhere Lohnklasse einrücken. Jeder erst in höheren Lebensjahren sich vollziehende Übergang eines Versicherten in höhere Lohnklassen verschlechtert indessen die Finanzlage des V.Trägers. Diese empfangen vom Versicherten die erhöhten Beiträge nur für die wenigen dem Übergang folgenden Jahre, während sie für die gesamte zurückliegende, versicherungstechnisch aber besonders wichtige Zeit nur die niedrigen Beiträge erhalten. Der Grundbetrag der Invalidenrenten, der nach den 500 höchsten Beitragswochen berechnet wird, findet dann unter solchen Umständen nicht mehr seine Deckung durch die 500 höchsten Beiträge." Diese Erscheinungen treten theoretisch auch schon bei den jetzigen Vorschriften des Gesetzes auf; sie sind jedoch nicht von so bedenklicher finanzieller Wirkung, wie es bei Anfügung noch höherer Lohnklassen mit höheren Grund- und Steigerungssätzen der Fall

---

[1] I, Nr. 50, a. a. O. S. 356ff.
[2] Vgl. Rentenberechnung S. 138ff.
[3] Man spricht von einer: Zwangsversicherung, wenn die Versicherung auf Grund der gesetzlichen Versicherungspflicht; Selbstversicherung, wenn die Versicherung auf Grund der gesetzlichen Versicherungsberechtigung; Weiterversicherung, wenn die Versicherung weiter erfolgt, nachdem die Voraussetzung für die Versicherungspflicht nicht mehr gegeben ist. Bei Zwangsversicherung kann die Versicherung in einer höheren als der maßgebenden Lohnklasse erfolgen. Selbst- und Weiterversicherungen sind für alle Lohnklassen (höhere oder niedrigere als der Jahresarbeitsverdienst des Versicherten) freigegeben.

sein würde. Man könnte nun etwa daran denken, die Beiträge für solche Personen, die erst nach einer bestimmten Altersgrenze höheren Lohnklassen beitreten, weiter zu erhöhen oder den Fehlbetrag durch eine sehr schwer festzustellende allgemeine Beitragserhöhung auszugleichen. Beide Verfahren lehnt die Begründung ab. Mit Recht sagt sie, daß die Erhöhung der Beiträge für Personen von einem bestimmten Alter wegen der Schwierigkeit der praktischen Durchführung nicht angängig sei. Noch viel weniger zu billigen sei es aber, die Fehlbeträge aus den erhöhten Beiträgen aller Versicherten zu decken. Denn diese würden dann viel höher bemessen werden müssen, als den durch diese Versicherten selbst herbeigeführten Belastungen entspräche. Die Minderbemittelten müßten dann also zu den Kosten der höheren Versicherung der wirtschaftlich besser gestellten Versicherten beitragen, was durchaus nicht den Grundsätzen der Sozialversicherung entsprechen würde. Auf Grund dieser zweifellos richtigen Tatsache hat die R.V.O. an den alten fünf Lohnklassen festgehalten, wie sehr auch die Anfügung höherer Lohnklassen erwünscht gewesen wäre. Nicht wenig Interessenten dürften dadurch aber zum Widerspruch herausgefordert werden. Denn unwillkürlich drängt sich einem die Ansicht auf, ob es vielleicht nicht ratsamer gewesen wäre, in Verbindung mit der Errichtung höherer Lohnklassen gleichzeitig ein anderes System der Rentenberechnung der I.V. zugrunde zu legen, das sich mehr dem Werte der geleisteten Beiträge eines jeden Versicherten angepaßt hätte. Es ist kaum zu bezweifeln, daß dadurch finanzielle Bedenken, wie sie oben angeführt wurden, ausgeschlossen worden wären. Allerdings würde dabei das Fürsorgeprinzip, das bei dem zurzeit geltenden System vorherrscht, kaum so sehr zur Geltung haben kommen können, da es mehr durch das Versicherungsprinzip verdrängt worden wäre. Dem vielgehörten Einwand, daß dies den Nachteil zu niedrigeren Renten in den ersten Versicherungsjahren zur Folge haben würde, hätte man leicht durch Festsetzen einer Mindestleistung abhelfen können. Mit dem Vorteil gerechterer Rentenbemessung hätte man damit zugleich eine Anzahl Mängel ausschließen können, die eine Folge des jetzigen Systems der I.V. sind. Durch geeignete Regelung der Rentenberechnung hätte man z. B. zum großen Teil die Klagen beseitigen können, die sich besonders an die Bestimmung der Wartezeit und an das Erlöschen und Wiederaufleben der Anwartschaft in der I.V. knüpfen. Mit geringer Beitragsleistung werden jetzt einerseits leicht unverhältnismäßig hohe Bezüge gesichert, andererseits gehen unter Umständen infolge Nichtklebens weniger Marken trotz vieler geleisteter Beiträge die Rentenansprüche verloren. Es ist hier kein Platz gegeben, in die Besprechung eines geeigneten Systems einzugehen, wie sie so mannigfach in den letzten Jahren vorgeschlagen wurden. Trotzdem kann ich es mir nicht versagen, hier wenigstens auf einen ganz besonders beachtenswerten Vorschlag von Geh.-Reg. Rat Düttmann (Oldenburg) hinzuweisen[1],

[1] III, Nr. 1, a. a. O. S. 27ff.

der an der Hand vieler Beispiele die Zweckmäßigkeit eines neuen Systems für die I.V. nachweist. Der Verfasser erkennt dabei auch an, daß der Übergang von der jetzigen Berechnungsart der I.V.-Renten zu einer neuen mit erheblichen Schwierigkeiten verbunden sein würde. Dies dürfte u. a. mit ein Grund gewesen sein, daß die R.V.O. gar nicht den Versuch einer neuen Rentenberechnung gemacht hat. Dazu kommt, daß man auf Seiten der Regierung geglaubt hat, nach dem alten System das in der R.V. stark betonte Fürsorgeprinzip und die finanzielle Grundlage der I.V. am besten zu sichern. Wieweit dies jedoch zutrifft, muß einer besonderen Untersuchung überlassen bleiben.

Wie die Abänderung des Lohnklassensystems, so scheiterte ebenfalls an finanziellen Rücksichten die allgemein angestrebte Herabsetzung der Altersgrenze für den Bezug der Altersrente von 70 auf 65 oder gar wie bei der französischen Altersversicherung auf 60 Jahre. Auf Grund der Berufsstatistik vom Jahre 1907 würde sich bei Herabsetzung der Altersgrenze von 70 auf 65 Jahre die Zahl der berechtigten Altersrentenempfänger um 176655, von 70 auf 60 Jahre die Zahl der berechtigten Altersrentenempfänger um 495936 erhöht haben. Legt man die durchschnittliche Altersrente des Jahres 1908 von 161,64 Mark zugrunde, so würde dies eine Mehrbelastung von rund 29 Millionen Mark bzw. 81 Millionen Mark ergeben haben, wovon auf das Reich infolge des jährlichen Reichszuschusses von je 50 Mark für jede Altersrente gegen 9 Millionen bzw. 25 Millionen Mark entfallen wären. Die von den V.-Anstalten zu tragende neue Last würde, auf die Versicherungsbeiträge umgelegt, deren Steigerung um etwa 10% bis über 30% verursacht haben. Bedenkt man, daß, wie wir weiter unten sehen werden, die Beiträge schon infolge des Mehraufwandes durch Kinderzuschußrenten und den Renten aus der neuen Hinterbliebenenversicherung um etwa 30% erhöht werden mußten, so wird man die Versagung des langjährigen Wunsches der Herabsetzung der Altersgrenze begreiflich finden. Es würde die Arbeitnehmer zurzeit zu sehr belastet haben, wenn man ihnen zu der teilweisen Aufbringung der neuen Kosten für erhöhte Leistungen der K.V. und für die Kinderzuschußrenten, sowie der Renten der H.V. auch noch die Hälfte der Kosten für Vermehrung der Altersrenten auferlegt hätte. Noch bedenklicher aber wäre es gewesen, dem Reiche auf einmal nach Inkrafttreten der R.V.O. neben den außerordentlichen Ausgaben für die neuen Versicherungsbehörden und die Zuschüsse der H.V. noch weitere Lasten von 9 oder 25 Millionen Mark für die R.V. aufzuerlegen, zumal die Finanzlage des Reiches zurzeit zu größter Sparsamkeit mahnt. Man hat daher die Erfüllung der allgemein als notwendig anerkannten Herabsetzung der Altersgrenze einer günstigeren Zeit vorbehalten. Nach Art. 84 des Einführungsgesetzes soll der Bundesrat bereits im Jahre 1915 dem Reichstage die gesetzlichen Vorschriften über die Altersrente zur erneuten Beschlußfassung vorlegen.

Wenn so die R.V.O. zurzeit hauptsächlich wegen finanzieller Rücksichten den an sie gestellten Erwartungen hinsichtlich der Herabsetzung der Altersgrenze für Altersrenten und der Anfügung neuer

Lohnklassen zur Erhöhung der Renten höher gelohnter Versicherter nicht hat entsprechen können, so hat sie dagegen wenigstens mit der neuen sog. Kinderzuschußrente einen wesentlichen Fortschritt gegen früher gezeitigt. Damit wird eine der allernotwendigsten Forderungen erfüllt und eine erhebliche Aufbesserung der Invalidenrente da erreicht, wo sie am dringendsten ist, d. h. bei dem invaliden Familienvater, auf den Kinder im fürsorgebedürftigen Alter angewiesen sind.[1] Nur zu oft mußten bisher die Kinder eines Invaliden unter unzureichenden Invalidenrenten Not leiden, was häufig zu einer dauernden Schädigung der Gesundheit dieser heranwachsenden armen Geschöpfe führte. Nicht nur für die wirtschaftliche Lage einer solchen Familie, sondern auch für die Volksgesundheit mit ihren schwerwiegenden Folgen für die Nation und deren Leistungsfähigkeit wird es von größter Bedeutung sein, daß die R.V.O. wenigstens mit den Kinderzuschußrenten eine bemerkenswerte Verbesserung der Invalidenrenten gebracht hat. Die Kinderzuschußrente erhöht die Invalidenrente für jedes Kind unter 15 Jahren eines Rentners um 10 %, im Höchstfalle bis zu 50 %. Steht z. B. einem Invaliden eine Rente von 177 Mark einschließlich des Reichszuschusses von 50 Mark zu[2], so erhält er künftig eine Kinderzuschußrente von 17,7 Mark für jedes Kind unter 15 Jahren, bis durch die Kinderzuschußrenten insgesamt der $1\,{}^1/_2$ fache Betrag der Invalidenrente erreicht ist, d. h. in unserem Falle 265,5 Mark. Somit bekäme er also im Höchstfalle für 5 Kinder eine Kinderzuschußrente von je 17,7 Mark. Wie groß die Wirkung der neuen Verbesserung der Invalidenrente sein wird, ersieht man daraus, daß nach einer überschläglichen Berechnung über 89000 Kinder jährlich die Vorteile dieser neuen fortschrittlichen Bestimmung der R.V.O. genießen werden, was einen Kostenaufwand von etwa 12,8 Millionen Mark erfordern wird.[2] Obwohl trotz der neuen Kinderzuschußrenten die Invalidenrenten immerhin noch sehr niedrig bleiben, so wird man dennoch diese Erhöhung als den ersten Schritt zu künftiger weiterer Steigerung der Leistungen der I.V. mit größter Freude begrüßen.

§ 12. Die neue Zusatzversicherung zum Erwerb von Invalidenrenten.

Nicht weniger bedeutsam als die neuen Kinderzuschußrenten ist die sog. freiwillige Zusatzversicherung, mit deren Zusatzrenten die R.V.O. eine weitere Erhöhung der Invalidenrenten zu ermöglichen sucht. Mit der freiwilligen Zusatzversicherung hat man das sonst in der I.V. vorherrschende Fürsorgeprinzip ganz verlassen und lediglich das Versicherungsprinzip zur Geltung gebracht. Die neue Versicherung

---

[1] Die an sich schon außerordentlich gering bemessene Invalidenrente, die im Jahre 1910 im Durchschnitt nicht mehr als 177 Mark betrug, stellt für eine einzige erwerbsunfähige Person nur eine recht unzulängliche Unterstützung dar, die aber noch viel weniger dem notwendigsten Bedürfnisse genügen kann, wenn der Rentner sich mit Frau und unversorgten Kindern in sie teilen muß.

[2] I, Nr. 52, a. a. O., Teil IV, S. 106.

ist höchst einfach durchgeführt. Allen Versicherten ohne Rücksicht darauf, ob sie versicherungspflichtig oder freiwillig der I.V. angehören, ist es freigestellt, zu jeder Zeit und in beliebiger Zahl „Zusatzmarken“ einer beliebigen[1] Versicherungsanstalt in die Quittungskarte einzukleben. Sie erwerben dadurch, ohne daß eine bestimmte Wartezeit nachgewiesen zu werden braucht oder die Anwartschaft jemals erlischt, für den Invaliditätsfall einen Anspruch auf eine Zusatzrente, die während der Dauer der Invalidität ohne Kürzung beim Zusammentreffen mit einer Unfallrente oder mit anderen Ansprüchen gezahlt wird. Die Feststellung der Zusatzrente erfolgt nach den für die Festsetzung der Invalidenrente geltenden Grundsätzen. Für die Berechnung selbst gelten vorläufig für die nächsten 10 Jahre (bis 1922) folgende Bestimmungen. Der Wert der Zusatzmarke beträgt 1 Mark. Für jede gebrauchte Zusatzmarke wird dann eine jährliche Zusatzrente von 2 Pfg. gewährt, gesteigert um das Vielfache der Anzahl Jahre, die vom Einkleben der Marke bis zum Eintritt der Invalidität verflossen sind. Die Rente wird also um so höher, je später die Invalidität nach Verwendung der Zusatzmarke eintritt. Angenommen, im Alter von 25 bis 34 Jahren klebe jemand jeden Monat 2 Zusatzmarken oder jährlich 24 Mark, so erwirbt er für die während der 10 Jahre gezahlten 240 Mark:

28,8	Mark,	wenn	er	im	35.	Lebensjahr	Invalide	wird
76,8	„	„	„	„	45.	„	„	„
124,8	„	„	„	„	55.	„	„	„
172,8	„	„	„	„	65.	„	„	„

Die Berechnung hierfür geschieht am einfachsten folgendermaßen: Der Rentensatz für die in einem Jahr geleisteten Zusatzmarken beträgt 24 × 0,02 M. = 0,48 M. Die Zahl der seit der Verwendung der Marken bis zum Eintritt der Invalidität z. B. im 35. Lebensjahre verflossenen Jahre beträgt für:

die	im	Alter	von	25	Jahren	verw.	Marken:	35—25 = 10
„	„	„	„	26	„	„	„	35—26 = 9
„	„	„	„	27	„	„	„	35—27 = 8
. . .								
„	„	„	„	35	„	„	„	35—34 = 1

Die Gesamtzahl der Jahre ist danach 10 + 9 + 8 + . . . + 1 = 60. Die Jahresrente beträgt mithin 60 × 0,48 M. = 28,8 Mark

An sich erscheint der Rentensatz von 2 Pfg. zumal in den ersten Jahren sehr gering. Wie man aber aus dem Beispiele ersieht, nimmt die Höhe der gewährten Rente im Laufe der Zeit gewaltig zu. Werden doch allgemein nach 10 Jahren der Einzahlung 20 %, nach 20 Jahren 40 % und nach 30 Jahren sogar schon 60 % usw. des eingezahlten Kapitals jährlich für die ganze Dauer der Erwerbsunfähigkeit durch

[1] Dies ist deswegen möglich, weil die Einnahmen aus den Beiträgen für die Zusatzversicherung der „Gemeinlast“ aller V.-Anstalten zufließen, aus der auch die entstehenden Ausgaben gedeckt werden.

die freiwillige Zusatzversicherung gewährt. Die hohe Leistungsfähigkeit der freiwilligen Zusatzversicherung ist besonders deswegen möglich, weil der Rentenkauf bei der freiwilligen Zusatzversicherung den V.-Anstalten nur ganz geringe Verwaltungskosten verursacht. Man kann daher mit Recht in der durch die freiwillige Zusatzversicherung gegebenen Möglichkeit, jeden Sparbetrag in diese hohe Invalidenrente überzuführen, im gewissen Sinne ein geradezu ideales Mittel erblicken. Gestützt wird diese Ansicht noch mehr durch die erzieherische Wirkung, die diese Einrichtung mit ihrer Voraussetzung des Selbstverantwortlichkeitsgefühls, freiwillig für die Zukunft zu sorgen, auf den Versicherten ausüben muß. Durch sie wird ein Gegengewicht gegen den Nachteil der sozialen Zwangsversicherung geschaffen, die leicht ein Nachlassen der Energie und Fähigkeit in der Selbstfürsorge der zu Versichernden zur Folge haben kann. „So stellt sie in gewissem Sinne eine glückliche Lösung des schwierigen Problems dar, zwischen Pflicht zur sozialen Fürsorge und dem etwaigen Streben, das Selbstverantwortlichkeitsgefühl dabei nicht auszuschalten, einen passenden Mittelweg zu finden, der beide Ziele erreichen läßt: Es wird dem Einzelnen eine gewisse Grundlage zur Existenzsicherung in der Hauptsache (d. h. mit durchschnittlich erheblich mehr als die Hälfte) kraft Gesetzes aus anderen als seinen eigenen Beiträgen geschaffen. Auf dieser Grundlage nun durch mehr oder minder regelmäßiges Einkleben der Eine-Mark-Zusatzmarke weiter zu bauen, ist dann Sache jedes Einzelnen.“[1] Vor allem wird den höher gelohnten Arbeiterklassen und den freiwillig der I.V. angehörenden Handwerkern und kleinen Unternehmern damit eine willkommene Gelegenheit gegeben, ihre Rentenansprüche für den Invaliditätsfall zu erhöhen.

Allerdings muß zugegeben werden, daß die freiwillige Zusatzversicherung nicht vollkommen befriedigt, da sie nur eine Steigerung der Invalidenrente, nicht aber auch der Altersrenten und der Renten aus der neugeschaffenen H.V. bewirkt. Dies ist leider ein Mangel, der, wie viele Kritiker meinen, sogar eine große Anzahl Personen von der Verwendung der Zusatzmarken abhalten werde. Man behauptet nicht ganz mit Unrecht, daß gerade die Handwerkermeister und kleinen Unternehmer, für die diese neue Einrichtung in erster Linie gedacht ist, oft weit weniger an eine Versorgung für den Fall der Invalidität als an die Sicherung einer ausgiebigen Versorgung von Witwe und Kindern und für das Alter denken. Denn im Gegensatz zum Lohnarbeiter, der mit der persönlichen Arbeitsfähigkeit auch die Gelegenheit zum Erwerb einbüßt, hofft der selbständige Unternehmer auch bei verminderter Arbeitsfähigkeit noch durch Aufsichtsführung soweit seinen Betrieb lohnend erhalten zu können, daß er mit den Seinigen ein leidliches Auskommen hat. Es würde daher viel lieber gesehen werden, wenn die freiwillige Zusatzversicherung auch den Erwerb von Altersrenten und Hinterbliebenenrenten ermöglichte. Um diesen Wunsch zu verwirklichen, wäre zu erwägen, ob für die Zusatz-

[1] III, Nr. 2. Zwiedineck-Südenhorst, a. a. O. S. 21.

versicherung vielleicht nur ein Rentensatz von einem Pfennig statt zweier Pfennige in Anrechnung zu bringen wäre. Eine etwaige finanzielle Gefährdung ließ sich dabei dadurch vermeiden, daß die Zusatzrente für den Invaliditätsfall von einer bestimmten Zeit ab, etwa 30 Jahre nach Verwendung der Zusatzmarke gleichbliebe. Zum Teil ließe sich wohl der Mehrbetrag durch eine höhere Verzinsung decken, als wie bei Berechnung[1] der durch die R.V. gewährten Zusatzrente zugrunde gelegt worden ist Nicht ganz leicht läßt sich zwar das Risiko berechnen, das durch die H.V. der Zusatzversicherung auferlegt wurde, zumal zurzeit die versicherungstechnischen Grundlagen dafür noch sehr mangelhaft sind. Dies dürfte auch der Hauptgrund gewesen sein, warum die R.V.O. von einer Ausdehnung der Zusatzversicherung im angeführten Sinne abgesehen hat. Doch ist sicherlich zu erwarten, daß die Zukunft den neugeschaffenen, wohl gangbaren Weg der freiwilligen Zusatzversicherung noch weiterhin ausbauen wird, nachdem nur erst einmal die neue H.V. dazu genügend Material, besonders für eine genaue Berechnung des Risikos geliefert haben wird.

§ 13. Die neugeschaffene Hinterbliebenenversicherung.

Vollkommen neu und ohne Beispiel unter den Sozialversicherungen anderer Nationen ist die durch die R.V.O. geschaffene H.V. Sie stellt das Ergebnis langjähriger Bestrebungen dar, die, besonders seitdem die Frage der Sozialversicherung infolge ihrer reichsgesetzlichen Durchführung in den Mittelpunkt des Interesses gerückt war, in neuester Zeit nicht nur bei zahlreichen führenden Gelehrten, Sozialpolitikern und Männern der Praxis eifrige Fürsprecher fand, sondern auch wiederholt infolge verschiedener Resolutionen im Reichstage Anlaß zu lebhaften Erörterungen gab.[2] Die Einführung einer allseitig als notwendig anerkannten reichsgesetzlichen Witwen- und Waisenversicherung der wirtschaftlich schwächeren Klassen mußte jedoch bis zur R.V.O. immer an die wichtigen finanziellen und versicherungstechnischen Bedenken, die infolge gänzlichen Mangels geeigneter Unterlagen umso berechtigter waren, scheitern und auf eine geeignetere Zeit verschoben werden. Auf sie mußte vor allem verwiesen werden, als bei Beratung der Invaliditäts- und Altersversicherung in den Jahren 1887—1889 die gleichzeitige Regelung der Witwen- und Waisenversicherung im Reichstage in ernste Erwägung gezogen wurde. In richtiger Erkenntnis der unermeßlichen Schwierigkeiten empfahl damals die Begründung des Entwurfes zu jenem Gesetze, „die Regelung der Witwen- und Waisenversorgung zunächst noch auszusetzen, um zuvor durch die bei der Durchführung der Alters- und Invaliditätsversicherung zu sammelnden Erfahrungen zu einem zutreffenderen Urteile u. a. auch darüber zu gelangen, ob die Industrie und die sonst in Betracht kommenden Berufszweige, die mit der Witwen- und Waisenversorgung notwendig

---

[1] I, Nr. 50, a. a. O. Finanz.-Begr.

[2] Von Loeper, Die Vers. d. Arbeiter-Witwen und -Waisen in Deutschland. Berlin 1907. S. 44ff. Hier finden sich weitere umfassende Literaturangaben.

verknüpfte Mehrbelastung zu tragen imstande sind."[1] Auch die Novelle zum Invalidenversicherungsgesetz vom 13. Juli 1899 nahm dieselbe vertröstende Stellung ein, so daß es nach einer eingehenden Verhandlung nur zu einer Resolution, die der Abgeordnete von Stumm beantragt hatte, zugunsten einer Witwen- und Waisenversicherung kam.[2] Erst als gelegentlich der Beratung des neuen Zolltarifgesetzes vom Jahre 1902 der von Ad. Wagner schon lange eifrig vertretene Gedanke[3] aufgegriffen wurde, die Mittel für Witwen- und Waisenversicherung durch Mehreinnahmen aus den Zollerträgen zu bestreiten, wurde die Verwirklichung der neuen Versicherung erheblich dem Ziele näher gebracht.[4] Endgültige, greifbare Gestalt erhielt schließlich dieser Gedanke durch den § 15 des Zolltarifgesetzes vom 25. Dezember 1902[5]. Der Wortlaut dieses Gesetzesparagraphen, der seine Fassung einem Antrag des Abgeordneten Trimborn verdankt, und daher Lex Trimborn genannt wird, ist folgender:

Der auf den Kopf der Bevölkerung des Deutschen Reiches entfallende Nettozollertrag, der nach den Tarifstellen 1 (Roggen), 2 (Weizen und Spelz), 102 (Rindvieh), 103 (Schafe), 105 (Schweine), 107 (Fleisch), 107a (Schweinespeck) und 160 (Mehl) des Zolltarifes (§ 1) zu verzollenden Waren, welcher den nach dem Durchschnitte der Rechnungsjahre 1898—1903 auf den Kopf der Bevölkerung entfallenden Nettozollertrag derselben Waren übersteigt, ist zur Erleichterung der Durchführung einer Witwen- und Waisenversorgung zu verwenden.

Über diese Versicherung ist durch ein besonderes Gesetz Bestimmung zu treffen. Bis zum Inkrafttreten dieses Gesetzes sind diese Mehrerträge für Rechnung des Reiches anzusammeln und verzinslich anzulegen.

Tritt dieses Gesetz bis zum 1. Januar 1910 nicht in Kraft, so sind von da ab die Zinsen der angesammelten Mehrerträge sowie die eingehenden Mehrerträge selbst den einzelnen Invalidenversicherungsanstalten nach Maßgabe der von ihnen im vorhergehenden Jahre aufgebrachten Versicherungsbeiträge zum Zwecke der Witwen- und Waisenversorgung der bei ihnen Versicherten zu überweisen.

Die Unterstützung erfolgt auf Grund eines vom R.V.A. zu genehmigten Statutes.

Mit der Einführung der H.V. durch die R.V.O. wird nunmehr dieser gesetzlichen Verpflichtung entsprochen, nachdem zuvor der Termin

[1] I, Nr. 38, S. 49.
[2] Verhdlg. des Reichstages. 10. Leg.-Per. I, Session 1898—1900. Bd. IV, S. 3485.
[3] Wagner, Finanzwissenschaft. Teil II, 1880. S. 491.
[4] Die Gründe für und wider die Verquickung zweier so wichtiger von ganz verschiedenen Gesichtspunkten aus zu beurteilender volkswirtschaftlicher Fragen, der Schutzzoll- und Sozialpolitik, findet man ausgeführt bei v. Loeper, a. a. O. S. 164ff., wo auch weitere Literatur nachgewiesen wird.
[5] R.G.Bl. S. 303.

des § 15 durch das Reichsgesetz vom 11. Dezember 1909 betr. Abänderungen des § 15 des Zolltarifgesetzes[1] auf den 1. April 1911 hinausgeschoben worden war. Jedoch hat man vorgezogen, die neue Versicherung, die am 1. Januar 1912 in Kraft getreten ist, nicht auf den genannten schwankenden, mehrfach sogar ausgebliebenen Zolleinnahmen, sondern auf regelmäßige Prämienbeiträge der Arbeitgeber und der Versicherten, sowie auf feste jährliche Reichszuschüsse aufzubauen. Dies war um so nötiger, als die Mehreinnahmen aus dem § 15 des Zolltarifgesetzes weit hinter den an sie gestellten Erwartungen zurückgeblieben sind. Haben sich doch seit dem Inkrafttreten des Zolltarifgesetzes vom Jahre 1906 nur einmal und zwar im Jahre 1907 Überschüsse im Betrage von rund 42 Millionen Mark ergeben. In den übrigen Jahren waren hauptsächlich infolge des Rückganges der Getreideeinfuhr beträchtliche Mindereinnahmen eingetreten. Insgesamt sind in einem Hinterbliebenenversicherungsfonds[2] an Überschüssen und Zinsen bis Anfang 1911 51,5 Millionen Mark angesammelt worden[3], die künftig zu den Zuschüssen des Reiches für die H.V. bis zur Erschöpfung dieses Fonds verwendet werden sollen.[4]

Man begreift leicht, daß eine hinreichende Witwen- und Waisenversorgung kaum von so unsicheren Mehreinnahmen abhängig gemacht werden konnte. Eine befriedigende Lösung konnte nur dadurch ermöglicht werden, daß genau bestimmten Leistungen für die Hinterbliebenen eines Versicherten auch feste Einnahmen gegenüber standen, was am geeignetsten durch Anschluß der H.V. an die I.V. geschehen konnte. Denn neben der K., U.- und I.-V. noch eine vierte Organisation für die H.V. zu schaffen, würde den in letzter Zeit allgemein befürworteten Gedanken der Vereinheitlichung der R.V. durchbrochen und eine weitere unzweckmäßige Zersplitterung herbeigeführt haben. Die Verwaltung der K. und U.V. aber sind ihrer Natur nach nicht geeignet, die Aufgaben der Witwen- und Waisenversicherung zu übernehmen. Bei der U.V. beschränkt sich die Fürsorge lediglich auf Betriebsunfälle, die für die Art der Kostendeckung der Versicherung und für die Organisation bestimmend sind. Die allgemeine H.V. dagegen soll ihre Mittel für Witwen und Waisen eines Versicherten bereitstellen, ohne daß der entschädigungspflichtige Versicherungsfall eine Folge eines besonders gefährlichen Arbeitsverhältnisses ist. Sie ähnelt damit mehr der I.- und K.-V., jenen Versicherungen gegen allgemein menschliche, nicht dem Arbeiterstande eigentümliche Schäden. Während aber die K.V. meist für vorübergehende Unterbrechung der Erwerbsfähigkeit eine beschränkte Zeit lang (im allgemeinen 26 Wochen) Unterstützung gewährt, soll die neue Versicherung dauernd in Fällen da eingreifen, wo die Erwerbsquelle für immer versiegte. In dieser Beziehung nähert sie sich am meisten der I.V., die in der Regel gleich-

[1] R.G.Bl. S. 973.
[2] Gesetz vom 8. April 1097, R.G.Bl. S. 89.
[3] Reichshaushaltsetats d. Rechnungsjahre 1906—1911. Anl. VI. Kap. 68b. Titel 1 der Etats.
[4] Vgl. Art. 3 u. 4 des Einführungsgesetzes.

falls einen gewissen Ersatz für den infolge dauernder Erwerbsunfähigkeit verlorenen Jahresarbeitsverdienst Ersatz leisten will. Zu dieser Übereinstimmung der I.- und H.V. kommt, daß die großen territorialen Versicherungsanstalten der I.V. weit besser das mit der H.V. verbundene Risiko tragen können, als die lokalen K.-Kassen mit ihrem verhältnismäßig geringen Umfang. Eine Rentenversicherung kann nur erfolgreich bestehen, wenn sich ihre Risiken auf recht viele Schultern verteilen, wie dies bei der I.V. der Fall ist. Aus diesen Gründen war es das natürlichste, daß die R.V.O. die H.V. an die I.V. anschloß. Mit der Vereinigung wurde zugleich der Vorteil erreicht, daß die Verwaltung beider Versicherungen zusammen verhältnismäßig wenig mehr Verwaltungsarbeiten und -kosten verursacht, als die I.V. allein.

Die R.V.O. verknüpfte beide Versicherungen so eng miteinander, daß nicht nur die Versicherungsträger und der Kreis der Versicherungspflichtigen und -berechtigten bei beiden dieselben sind, sondern auch die zu leistenden erhöhten Beiträge neben dem Anspruch auf Invaliden- und Altersrenten gleichzeitig den Hinterbliebenen des Versicherten ein Anrecht auf Fürsorge gewähren. Über die Leistungen an Hinterbliebene und die Vorbedingungen hierzu gibt die nachfolgende Übersicht (S. 110 u. 111) am besten Aufklärung, der auch die der I.V. (Nr. 1—3) beigefügt ist.

Man sieht aus der Zusammenstellung, daß der Anspruch an die gleiche Erfüllung einer Wartezeit und Aufrechterhaltung der Anwartschaft wie bei der I.V. gebunden ist. Die Vorschrift einer längeren Wartezeit erklärt sich aus dem Charakter jeder Rentenversicherung heraus. Daß die H.V. dabei die Frist der I.V. übernommen hat, ist eine Folge des engen Anschlusses an diese. Wenn man für die einmalige Bewilligung des Witwengeldes und der Waisenaussteuer dazu noch vorausgesetzt hat, daß die Witwe ihrerseits zur Zeit des Anspruches selbst auch noch die für eine Invalidenrente vorgeschriebene Wartezeit erfüllt und Anwartschaft aufrecht erhalten haben muß, so hat dies den Zweck, „bei den Frauen ein Interesse daran zu erhalten, durch Fortentrichtung ihrer Beiträge während der Ehe und auch im Witwenstand einen Anspruch auf die reichsgesetzliche Invalidenrente zu erwerben.“[1] Da die reichsgesetzliche Invalidenrente stets höher sein wird als die Witwenrente, und die invalide versicherte Witwe beim Zusammentreffen der Voraussetzungen für beide Ansprüche nach dem Gesetze nur die höhere Invalidenrente erhält, so soll das Witwengeld zugleich noch ein Ersatz für den Wegfall des Witwenanspruches sein. Eine unberechtigte Benachteiligung der versicherten Witwe, die wegen ihrer eigenen Beiträge auf die eigene Invalidenrente angewiesen ist, gegenüber der unversicherten Witwe wird dadurch ausgeschlossen. Der Wegfall der Witwenrente versicherter invalider Witwen soll endlich noch durch die einmalige Zahlung der Waisenaussteuer für jedes Kind der versicherten Witwe ausgeglichen werden, wenn es das 15. Lebensjahr vollendet, und die Mutter zu jener Zeit die Anwart-

[1] I, Nr. 50, S. 367.

schaft aufrecht erhalten und die Wartezeit für eine Invalidenrente erfüllt hat. Diese Unterstützung zu einer Zeit, wo der Bezug der Waisenrente endigt, jedoch erheblichere bare Aufwendungen für die Einkleidung der Waisen bei ihrer Schulentlassung und für ihren Eintritt in eine Berufstätigkeit entstehen, wird sich sicherlich einer ganz besonderen Beliebtheit bei den Beteiligten erfreuen. Wegen der großen sozialen Bedeutung, die der einmaligen Waisenaussteuer selbst bei ihrer geringen Höhe[1] beigelegt werden muß, dürfte zu erwägen sein, ob sie nicht besser allgemein den Waisen eines jeden verstorbenen Versicherten zur Verfügung zu stellen wäre, ohne eine Voraussetzung an die Erfüllung der Anwartschaft und den Nachweis der Wartezeit für die Invalidenrente der Mutter zu knüpfen. Für Doppelwaisen und Kinder, deren versicherte Mutter gestorben ist, und deren Vater sich der Unterhaltungspflicht entzogen hat, wäre dies in erster Linie anzustreben. Mit der Einführung einer allgemein zu gewährenden Waisenaussteuer wäre zugleich die vorteilhafte Nebenwirkung verbunden, daß für verhältnismäßig kleine Leistungen die unter Umständen schwierig liegenden Fragen der Wartezeit und der Anwartschaft nicht immer wieder von neuem geprüft und entschieden werden brauchte. Zwar wird man, um die H.V. nicht zu überlasten, mit der Erfüllung dieser Forderung zurzeit noch warten müssen, bis die H.V. den Nachweis einer gedeihlichen Entwicklung gebracht hat.

Die Hinterbliebenenrenten sind Teilrenten der Invalidenrenten, die der Verstorbene bis zur Zeit des Todes bezogen hatte oder im Falle der Invalidität bezogen haben würde. Damit, daß die R.V.O. die Hinterbliebenenbezüge in ein bestimmtes Verhältnis der Invalidenrenten setzt, folgt sie den Vorschriften der Beamtenpensionsgesetze und den Satzungen zahlreicher Pensionskassen. Letztere sind auch vorbildlich für die Bestimmung der R.V.O. geworden, daß bei einer größeren Zahl von Waisen jede von ihnen im Durchschnitt nur einen geringeren Betrag erhält. Hingegen findet man wohl kaum in den angeführten Gesetzen und Satzungen die Bestimmung, daß nur erwerbsunfähige Witwen die Witwenrente beziehen sollen. Nach dem Urteil vieler ist diese von der R.V.O. vorgeschriebene Beschränkung, wonach eine erwerbsfähige Witwe keine Rente erhält, ein großer Mangel. Man wird diesen Vorwurf gelten lassen müssen, soweit erwerbsfähige Witwen in Frage kommen, die eine Anzahl kleiner Kinder zu versorgen haben, und damit im Hause eigentlich recht unentbehrlich sind. Durch Versagung der Rente werden solche Mütter geradezu zu regelmäßiger Lohnarbeit meist wohl auch noch außerhalb des Hauses gezwungen sein, und damit kaum ihren Kindern eine ordnungsmäßige Fürsorge zuwenden können. Wie notwendig aber eine solche ist, dafür sprechen schon die zahlreichen Unfälle der zu Hause allein gelassenen kleinen Kinder eine beredte Sprache. Demgegenüber darf nun zwar nicht verkannt werden, daß die R.V.O. auch der erwerbsfähigen Witwe mit

[1] Bei mittlerer Aktivitätsdauer der Versicherung des Verstorbenen wird sie durchschnittlich 39 Mark betragen.

Die Leistungen der Invaliden- (1—3) und

	erhalten	falls eine Wartezeit nachgewiesen von	und falls die Anwartschaft aufrecht erhalten
1. Invalidenrente	1. Versicherte, die dauernde Invalidität nachweisen. 2. Versicherte Kranke, die nach 26 wöchiger Krankheit, bzw. schon nach Wegfall der Krankenrente weiter invalid sind	200 Beitragswoch., worunter 100 auf Grund der Versicherungspflicht gezahlt sein müssen. Sonst: 500 Beitragswochen.	Innerhalb von 2 Jahren müssen mehr als 20 Wochenbeiträge auf Grund der Versicherungspflicht oder Weiterversicherung, bzw. 40 Wochenbeitr. auf Grund der Selbstvers. gezahlt worden sein.
2. Kinderzuschußrente	Invalidenrentner für je 1 Kind unter 15 Jahren, bis zu 5 Kindern	Wie bei der Invalidenrente (1).	
3. Altersrente	Versicherte vom vollendeten 70. Lebensjahre an, auch wenn sie noch erwerbsfähig sind	1200 Beitragswochen. (Zurzeit gelten noch Sonderbestimmungen.)	Wie bei der Invalidenrente
4. Witwen- oder Witwerrente	1. Dauernd invalide Witwe nach dem Tode des vers. Mannes 2. Vorübergehend inval. Witwe nach 26 wöchiger Krankheit oder schon nach Wegfall des Krankengeldes während der Invalidität. 3. Erwerbsunfähiger Witwer, dessen verstorbene, versicherte Frau den Unterhalt der Familie überwiegend bestritten hat.	Die verstorbene Person muß die Wartezeit der Invalidenrente erfüllt haben.	Die verstorbene Person muß die Anwartschaft für die Invalidenrente aufrecht erhalt. haben.
5. Waisenrente	Bis zum vollendeten 15. Lebensj.: 1. Ehel. Kinder ein. männl. Vers. 2. Ehel. Kinder ein. weibl. Vers. 3. Bzw. elternlose Enkel eines Versicherten, wenn die Mutter (bei 2) bzw. der Großvater (-mutter) ihren Unterhalt bestritten haben. 4. Vaterl. Kinder ein. weibl. Vers. 5. Ehel. Kinder ein. weibl. Vers., deren Ehem. sich der Unterhaltung der Kinder entzogen hat.	Wie bei der Witwen- oder Witwerrente (4)	
6. Witwengeld	Versicherte Witwe beim Tode ihres versicherten Mannes.	Wie bei (4). Außerdem muß die Witwe selbst beim Tode ihres Mannes die Wartezeit erfüllt und Anwartschaft aufrecht erhalten haben.	
7. Waisenaussteuer	Bei Vollendung des 15. Lebensjahres jedes Kind einer versichert. Mutter, wenn der Vater gest. ist.	Wie beim Witwengeld (6). Doch braucht die Wartezeit erst bei Vollendung des 15. Lebensjahres des Kindes erfüllt zu sein.	

der Hinterbliebenenversicherung (4—7).

<table>
<tr><th rowspan="2">a) Reichszuschuß</th><th colspan="2">in Höhe von:</th></tr>
<tr><th colspan="2">b) Anteil der Versicherungsanstalt:</th></tr>
<tr><td>50 Mark jährlich</td><td>α) Grundbetrag nur für die 500 Beitragswochen der höchsten Lohnklasse
je 12 Pf.
je 14 „
je 16 „
je 18 „
je 20 „
je 14 „</td><td>β) Steigerungssatz für alle nachgewiesenen Beitragswochen
je 3 Pf. der Lohnkl. I
je 6 „ „ „ II
je 8 „ „ „ III
je 10 „ „ „ IV
je 12 „ „ „ V
je 6 Pf. der Krankheits- u. Militärzeit.</td></tr>
<tr><td>—</td><td colspan="2">je 10% der gesamten Invalidenrente (Reichszuschuß also inbegriffen).</td></tr>
<tr><td>50 Mark jährlich</td><td colspan="2">60 Mark in der Lohnklasse I
90 „ „ „ „ II
120 „ „ „ „ III
150 „ „ „ „ IV
180 „ „ „ „ V
90 Mark für Krankheits- und Militärzeit.</td></tr>
<tr><td>50 Mark jährlich</td><td colspan="2">$^{3}/_{10}$ des Grundbetrages und Steigerungssatzes der Invalidenrente (1).</td></tr>
<tr><td>25 Mark jährlich (für jede Waise)</td><td colspan="2">a) Für 1 Waise:
$^{3}/_{20}$ des Grundbetrages und Steigerungssatzes der Invalidenrente (1).
b) Für jede weitere Waise:
$^{1}/_{40}$ des Grundbetrages und Steigerungssatzes der Invalidenrente (1), bis die Renten aller Waisen die halbe Höhe der Invalidenrente erreicht haben.</td></tr>
<tr><td>50 Mark einmalig</td><td colspan="2">Einmalig: 12fache Monatsbetrag der Witwenrente (wobei also der Reichszuschuß bereits inbegriffen).</td></tr>
<tr><td>16⅔ Mark einmalig</td><td colspan="2">Einmalig: 8fache Monatsbetrag der bezogenen durchschnittlichen Einzelwaisenrente (wobei also der Reichszuschuß bereits inbegriffen.)</td></tr>
</table>

Kindern in fürsorgebedürftigem Alter eine Unterstützung nicht versagt. Läßt sie ihr doch für ihre Kinder die Waisenrente zugute kommen. Ihrem Umfang nach sind diese Renten recht niedrig bemessen, sodaß man wohl den Wunsch berechtigt finden kann, diese Renten durch eine Witwenrente auch für erwerbsfähige Witwen zu erhöhen. Besser aber dürfte es dann sein, lieber auf die geforderte Witwenrente zu verzichten und gleich, wie Düttmann vorschlägt[1], eine Erhöhung der Waisenrente anzustreben, „da diese allein eine dem Bedürfnis entsprechende Bemessung der Bezüge erleichtern und nicht die Verminderung oder den Wegfall der Witwenrente nötig machen würde, wenn mit dem Heranwachsen der Kinder der dringendste Anlaß der Gewährung einer Rente abnimmt und zuletzt aufhört." Zurzeit konnten diese Forderungen natürlich aus finanziellen Rücksichten nicht verwirklicht werden. Indessen unterliegt es wohl kaum einem Zweifel, daß die H.V. dem Zuge unserer anderen Sozialversicherungsgesetze folgen wird, die im Laufe ihrer Entwicklung die Erweiterung der Leistungen nicht nur zum Ziele hatten, sondern diese auch in die Wirklichkeit umgesetzt haben. Unter diesem Gesichtspunkte muß man selbst die niedrig bemessenen Renten der neuen H.V. als einen gewaltigen Fortschritt vorwärts in unserer Sozialgesetzgebung ansehen.

Wie hoch die Hinterbliebenenbezüge nach der R.V.O. bemessen sind, zeigt die obige Übersicht S. 110/111. Zum besseren Verständnis der Berechnung aller Renten aus der I. V. und H.V. habe ich in einem Anhang ein Beispiel durchgeführt. Um sich schnell die Höhe einer jeden I.- und H.-Rente in einer bestimmten Lohnklasse nach Erfüllung der Wartezeit von 500 Beitragswochen und Ablauf einer weiteren Anzahl Beitragswochen in derselben Lohnklasse ohne große Mühe berechnen zu können, soll noch nachfolgende Tabelle (S. 113) dienen.

Aus dieser Tafel erkennt man deutlich, daß sich die Höhe der Renten, besonders die der Waisenrenten, in sehr mäßigen Grenzen entsprechend den niederen Invalidenrenten halten. Man wird dabei zugeben müssen, daß z. B. mit den geringen Waisenrenten eine erwerbsfähige Witwe, die für mehrere Kinder im fürsorgebedürftigen Alter zu sorgen hat, kaum die Nahrung für ihre Kinder wird bestreiten können, zumal wenn sie in der Stadt lebt. Indessen darf man aus diesem Gesichtspunkte heraus keineswegs den außerordentlichen volkswirtschaftlichen Wert der Hinterbliebenenbezüge verkennen, selbst wenn sie nur eine Minimalfürsorge darstellen. Die H.V. bezweckt, Frau und Kindern, die den Ernährer nach allgemeinem Menschenschicksal verloren haben, eine Beihilfe im Witwen- und Waisenstande zu sichern als Ersatz dafür, daß der Verstorbene wenig oder gar nicht mit seinem geringen Verdienste bei Lebzeiten ohne die H.V. für seine Hinterbliebenen sorgen konnte. Aus diesem Grunde erklärt sich auch, daß die Hinterbliebenenrenten der H.V. bedeutend hinter denen der U.V. zurückbleiben müssen, die den Hinterbliebenen eines verunglückten

[1] III, Nr. 1, S. 34.

Berechnung der Invaliden- und Hinterbliebenenrenten.

A. Nach 500 nachgewiesenen Beitragswochen wird jährlich geleistet in:

	Lohnklasse I		Lohnklasse II		Lohnklasse III		Lohnklasse IV		Lohnklasse V	
	bei nachgew. 500 Beitragswochen d. Lohnklasse I	bei je weiteren 10 Beitragswochen d. Lohnklasse I	bei nachgew. 500 Beitragswochen d. Lohnklasse II	bei je weiteren 10 Beitragswochen d. Lohnklasse II	bei nachgew. 500 Beitragswochen d. Lohnklasse III	bei je weiteren 10 Beitragswochen d. Lohnklasse III	bei nachgew. 500 Beitragswochen d. Lohnklasse IV	bei je weiteren 10 Beitragswochen d. Lohnklasse IV	bei nachgew. 500 Beitragswochen d. Lohnklasse V	bei je weiteren 10 Beitragswochen d. Lohnklasse V
	M.	Pf.	M.	Pf.	M.	Pf.	M.	Pf.	M.	Pf.
Invalidenrente:	125	30	150	60	170	80	190	100	210	120
Witwenrente:	72	9	80	18	86	24	92	30	98	36
Rente für 1 Waise:	36	4,5	40	9	43	12	46	15	49	18
Rente für jede weitere Waise:	27	0,75	27,5	1,5	28	2	28,5	2,5	29	3

B. Nach einer mittleren Aktivitätsdauer von 1763 Wochen beträgt:

Invalidenrente:	274,5 M.	Witwenrente:	117,6 M.
Kinderzuschußrente für		Waisenrente für	
1 Kind:	27,6 „	1 Kind:	58,8 „
2 Kinder:	55,2 „	2 Kinder:	89,4 „
3 Kinder:	82,8 „	3 Kinder:	120,0 „
4 Kinder:	110,4 „	4 Kinder:	150,0 „
5 Kinder:	138,0 „	5 Kinder:	181,2 „

Anm.: Die nebenstehenden Durchschnittswerte sind auf Grund der Verteilung der Versicherten über die einzelnen Lohnklassen gemäß der tatsächlichen Beitragsentrichtungen im Jahre 1907 berechnet worden.

Versicherten eine Entschädigung für den infolge besonders gefahrvoller Betriebsarbeit erlittenen Verlust eine Entschädigung zubilligen will. Bei Bemessung der Rentenhöhe mußte sich natürlich die H.V. wegen der sonst zu hohen Beiträge zunächst auf die Befriedigung der notwendigsten Fürsorgebedürfnisse beschränken. Daß sie dieser Mindestanforderung entspricht, die man an sie stellen muß, geht daraus hervor, daß sie die Armenpflege, die gegebenenfalls sonst hätte dafür eingreifen müssen, in den meisten Fällen ersetzen wird, und daß ihre Durchschnittsleistungen meist die durchschnittlichen Armenunterstützungen übertreffen werden.[1] Man darf daraus aber nicht etwa schließen, daß die Renten der H.V. weiter nichts als Armenunterstützungen unter einem besser klingenden Namen seien. Damit würde man vollkommen den grundsätzlichen Unterschied der neuen H.V. von der Armenpflege verkennen. Die H.V. will nicht nur materielle Vorteile den einzelnen Hinterbliebenen in ihrer Notlage bringen, sondern will ihnen jederzeit auch ohne Rücksicht auf sonstige Hilfsquellen die rechtliche Sicherheit ihres Anspruches auf eine gesetzlich festgesetzte Fürsorge zuerkennen, während die Armenpflege den Fürsorgebedürftigen ein bestimmtes subjektives Recht auf Unterstützung nicht einräumt, und eine solche nur in den dringendsten Fällen der Not gewährt, so lange und so weit die Mittel der zur Armenunterstützung verpflichteten Gemeinde oder des Landesverbandes reichen. Noch wichtiger ist, daß die Rentenbezüge der reichsgesetzlichen H.V. vor allem keine Minderung der politischen Rechte, wie bei der Armenpflege zur Folge haben, daß sie keineswegs das im Kampf ums Dasein unentbehrliche Selbstgefühl und die individuelle Energie der Rentner schwächen, wie dies so oft in der sehr bedenklichen Atmosphäre des Armenhauses und der Bettelei zu beobachten ist, und daß endlich der Rentenempfänger durchaus nicht an sozialer Achtung einbüßt, wie dies leider bei dem Armenpflegling der Fall ist.

Zu diesen allgemeinen Vorteilen der Hinterbliebenenrenten besonders für die Empfänger, gesellt sich noch mancher anderer Gewinn. So wird durch sie auch die Freizügigkeit der Witwen gefördert. Beispielsweise ist sehr leicht der Fall denkbar, daß eine Witwe in einer großen Stadt, wo sie bis zum Tode ihres Ehemannes mit diesem lebte, infolge der teueren städtischen Lebenshaltung (Wohnung usw.) kein hinreichendes Auskommen finden, wohl aber auf dem Lande sich mit ihren Kindern ganz gut nähren kann. Wurde solchen Witwen bisher der Zuzug nicht selten von den Landgemeinden wegen der

---

[1] Nach einem im Deutschen Verein für Armenpflege und Wohltätigkeit im Jahre 1898 erstatteten Berichte (Schriften d. deutschen Vereins für Armenpflege u. Wohlt. Heft 39) wurden von „Stadtverwaltungen" als wöchentliche Unterstützung für weibliche Personen, die allein stehen oder Familienoberhaupt sind, 2,00—3,50 M. und für ein Kind 1—2 M. und für jedes weitere Kind ein um einen gewissen Prozentsatz geringerer Betrag gewährt. Die aus diesen Angaben sich ergebenden jährlichen Unterstützungsbeträge von 100—175 M. für weibliche erwachsene Personen und 50—100 M. für Kinder vergleiche man mit den „durchschnittlichen" Hinterbliebenenrenten bei mittlerer Aktivitätsdauer, die auf S. 113 angegeben sind.

etwa zu erwartenden Armenlasten erschwert, so dürfte sich dies künftig ändern, wenn der Witwe mit ihren Kindern auch nur eine kleine Rente durch die H.V. zusteht[1], die die Gefahr einer etwaigen Belastung der Landgemeinde erheblich vermindert.

Von nicht geringem Einfluß wird die H.V. auch auf die Armenpflege selbst sein. Zweifellos wird diese entlastet werden, was jedoch noch nicht sagen will, daß sie völlig für die Witwen- und Waisenunterstützung entbehrlich werden wird. In vielen Fällen werden die Hinterbliebenenrenten ungenügend sein, und die Witwen und Waisen auf die Armenpflege angewiesen bleiben, da die H.V. die Höhe ihrer Leistungen nicht nach dem individuellen Bedürfnis, sondern nur nach dem Durchschnittsbedürfnis bemessen konnte. Die Armenpflege wird dementsprechend verschiedentlich die H.V., wo es nötig ist, ergänzen müssen, ähnlich wie man es bei den anderen Versicherungszweigen der R.V. beobachten konnte. Trotzdem darf als sicher gelten, daß die Zahl der auf die öffentliche Armenpflege angewiesenen Witwen und Waisen infolge der H.V. erheblich zurückgehen wird. Jedoch muß es dahin gestellt bleiben, ob sich damit zugleich auch im allgemeinen die Gesamtkosten für die Armenpflege verringern werden. Ich glaube viel eher, daß sich die gleiche Erscheinung zeigen wird, wie ehedem bei Einführung der I.V. Damals wurde mit Recht gleichfalls eine Entlastung der Armenpflege durch die I.V. vorausgesetzt, welche Prophezeihung sich unbestritten erfüllt hat.[2] Trotzdem ist mit der Entlastung nicht immer auch ein Rückgang der Armenpflegekosten zu verzeichnen gewesen. Im Gegenteil haben seit Einführung der I.V. dieselben eher zugenommen. Der Grund hierfür ist in der intensiveren Einzelunterstützung und dem größeren Aufgabenkreis der Armenpflege zu suchen. Ähnlich dürfte die Wirkung der H.V. sein. Durch sie entlastet wird die Armenpflege ihre Mittel anderen sozialen Aufgaben zuwenden, oder schon in Angriff genommene Aufgaben besser durchführen können. Man denke nur, welch große Aufgaben der Armenpflege z. B. noch in der Kleinwohnungsfürsorge und der Waisenerziehung (Waisenpflege) harren. Was insbesondere die Waisenpflege anlangt, so wird gerade hier es Aufgabe der Armenpflege werden müssen, die

[1] Loening, Conrads Jahrb. 3. Folge. Bd. VIII. 1894. S. 575ff.

[2] Vgl. Schriften des deutschen Vereins für Armenpflege und Wohltätigkeit, Leipzig 1895, Heft 21: Freund, Prüfung der Frage, in welcher Weise die neuere soziale Gesetzgebung auf die Aufgaben der Armengesetzgebung und Armenpflege einwirkt. S. 89ff: Ergebnis:

„Die Armenpflege ist in bedeutendem Maße von Unterstützungsfällen entlastet worden, welche nunmehr von der Arbeiterversicherung erledigt werden, die Arbeiterversicheung hat in erheblichem Maße die Arbeiterbevölkerung vor Inanspruchnahme der öffentlichen Armenpflege bewahrt. Die Arbeiterversicherung hat aber auch auf die Hebung der gesamten Lebenshaltung der unteren Bevölkerungsklassen schon jetzt einen derart mächtigen Einfluß ausgeübt, daß die Armenpflege, indem sie diesem Umstande Rechnung zu tragen genötigt war, die erzielten Ersparnisse durch Verstärkung und Ausdehnung ihrer Leistungen zumeist völlig einbüßt, ja vielfach darüber hinaus Aufwendungen machen mußte."

In der eingehenden Untersuchung wird durch ein umfangreiches Zahlenmaterial der Beweis erbracht, daß relativ die Zahl der Unterstützungsfälle in der Armenpflege zurückgeht, jedoch trotzdem die Leistungen (Armenpflegekosten) wachsen.

H.V. zu ergänzen.[1] Denn mit den Geldunterstützungen der H.V. allein ist es bei einer durchgreifenden Waisenfürsorge nicht getan. Ihnen müssen notwendig eine gute Pflege und Erziehung zur Seite gehen, wenn einigermaßen ein Ersatz für den Verlust des Ernährers und Erziehers geschaffen werden soll. Im allgemeinen wird die H.V. nicht auch die Waisenpflege übernehmen können und die erzieherische Fürsorge besser den Gemeinden überlassen müssen. Letztere werden nunmehr nach Durchführung der H.V. die ihnen schon früher zustehenden Aufgaben besser erfüllen können, nachdem ihnen einerseits durch Verringerung der Armenpflegekosten größere Mittel hierfür zur Verfügung stehen, und andererseits noch durch die Waisenrente weitere finanzielle Unterstützungen indirekt zufließen werden. So wird dadurch der Mangel an notwendigen Mitteln für eine gute Waisenpflege, und damit die Hauptursache beseitigt werden, daß bisher oftmals die körperliche Entwicklung der Waisen vernachlässigt und die Erziehung ungeeigneten Händen anvertraut wurde.

§ 14. Die Aufbringung der Mittel für die H.V. und deren mittelbare Verwertung für allgemeine soziale Zwecke.

Es ist selbstverständlich, daß mit der H.V., die schon am 1. Januar 1912 in Kraft getreten ist, ein erheblicher Kostenaufwand verbunden ist. Derselbe wird z. T. durch „Reichszuschüsse", und durch gleiche, erhöhte Beiträge der Arbeitgeber und deren Versicherten aufgebracht werden. Die Reichszuschüsse bestehen in jährlichen Beträgen von 50 M. für jede Invaliden-, Alters-, Witwen- und Witwerrente und von 25 M. für jede Waisenrente, sowie in einmaligen Beträgen von 50 M. für jedes Witwengeld und $16\,^2/_3$ M. für jede Waisenaussteuer. Die neuen Zuschüsse des Reiches für die Witwen- und Waisenrenten und für das Witwengeld und die Waisenaussteuer werden neben den schon für die Zuschüsse zu den Invaliden- und Altersrenten geltenden Gründen[2] noch weiter durch die Aufhebung des § 15 des Zolltarifgesetzes gerechtfertigt, wonach die Überschüsse aus gewissen Zolleinnahmen zur H.V. verwendet werden sollten. Wie wir sahen, waren diese Einnahmen außerordentlich schwankend und unsicher, so daß mit

---

[1] Vgl. die Schriften des deutschen Vereins für Armenpflege und Wohltätigkeit, Leipzig 1897, Heft 29: Brinkmann, Die Armenpflege in ihren Beziehungen zu den Leistungen der Sozialgesetzgebung, S. 28ff:

„Ein noch weit reicheres Bild der Tätigkeit eröffnet sich für die Armenpflege teils dadurch, daß sie berufen ist, die Leistungen der Arbeiterversicherung zu ergänzen, teils dadurch, daß sie vielfach Gelegenheit hat, die Versicherungsorgane in ihren Bemühungen um das Wohl der Versicherten zu unterstützen."

[2] Lass und Zahn, Einrichtung und Wirkung der deutschen Arbeiter-Vers., Berlin 1902, S. 118, rechtfertigt den Reichszuschuß mit folgenden Gründen:

1. Die öffentliche Armenpflegelast wird durch die Arb.-Vers. erleichtert.

2. Die Gesamtheit ist an einer möglichst normalen Gestaltung der sozialen Verhältnisse und an der Aufrechterhaltung der staatlichen Zustände interessiert, für deren Sicherung die Arb.-Vers. beiträgt.

3. Die zwangsweise Verpflichtung der Beteiligten zur Aufbringung der Versicherungslasten rechtfertigt eine Ermäßigung durch die Zuschüsse.

ihnen keine sichere und gleichmäßige Hinterbliebenenfürsorge durchgeführt werden konnte. An ihre Stelle sollen daher feste Reichszuschüsse treten. Für die nächsten Jahre werden diese aus dem bis zum 1. Januar 1912 angesammelten Hinterbliebenenversicherungsfonds[1] bestritten werden. Als eine Art Ausgleich, daß das Reich nach Erschöpfung dieses Fonds dann weiterhin die durch die R.V.O. vorgeschriebenen Lasten an Zuschüssen zur H.V. tragen muß, werden künftig die V.-Anstalten den bisherigen auf die Dauer militärischer Dienstleistungen entfallenden Rentenanteil des Reichs auf eigne Rechnung übernehmen müssen. Das Reich hatte nach dem alten I.V.G. bei Invalidenrenten je 18 Pfg. für jede ohne Beitragsleistung in Anrechnung kommende Beitragswoche zu zahlen, während der der Rentner behufs Erfüllung der Wehrpflicht in Friedens-, Mobilmachungs- und Kriegszeiten zum Heere oder zur Marine eingezogen gewesen war oder in Mobilmachungs- oder Kriegszeiten freiwillig militärische Dienstleistungen verrichtet hatte. Der Betrag hierfür betrug im Jahre 1910 835800 M., eine Summe, die außerordentlich gering ist gegenüber der hohen Belastung des Reiches durch die Reichszuschüsse für die H.V. Legt man der Berechnung die finanzielle Begründung zur R.V.O. zugrunde, so stellt sich die durchschnittliche jährliche Belastung des Reiches auf den Kopf des Versicherten auf 1,8452 M. bei Annahme einer Verzinsung von $3\frac{1}{2}\%$, und zwar entfallen:

auf	Witwenrenten . . .	0,4301 M.
„	Witwengeld	0,0862 „
„	Waisenrenten. . . .	1,2295 „
„	Waisenaussteuer . .	0,0994 „
		1,8452 M.

Die schätzungsweise Belastung stellt sich also nach der Zahl der Versicherten in den einzelnen Jahren verschieden hoch. Im Jahre 1910[2] gehörten der I.V. 15659700 Personen an, so daß sich an Rentenzuschüssen für die H.V. 1,8452 M. × 15659700 gleich rund 28 Millionen Mark ergeben haben würde. Da die Zahl der Versicherungspflichtigen die Tendenz hat, von Jahr zu Jahr zuzunehmen, so muß man in den nächsten Jahren mit einer durchschnittlichen jährlichen neuen Reichsbelastung von über 30 Millionen Mark für die H.V. rechnen.[3]

Der weitaus größere Teil des Mehraufwandes für die H.V. soll durch Beiträge der Arbeitgeber und Versicherten beschafft werden. Zufolge der engen Vereinigung der H.V. mit der I.V. werden für jeden der beiden Versicherungszweige nicht besondere Beiträge, sondern insgesamt Einheitsbeiträge erhoben, was die Durchführung der neuen

[1] Gesetz vom 8. April 1907. R.G.Bl. S. 89.

[2] Statist. Jahrb. des Deutschen Reiches 1912. S. 372.

[3] In den ersten Jahren wird dieser Betrag natürlich nicht erreicht werden, während er in den späteren Jahren überstiegen werden wird, bis ein Beharrungszustand in der Renten-Ab- und Zunahme eingetreten ist. Zu den Zuschüssen für die H.V. kommen noch die Reichszuschüsse für die I.- und Alters-V., die im Jahre 1911 über 53 Millionen Mark betrugen.

Versicherung wesentlich erleichtern wird. Man hat an dem alten Prämiendurchschnittsverfahren mit gleichhohen Beiträgen und dem Markensystem der I.V. festgehalten und nur lediglich die Beiträge erhöht, die zu gleichen Teilen Arbeitgeber und Versicherte zu tragen haben. Wenn dabei auch die unverheirateten Versicherten durch die erhöhten Beiträge mit zur Deckung der Kosten der H.V. herangezogen werden, ohne eigentlich einen direkten Vorteil von der H.V. zu haben, so hat dies seinen berechtigten Grund. Die große Heiratswahrscheinlichkeit solcher Leute und die zu besorgenden erschwerten Arbeitsbedingungen für verheiratete Versicherte sprachen gegen die Befreiung der Unverheirateten von der erhöhten Beitragsleistung. Ebenso konnte kein Unterschied zwischen den männlichen und weiblichen Versicherten gemacht werden, da es sowohl Aufgabe des Vaters wie der Mutter ist, gegebenenfalls für ihre verwaisten Kinder gesorgt zu haben. Die R.V.O. setzt demzufolge für alle Versicherten Einheitsbeiträge in den einzelnen fünf Lohnklassen fest.[1] Es betrugen bisher und betragen künftig die Wochenbeiträge:

in Lohnkl.	I	bis	350 M.	bisher 14 Pfg.,	künftig 16 Pfg.
„ „	II	über	350—550 M.	„ 20 „ ,	„ 24 „
„ „	III	„	550—850 „	„ 24 „ ,	„ 32 „
„ „	IV	„	850—1150 M.	„ 30 „ ,	„ 40 „
„ „	V	„	1150 M.	„ 36 „ ,	„ 48 „

Dies bedeutet eine Erhöhung:

in Lohnkl.	I	um	14,3 %
„ „	II	„	20 %
„ „	III—V	„	je 33,3 %

Daß die höheren Lohnklassen in stärkerem prozentualen Verhältnis zu den neuen Kosten herangezogen werden, erklärt sich aus dem höheren Risiko, das die in diesen Lohnklassen Versicherten gegenüber den in den niederen Lohnklassen versicherten, überwiegend ledigen und meist weiblichen Personen für die H.V. bieten. Aus demselben Grunde werden die durch die R.V.O. neu eingeführten Kinderzuschußrenten, deren Kosten mit durch die erhöhten Beiträge gedeckt werden sollen, auch für die Invalidenrentner der höheren Lohnklassen weit mehr als wie für die niederen Lohnklassen in Frage kommen. Trotz dieser größeren prozentualen Steigerung der Wochenbeiträge der höheren Lohnklassen haben diese auch weiterhin im Verhältnis zu dem versicherten Jahresarbeitsverdienste geringere Versicherungsprämien zu zahlen, als die niederen Lohnklassen.[2] Fünfzig Wochenbeiträge z. B. betrugen bisher und betragen künftig:

[1] Im Jahre 1920 werden die Wochenbeiträge nach dem Gesetze wieder neu geprüft und bestimmt.

[2] Die niedrigeren im Verhältnis zum Jahresarbeitsverdienst bemessenen Versicherungsbeiträge der höheren Lohnklassen haben ihren Grund in der der I.V. zugrunde liegenden Rentenberechnung, wo nach den geringeren prozentualen Prämien auch geringere prozentuale Leistungen gegenüberstehen (vgl. oben S. 98).

in Lohnkl. I bisher —2 %, künftig —2,29 %
„ „ II „ 2,86 %—1,82 %, „ 3,43 %—2,18 %
„ „ III „ 2,18 %—1,40 %, „ 2,91 %—1,9 %
„ „ IV „ 1,76 %—1,30 %, „ 2,36 %—1,7 %
„ „ V „ 1,56 %—(0,9 %)[1], „ 2,09 %—(1,2 %)[1]

des versicherten Jahresarbeitsverdienstes.

Um die Gesamtbelastung der Arbeitgeber und Versicherten durch die neuen erhöhten Beiträge gegenüber den alten Beiträgen der I.V. festzustellen, geht man am besten von dem letzten Rechnungsabschluß der I.V. vom Jahre 1910 aus.[2] Dort ist u. a. die Zahl der Wochenbeiträge in den einzelnen Lohnklassen nachgewiesen.[3] Berechnet man deren Wert nach den Vorschriften des alten Gesetzes und nach denen der R.V.O., so erhält man aus dem Unterschied beider Berechnungen die gesuchte Mehrbelastung. Es sind bei der I.V. im Jahre 1910 nachgewiesen worden:

	Zahl der Wochenbeiträge	Höhe der bisherigen Wochenbeiträge Pf.	Höhe der neuen Wochenbeiträge Pf.	Einnahmen aus den Beiträgen bei Erhebung der bisherigen Wochenbeiträge in Mill. Mark	Einnahmen aus den Beiträgen bei Erhebung der neuen Wochenbeiträge in Mill. Mark
Lohnklasse I	64158625	14	16	8,982	10,265
„ II	169234473	20	24	33,847	40,616
„ III	188432771	24	32	45,224	60,437
„ IV	137539103	30	40	41,617	55,016
„ V	190918167	36	48	68,730	91,640
Summe I—V	—	—	—	198,400	257,974

Die Mehrbelastung beträgt hiernach: 257,974 Millionen Mark — 198,4 Millionen Mark = 59,574 Millionen Mark. Da der Kreis der versicherungspflichtigen Personen durch die R.V.O. in der I.- und H.V. am 1. Januar 1912 etwas größer geworden ist, und die Zahl der Versicherungspflichtigen sich auch sonst noch jährlich infolge der Bevölkerungszunahme vergrößert, so kann für die nächsten Jahre mit einer Mehrbelastung der deutschen Arbeitgeber und Versicherten der I.- und H.V. von rund 61 Millionen Mark gerechnet werden, wovon voraussichtlich 13 Millionen Mark zur Deckung der neuen Kinderzuschußrenten verwendet werden. Mit den neuen durchschnittlichen jährlichen Reichszuschüssen gibt dies zusammen für die H.V. einen neuen Kostenaufwand von 30 Millionen Mark + 61 Millionen Mark = 91 Millionen Mark.

[1] Die Zahl in Klammern gibt das Verhältnis der 50 Wochenbeiträge zu dem Jahresarbeitsverdienst von 2000 M. an.

[2] Die finanzielle Begr. z. Entw. d. R.V.O. konnte bei dieser Berechnung nicht herangezogen werden, da die Kommission die Beiträge erhöhte, die dort der Berechnung zugrunde gelegt waren. Auch waren im Entwurf die Kinderzuschußrenten noch nicht vorgesehen, die erst durch Reichstagsbeschluß eingeführt wurden.

[3] A.N., 1912, S. 186.

Außer durch diesen Betrag werden die Kosten der H.V. endlich noch durch die Ersparnisse von „Beitragserstattungen" der I.V. gedeckt, die nach den §§ 42—44 des alten I.V.-Gesetzes

1. an weibliche Versicherte im Falle der Verheiratung,
2. an die Versicherten, die eine dauernde Unfallrente bezogen,
3. an die Hinterbliebenen (an die Witwe und vaterlosen Kinder unter 15 Jahren) eines vor Bewilligung der Rente verstorbenen Rentenantragstellers

zu zahlen waren, jedoch mit der Durchführung der H.V. fortfallen. Diese Beitragserstattungen betrugen im Jahre 1910 9,43 Millionen Mark.[1] Ihr Wegfall wird im allgemeinen kaum als Härte empfunden werden. Denn die Beitragserstattungen an die Hinterbliebenen (3) beim Tode eines Rentenantragstellers verlieren mit Einführung der H.V. an sich ihre Berechtigung. Auch für die Erstattung der Beiträge an weibliche Versicherte (1) wegen Eheschließung fällt mit der H.V. jeder Grund weg. Wenn früher weibliche Personen, die infolge der Verheiratung die versicherungspflichtige Beschäftigung aufgaben, die Anwartschaft durch Weiterversicherung nicht aufrecht erhalten wollten, so war dies begreiflich, weil sie damit nur Anspruch auf eine für sie schwer zu bestimmende Invalidenrente oder Altersrente erwerben konnten. Durch die H.V. können sie künftig neben diesem Anspruch gegebenenfalls auch noch Renten für ihre Hinterbliebenen, sowie beim Tode ihres Mannes für sich ein Witwengeld erlangen, was eine Weiterversicherung bedeutend vorteilhafter und allgemein wünschenswerter macht. Was schließlich die Beitragserstattung an Versicherte der I.V. anbelangt, die eine dauernde Unfallrente beziehen (2), so war dies an sich schon ungerechtfertigt. Denn, daß ein Verunglückter, dem die höhere Unfallrente zusteht, für seine Invalidenversicherungsbeiträge keine Rente erhält, kann durchaus nicht als ein Grund für die Erstattung der Hälfte der Beiträge angesehen werden, wie es das alte I.V.-Gesetz vorschrieb. Hatte doch die R.V., als eine einheitliche Fürsorgeeinrichtung betrachtet, mit der Unfallrente schon einen hinreichenden Ersatz für den Schaden geboten. Zudem ist es im Wesen einer jeden Versicherung begründet, daß ein Teil der Versicherten seine Prämien ohne eigene Nutznießung entrichtet. Mit Recht hat daher die R.V.O. auch diese Beitragserstattung an Unfallrentner beseitigt. Zum Teil wird dies auch im Interesse der Unfallrentner selbst sein, da dadurch die Anwartschaft auf Leistung der I.- und H.V. erhalten bleibt, so daß u. U. den Hinterbliebenen des Unfallrentners noch Hinterbliebenenbezüge aus der H.V. gewährt werden können.

Die größeren Einnahmen der V. Anstalten infolge des Wegfalles der Beitragserstattungen und infolge der höheren Beiträge der Arbeitgeber und Versicherten werden nicht nur unmittelbar zur Kostendeckung der Hinterbliebenenbezüge und Kinderzuschußrenten dienen, sondern

---

[1] A.N. 1912, S. 284 und A.N. 1912, S. 211 ff., wo die Beitragserstattungen für (1)—(3) einzeln aufgeführt sind.

sie werden auch mittelbar für allgemeine soziale Zwecke nutzbar gemacht werden. Denn teilweise werden aus den erhöhten Einnahmen neue unentbehrliche Mittel für eine segensreiche und stark betonte Betätigung der V.-Anstalten auf dem Gebiete des Heilverfahrens zur Verfügung gestellt werden können. Neue größere Ausgaben werden möglich sein für die Bekämpfung von Volkskrankheiten, besonders der Lungentuberkulose, Geschlechtskrankheiten und des Alkoholmißbrauches, Krankheiten, gegen die bisher hauptsächlich von den V.-Anstalten bei den Versicherten, ja oftmals auch bei deren Angehörigen ein Heilverfahren eingeleitet wurde.[1] Dazu werden durch größere Kapitalanlagen mannigfache Maßnahmen gemeinnütziger Art weiter gefördert werden können, für die die I.V. zur Hebung der Volkswohlfahrt bisher schon erhebliche Mittel zur Verfügung gestellt hatte. So werden die Darlehen zum Bau von Arbeiterfamilienwohnungen (342,3)[2], Ledigenheimen (19,9), sowie zur Befriedigung des kleinbäuerlichen Kreditbedürfnisses (114,2) vermehrt, die Bestrebungen der Wohlfahrtspflege (482,5), insbesondere Bau von Krankenhäusern, Genesungsheimen, Volksheilstätten usw. (105,6), sowie die Unternehmungen der öffentlichen Gesundheitspflege, z. B. Bau von Volksbädern, Schlachthäusern, Wasserleitungs-, Kanalisations- und Entwässerungsanlagen usw. (165) in größerem Umfange durch reichlichere Mittel unterstützt und endlich die Beträge für Erziehung, Unterricht und Volksbildung (81,5) erhöht werden können. Auch gesetzlich gestützt wird künftig dieser gemeinnützige Betätigungsdrang der V.-Anstalten werden, der schon bisher in glänzender Weise zutage getreten ist. Bisher konnten sich die V.-Anstalten bei ihrer allgemeinen Betätigung auf dem Gebiete des Heilverfahrens und der sozialen Fürsorge nur auf den § 18 des alten I.V.-Gesetzes stützen, wo die Heilfürsorge nur im Einzelfalle vorgesehen war. Wenn trotzdem die I.V.-Anstalten weit über den in § 18 vorgezeichneten Aufgabenkreis hinausgingen, so geschah dies mit Zustimmung und unter Förderung der Aufsichtsbehörde, des R.V.-Amtes. Die gemeinnützigen Veranstaltungen der I.V.-Träger wurden auch bei Beratung der R.V. gebilligt, so daß nunmehr in § 1274 der R.V.O. eine feste gesetzliche Grundlage für die Maßnahmen der V.-Anstalten zu allgemeinen Heil- und Gesundheitszwecken geschaffen wurde. Nach diesem Paragraphen dürfen mit Genehmigung der Aufsichtsbehörde die Mittel der V.-Anstalten dazu verwendet werden, „allgemeine Maßnahmen zur Verhütung des Eintritts vorzeitiger Invalidität unter den Versicherten oder zur Hebung der gesundheitlichen Verhältnisse der versicherungspflichtigen

---

[1] Welch große Beachtung das Heilverfahren bei den V.-Anstalten fand, beweist, daß bei ihnen im Jahre 1910 über 114000 Personen mit einem Kostenaufwand von über 21,1 Millionen Mark in Heilbehandlung genommen worden waren (vgl. A.N. 1912, S. 194).

[2] Die in Klammer angegebenen Zahlen geben die Beträge in Millionen Mark wieder, die bis Ende 1911 von dem über 1,7 Milliarden Mark betragenden Gesamtvermögen der V.-Anstalten für die genannten gemeinnützigen Zwecke ausgegeben worden waren (A.N. 1912, S. 252ff.).

Bevölkerung zu fördern oder durchzuführen." Es ist sicher, daß mit dieser gesetzlichen Regelung das Gebiet der sozialen Fürsorge durch die V.-Anstalten weiterhin aufs beste ausgebaut werden wird, zumal ihnen die Einführung der H.V. nicht nur die Mittel zur Verfügung, sondern auch neue Aufgaben, z. B. Bau von Waisenhäusern, Ausgestaltung der Waisenpflege usw. stellen wird.

Neuer reicher Gewinn wird daraus dem deutschen Volke durch Stärkung der Volkskraft, Rückgang der Sterblichkeit und Hebung der wirtschaftlichen Lage des Volkes erwachsen.

Vierter Abschnitt.

Fortschritte der R.V.O. in der Unfallversicherung.

§ 15. Die fortschrittlichen Erweiterungen und Änderungen in der Unfallversicherung.

Gegenüber den bisherigen U.V.-Gesetzen bringt die R.V.O. infolge ihrer Zusammenfassung aller V.-Gesetze in eine einzige Kodifikation hauptsächlich sehr zweckmäßige Änderung in der äußeren Gestalt der U.V. So konnte das Gesetz betreffend die Abänderung der U.V.-Gesetze vom 30. Juni 1900 als Ganzes wegfallen. Denn dies enthielt ja nur neben einigen Übergangsvorschriften Bestimmungen allgemeiner Art für die U.V. und teilweise auch für die I.V., wie z. B. über Organisation und Zugehörigkeit der Schiedsgerichte, der L.V.-Ämter und des R.A.-Amtes, welche Vorschriften nun zweckmäßig durch die R.V.O. z. T. in die gemeinsamen Vorschriften des I. Buches, z. T. in das Einführungsgesetz und einige wenige in das neue U.V.-Gesetz des 3. Buches übernommen werden konnten. Ebenso verschwindet das Bauunfallversicherungsgesetz vollständig als ein besonderer Zweig der U.-Versicherung, da es sich ganz geeignet mit dem Gewerbeunfallversicherungsgesetz verschmelzen ließ. Das neue U.V.G. scheidet demgemäß die Reichsunfallversicherung nur noch in drei Teile und zwar in eine Gewerbe-, landwirtschaftliche und Seeunfallversicherung. Diese drei Teile werden nun aber nicht mehr wie bisher in sich erschöpfend behandelt, sondern in der landwirtschaftlichen und Seeunfallversicherung wird wiederholt Bezug auf Bestimmungen der Gewerbeunfallversicherung genommen, und deren Paragraphen werden für anwendbar erklärt. Dem etwa eingewandten Nachteil des Nachschlagens angezogener Paragraphen steht der Vorteil unnötiger Wiederholung inhaltlich gleicher Vorschriften gegenüber, die das an sich schon umfangreiche Gesetzeswerk nur noch vergrößert hätte. Die einheitliche Kodifikation gestattet es auch, daß einige für die gesamte Reichsversicherung geltenden Bestimmungen, die die verschiedenen U.V.-Gesetze bisher als Einzelgesetze enthalten mußten, in die entsprechenden Bücher der R.V.O. untergebracht wurden. Insbesondere konnten da die Vorschriften über die Beziehungen der U.V.-

Träger zu den anderen V.-Trägern oder anderen Verpflichteten in das 5. Buch und über das Verfahren in der U.V. in das 6. Buch übernommen werden.

Inhaltlich ist gegen früher in der U.V. nicht allzu viel geändert worden, was ja erklärlich ist, da die letzte eingreifende Reform nur bis zum Jahre 1900 zurückliegt. Dennoch sind einige nicht unwichtige Erweiterungen und Verbesserungen schon bestehender Bestimmungen durch die R.V.O. herbeigeführt worden. An erster Stelle verdient erwähnt zu werden, daß durch das neue Gesetz die Versicherungspflicht auf eine nicht unbedeutende Zahl von Betrieben neu ausgedehnt worden ist. Damit kommt man allerdings nicht dem verschiedentlich geäußerten Wunsche nach, die Versicherungspflicht der U.V. in Übereinstimmung mit der I.V. und nunmehr auch der K.V. auf beruflicher Grundlage aufzubauen. Dieses würde wesentlich das Ziel und den Grundgedanken der U.V. überschritten und auch eine ganz andere Organisation der U.V. bewirkt haben. Historisch knüpft die U.V. an das sog. Haftpflichtgesetz vom 7. Juni 1871 an und „verfolgt den Zweck, an Stelle des zivilrechtlichen Grundsatzes des Schadenersatzes eine auf öffentlichem Recht beruhende Fürsorge für die durch Betriebsunfälle Verletzten und ihre Hinterbliebenen zu setzen.“ Zur Erweiterung dieses Zweckes war es am geeignetsten, die Unfallversicherungspflicht in erster Linie nach Betrieben zu bestimmen. Da dadurch allein die Unfallversicherung erfolgreich durchgeführt werden kann, so hat die R.V.O. an dem alten Grundsatz festgehalten, wonach die Unfallversicherungspflicht auf beschäftigte Personen besonders „gefährdeter Betriebe“ erstreckt wird. Durch das Reformgesetz werden daher nur einige Lücken ausgefüllt, die die Praxis und die fortschreitende Entwicklung bei der Bestimmung der Unfallversicherungspflicht geschaffen haben. Neu werden durch sie der Versicherungspflicht in der U.V. unterstellt: Apotheken, Gerbereibetriebe, Steinzerkleinerungsbetriebe, das Dekorateurgewerbe, der Betrieb von Badeanstalten ohne Rücksicht auf die Zahl der darin beschäftigten Personen, die gewerbsmäßig betriebene oder vom Reiche, einem Bundesstaat, Gemeindeverband, einer Gemeinde oder einer anderen öffentlichen Körperschaft verwaltete Binnenfischerei, Fischzucht, Teichwirtschaft und Eisgewinnung, die erwerbsmäßigen Reittier-, Stallhaltungs- und Fahrbetriebe, das nichtgewerbsmäßige Halten von Reittieren und von solchen Fahrzeugen, die durch elementare oder tierische Kraft bewegt werden, sowie Betriebe zur Behandlung und Handhabung der Waren, wenn sie mit einem kaufmännischen Unternehmen verbunden sind, das über den Umfang des Kleinbetriebes hinausgeht (soweit diese letzteren nicht bereits schon nach dem alten Gewerbe-U.V.G. versichert waren[1].) Eine Erweiterung des Kreises

[1] Bisher war die Versicherungspflicht für das „Handelsgewerbe“ (jetzt „kaufmännische Unternehmen“ genannt, welcher Ausdruck die Genossenschaften mit umfaßt) abhängig gemacht von dem Eintragen in das Handelsregister, was sehr verschieden im Deutschen Reiche gehandhabt wurde und zu Verschiedenheiten in der Versicherungspflicht gleichartiger Betriebe führte.

der unfallversicherungspflichtigen Betriebe bedeutet schließlich noch die Bestimmung, daß Gewerbebetriebe, in denen Tiefbauarbeiten ausgeführt werden, nach ihrem ganzen Umfange in die U.V. einbezogen werden, selbst wenn die Tiefbauarbeiten den kleineren Teil des Betriebes ausmachen.

Wie in so manchen anderen Fällen konnte natürlich auch bei der neuen Bestimmung der versicherungspflichtigen Betriebe die R.V.O. verschiedenen Forderungen nicht entsprechen. U. a. war z. B. vielfach angestrebt worden, die gesamten Gast- und Schankwirtschafts- und Bühnenbetriebe, sowie die Feuer- und Wasserwehren in die U.V. einzubeziehen. Gegen die Versicherung der gesamten Gast- und Schankwirtschaftsbetriebe sprach, daß man die reichsgesetzliche Einbeziehung von Kleinbetrieben, die dabei mit in Frage gekommen wären, grundsätzlich wegen verschiedener Schwierigkeiten vermeiden wollte, wenn sie nicht eine besondere Unfallgefahr in sich bergen. Hotelbetriebe aber unterliegen bereits teilweise der Versicherung auf Grund des Gesetzes (z. B. Küchenbetriebe, wenn darin mindestens 10 Personen beschäftigt werden oder die Stallungs- und Lagereibetriebe u. a. m.). Daß in solchen großen Gastwirtschaftsbetrieben nicht auch zugleich das zum Bedienen der Gäste angestellte Personal versichert wird, trägt lediglich dem Grundgedanken der U.V. Rechnung, die nur bei besonderen Berufsgefahren eine gewisse Sicherung und einen Ausgleich bei Unfällen schaffen will. Der Kellnerberuf kann aber nicht schlechthin als gefährlich angesehen werden. Ähnlich ist die Sachlage bei den Bühnenbetrieben, von denen gleichfalls nur „technische" Teilbetriebe der U.V. unterliegen, während z. B. Sänger, Schauspieler, Künstler und Chorpersonal noch außerhalb der reichsgesetzlichen U.V. stehen. Bei manchen dieser nichtversicherten Personen ist nun allerdings die berufsmäßige Tätigkeit mit recht erheblicher Gefahr verbunden (man denke an Variétékünstler), so daß man trotz der versicherungstechnischen Schwierigkeiten, die besonders in der Aufbringung der Mittel für die Versicherung solcher Personen (Umlage- oder Kapitaldeckung?) zu suchen sind, die Versicherungspflicht für die gesamten Bühnenbetriebe wünschen könnte. Vielleicht ist es möglich, in dem in Angriff genommenen Reichstheatergesetz die U.V. der Bühnenmitglieder mit zu regeln.[1] Durchaus anzuerkennen wäre auch die Unfallfürsorge für Personen der Feuer- und Wasserwehren. Da aber bei den freiwilligen Feuerwehren die für die Durchführung der U.V. nötigen Voraussetzungen wie Unternehmer und Arbeiter, Umlegung der Beiträge, Jahresarbeitsverdienst, Lohnnachweis usw. nicht

[1] Ratsam würde es dabei sein, für sie eine besondere Berufsgenossenschaft zu gründen, die in ihrer Organisation ähnlich wie die schon jetzt bei einigen Berufsgenossenschaften errichteten Zweiganstalten und die neuerrichtete B.G. der Privatfahrzeug- und Reittierbesitzer den besonderen Verhältnissen Rechnung trägt. Namentlich dürfte es sich empfehlen, die zur Versicherung nötigen Mittel durch feste Prämien für Unternehmer nach einem Prämientarif aufzubringen und durch die Gemeinden einziehen zu lassen. Die Erteilung des Aufführungsrechtes von Vorstellungen könnte u. a. von dem Nachweis der gezahlten Prämien abhängig gemacht werden, was die erfolgreiche Durchführung der Versicherung sichern würde.

zutreffen, so sind sie für die reichsgesetzliche U.V. kaum geeignet. Hätte man aber nur die gewerbsmäßig betriebenen Feuer- und Wasserwehren versichert, so wäre dies eine ungerechte Benachteiligung der Schwesterunternehmungen gewesen, die sich freiwillig in den öffentlichen Sicherheitsdienst stellen. Um so freudiger wird man es begrüßen, daß dennoch, wie der Staatssekretär des Innern Dr. Delbrück bei der Beratung der R.V.O. bemerkte,[1] durch das Reichsamt des Innern ein besonderes Gesetz betr. die Versicherung der Feuer- und Wasserwehren gegen Unfälle in Aussicht genommen ist, dessen Verwirklichung hoffentlich in nicht mehr allzu ferner Zukunft liegt.

Doch wir wollen uns nicht weiter mit den Wünschen hinsichtlich der Ausdehnung der Versicherungspflicht in der U.V. befassen. Sehen wir vielmehr, welche Wünsche die R.V.O. in Wirklichkeit in der U.V. erfüllt, und welche Fortschritte sie damit gebracht hat. Wie ehedem sind gegen die Unfälle in den versicherungspflichtigen Betrieben alle beschäftigten Arbeiter, Gehilfen, Gesellen, Lehrlinge, Betriebsbeamten, Werkmeister und Techniker ohne Rücksicht auf ihr Geschlecht und Alter versichert. Einen Fortschritt gegen früher bedeutet es dabei, daß die Gehaltsgrenze, bis zu der die Betriebsbeamten, Werkmeister und Techniker nur versicherungspflichtig sind, von 3000 auf 5000 Mark erhöht worden ist. Diese Erhöhung der Gehaltsgrenze war wie bei der K.V. eine Notwendigkeit unserer Zeit infolge der veränderten wirtschaftlichen Verhältnisse und Steigerung der Löhne. Sie wird zudem auch kaum von schädlichem Einfluß auf die finanziellen Verhältnisse der B.G. werden, wie von mancher Seite befürchtet wird. Hatten doch vor Erlaß der R.V.O. allein 38 von den bestehenden 66 gewerblichen Berufsgenossenschaften bereits satzungsgemäß die Versicherungspflicht auf Betriebsbeamte usw. bis zu einem Gehalt von 15000 Mark, ja einige sogar ohne Begrenzung des Gehaltes ausgedehnt. Als eine gewisse Ungerechtigkeit der R.V.O. kann leicht die Bestimmung der Jahreseinkommensgrenze kleiner Unternehmer versicherungspflichtiger Betriebe erscheinen. Für diese hält nach wie vor das Gesetz neben statutarischer Pflichtversicherung die Möglichkeit weitestgehender Selbstversicherung offen, doch hat man es bei der alten Einkommengrenze von 3000 Mark gelassen, bis zu der kleine Unternehmer der Versicherung angehören können, falls die Satzung der B.G. nicht eine Erhöhung einführt. Die verschiedene Abgrenzung der zulässigen U.V. für Betriebsbeamte und kleine Unternehmer nach dem Jahresarbeitsverdienst läßt sich vielleicht damit rechtfertigen, daß es dem kleinen Betriebsunternehmer bei einem ihm zustoßenden Betriebsunfall wohl meist möglich sein wird, seinen Betrieb weiter zu führen oder führen zu lassen, und dadurch sich immerhin noch seine alte Einkommensquelle zu sichern, während der Betriebsbeamte gegebenenfalls gänzlich stellenlos oder bei teilweiser Erwerbsunfähigkeit entweder keinen oder nur geringeren Lohn beziehen kann. Für die kleinen Unternehmer mit einem Einkommen

[1] I, Nr. 52 a. a. O., Teil III, S. 8.

über 3000 Mark macht sich daher die Notwendigkeit einer weiteren Ausdehnung staatlicher Fürsorge bei Betriebsunfällen nicht in dem Maße geltend, wie bei den Betriebsbeamten.

Als Fürsorgegrund kommt, wie schon mehrmals erwähnt, bei der U.V. nur der „Betriebsunfall" in Betracht. Als solcher gilt jede mit der Beschäftigung im nahen ursächlichen Zusammenhang stehende körperliche und geistige Schädigung, die eine Person in einem Betriebe plötzlich und gegen ihren Willen erleidet. Infolge dieses engen Begriffes „Betriebsunfälle" war es bisher nicht möglich, Berufskrankheiten, die man schließlich doch als das Endprodukt einzelner aufeinander folgender Unfälle ansehen kann, der U.V. zu unterstellen. Ein Arbeiter z. B., der in einer chemischen Fabrik fortgesetzt der schädlichen Einwirkung von Giften ausgesetzt war, und schließlich dadurch schwer erkrankte und erwerbsunfähig wurde, konnte bisher nur die geringe Invalidenrente, statt der höheren Unfallrente erhalten, obgleich er durch die Vergiftung ein Opfer seines Berufes genau so gut wie durch einen plötzlich eintretenden Unfall geworden war. Dies war eine Ungerechtigkeit, die einer dringenden Abänderung bedurfte, zumal ein nicht geringer Prozentsatz von Arbeitern gerade infolge Einwirkung gewerblicher Gifte oder infolge klimatischer Erkrankungen bei Ausübung ihres Berufes erwerbsunfähig werden. Leider hat die R.V.O. nicht ganz die an sie gestellte Erwartung erfüllt, die „Berufskrankheiten" kraft des Gesetzes der U.V. zu unterstellen. Nur durch Beschluß des Bundesrates soll die U.V. auf bestimmte gewerbliche Berufskrankheiten künftig ausgedehnt werden können, was hoffentlich in recht umfangreicher Weise geschieht. Da sich diese Versicherung nicht ohne Schwierigkeiten wird durchführen lassen, ist der Bundesrat gleichfalls ermächtigt worden, dafür besondere Vorschriften zu erlassen. Obgleich mit dieser Regelung der R.V.O. nicht schon die vollendete Tatsache der Versicherungspflicht für Gewerbekrankheiten geschaffen worden ist, so muß man in ihr doch eine wichtige Grundlage zu einer dringend zu wünschenden Verbesserung der U.V. erblicken.

Der oben erwähnte Jahresarbeitsverdienst ist nicht nur von Bedeutung für die Bestimmung des Versicherungsverhältnisses, sondern auch für die Berechnung der Hauptleistungen der U.V., d. h. der Unfallrenten, die als Voll- oder Teilrenten vom Beginn der 14. Woche nach dem Unfall bezahlt werden. Diese erfahren nach der R.V.O. in gewissen Fällen eine nicht ganz unwesentliche Erhöhung. Bekanntlich beträgt die Vollrente $^2/_3$ des Jahresarbeitsverdienstes, den der Verletzte während des letzten Jahres im Betriebe bezogen hat. Übersteigt jedoch der Jahresarbeitsverdienst eine bestimmte Höchstgrenze, so wird bei Bestimmung der Rente von dem die Grenze überschreitenden Betrage nur $^1/_3$ angerechnet. Künftig wird nun der ungekürzt anzurechnende Jahresarbeitsverdienst nicht mehr 1500 Mark, sondern 1800 Mark betragen. Wie sehr sich dadurch die Vollrente erhöht, ersieht man am besten aus einer kleinen Rechnung. Angenommen, einem Versicherten mit einem Jahresarbeitsverdienst von 1800 Mark werde die Vollrente wegen eines Betriebsunfalles zugebilligt. Nach dem alten Gesetze wären zur Berechnung der Rente von den 1800 Mark nur 1500 Mark voll und die übrigen 300 Mark nur zu $^1/_3$ gleich 100 Mark, insgesamt also 1600 Mark herangezogen worden, so daß sich seine jährliche Rente auf $^2/_3$ von 1600 Mark gleich 1066,66 Mark gestellt haben würde. Nach der R.V.O. sind nunmehr die 1800 Mark Jahresarbeitsverdienst ungekürzt der Rentenberechnung zugrunde zu legen. Mithin beträgt die Rente $^2/_3$ von 1800 Mark gleich 1200 Mark. Sie ist demnach um 133,34 Mark höher als die des alten U.V.-Gesetzes. Um den gleichen Betrag höher werden künftig alle Vollrenten der Versicherten mit einem Jahresarbeitsverdienst über 1800 Mark sein, z. B. berechtigte gegebenenfalls ein Jahresarbeitsverdienst von 3000 Mark in Zukunft zu einer Vollrente von 1466,67 M., der der frühere Betrag von 1333,33 Mark gegenübersteht. Die Vollrente bildet u. a. auch die Grundlage für die nach ihr berechneten Teilrenten, die bei teilweiser Erwerbsunfähigkeit gewährt werden. Für die Abfindung[1] sog. kleiner Teilrenten hat die R.V.O. folgende zu billigenden Abänderungen getroffen:

1. Als abfindbare Teilrente mit einem ihr entsprechenden Kapitalwert können mit Zustimmung der Verletzten und nach Anhören des V.-Amtes nicht nur Renten bis zu 15 %, sondern künftig Renten bis zu 20 % der Vollrente in Betracht kommen.

2. Ein ausländischer Verletzter, der seinen gewöhnlichen Aufenthalt im Ausland hat, kann in Zukunft ohne seine Zustimmung „in allen Fällen“ mit einem seiner Jahresrente entsprechenden Kapital abgefunden werden.

Mit diesen Bestimmungen ist besonders für die Geschäftsführung der B.G. eine Vereinfachung erreicht worden, während die Berechtigten kaum eine Schmälerung ihrer Rechte darin erblicken werden. Im übrigen erhalten die Leistungen der U.V. nach der R.V.O. nur durch kleinere Abänderungen der alten Vorschriften noch einige geringe Vergünstigungen für die Berechtigten. Es sind dies hauptsächlich:

1. Die sog. Hilfslosenrente (Erhöhung der in der Regel zustehenden Vollrente) wird künftig schon bei teilweiser Erwerbsunfähigkeit gewährt, wenn der Verletzte infolge des Unfalles so hilflos ist, daß er nicht ohne fremde Wartung und Pflege bestehen kann.

2. An die Verwandten der aufsteigenden Linie eines verstorbenen Verunglückten kann eine Rente schon dann gewährt werden, wenn sie von dem Verstorbenen vor dem Unfalle „wesentlich“ unterhalten worden sind, während sie früher die Hälfte der Kosten ihres Lebensunterhaltes von ihm bezogen haben mußten.

Die Leistungen der U.V. sind im allgemeinen, abgesehen von dem Unfall mit tödlichem Ausgang, erst nach der 13. Woche des Versicherungsfalles dem Versicherten zu gewähren. Während der Wartezeit dagegen kommt unter gewissen Voraussetzungen (vgl. §§ 575—579 R.V.O.)

[1] Über die Berechnung des Kapitalwertes der abfindbaren Teilrenten hat der Bundesrat Bestimmungen zu erlassen. Sie sind neu ergangen am 21. Dezember 1912. (AN. 19 , S. 1095ff.).

die Fürsorgepflicht für den Verunglückten der K.V. oder dem Unternehmer oder Arbeitgeber zu. Um aber die spätere Unfallast durch Anwendung eines geeigneten Heilverfahrens zu erleichtern, kann eine weitschauende Verwaltung der U.V. die Unfallfürsorge unter einem gewissen Ersatzanspruch an die zur Fürsorge Verpflichteten schon während der Wartezeit übernehmen. Ein Fortschritt der R.V.O. ist es nun, daß den B.G. zur Abwendung und Erleichterung der Unfallast die Befugnis erteilt wird, gegebenenfalls vor Ablauf der 13. Woche nach dem Unfall ein vorbeugendes Heilverfahren auch in den Fällen eintreten zu lassen, in denen dem Verletzten kein Anspruch auf Unterstützung an die K.V., Unternehmer oder Arbeitgeber während der Wartezeit zusteht (z. B. höher gelohnte, nicht krankenversicherungspflichtige Betriebsbeamte). Um überhaupt die Gewährung eines Heilverfahrens durch die B.G. innerhalb der ersten 13 Wochen zu fördern, räumt das neue Gesetz den Trägern der U.V. weiterhin das Recht ein, während dieser Zeit den Verletzten jederzeit ärztlich untersuchen zu lassen, und von den K.-Kassen, dem behandelnden Arzte oder dem Unternehmer über die Behandlung und den Zustand des Verletzten Auskunft zu verlangen. Wird eine solche verweigert, so soll auf Antrag der B.G. das V.A. den Unternehmer durch eine Geldstrafe bis zu 100 Mark dazu anhalten können.

Wie bei den Leistungen der U.V. hat die R.V.O. auch bei der äußeren Organisation der U.V.-Träger, der B.G. und Ausführungsbehörden, keine besonders einschneidenden Änderungen vorgenommen. Nur zur Bildung von den bei B.G. angegliederten Zweiganstalten „für (nicht gewerbsmäßiges) Halten von Reittieren und Fahrzeugen" machten sich einige wenige neue Vorschriften notwendig. Inhaltlich sind diese z. T. dieselben, wie die schon bisher geltenden Bestimmungen für die Zweiganstalten[1] „für Bauarbeiten". Gleichwie bei den Zweiganstalten für nicht gewerbsmäßige Bauarbeiten sollen bei den Zweiganstalten für das Halten von Reittieren und Fahrzeugen die Mittel zur U.V. nach dem Kapitaldeckungsverfahren berechnet und durch feste im voraus festgesetzte Prämien auf Grund eines aller 5 Jahre vom R.V.-Amte aufgestellten Prämientarifes aufgestellt werden, während ja sonst die B.G. das Umlageverfahren in Verbindung mit dem Ausgabedeckungsverfahren bevorzugen.[2] Auch sog. Nachweise über die verwendeten Arbeitstage und über das den Versicherten gewährte Entgelt müssen die Privatunternehmer für jedes Kalendervierteljahr bei der von der obersten Verwaltungsbehörde bestimmten Behörde einreichen, in deren Bezirk die versicherten Tätigkeiten ausgeführt werden. Diese Nachweise werden sodann von der Behörde geprüft, gegebenenfalls ergänzt, bescheinigt und durch Vermittlung des V.-Amtes an den Genossenschaftsverband weitergegeben, der

[1] Im alten Bauunfallversicherungsgesetz wurde dafür der Name „Unfallversicherungsanstalten" gebraucht, den die R.V.O. zur deutlichen Unterscheidung von den „Invalidenversicherungsanstalten" zweckmäßig durch die neue Bezeichnung abgeändert hat.

[2] Rosin, Recht der Arbeiterversicherung. Bd. I, §§ 71 u. 72.

darauf die Prämie für jeden Unternehmer berechnet und die Heberolle aufstellt. Auf Grund der Heberolle haben sodann die Gemeinden die Prämien von den betreffenden Unternehmern ihres Bezirkes einzuziehen und binnen einem Monat unter Anrechnung einer Gebühr an das zuständige Organ der Genossenschaft einzusenden. Man ersieht aus diesen in kurzen Umrissen wiedergegebenen Sonderbestimmungen für die Zweiganstalten für das Halten von Reittieren und Fahrzeugen, daß sie fast dieselben sind, wie bei denen für Bauarbeiten. Ihre Schilderung hätte sich damit eigentlich als nichts wesentlich Neues erübrigt. Ich bin dennoch auf sie kurz eingegangen, da sie auch für die infolge der Durchführung der R.V.O. neugegründeten „B.G. der Privatfahrzeug- und Reittierbesitzer" in Berlin (für das ganze Deutsche Reich) Geltung hat, deren Organisation[1] dadurch von allen anderen bestehenden B.G. abweicht.

Übrigens ist es bei der Neugründung der B.G. infolge der Ausdehnung der Versicherungspflicht auf neue Betriebe und Tätigkeiten nicht allein geblieben. Es haben sich ihr noch angeschlossen die Neugründung der „Detailhandels-B.G." in Berlin (für das Gebiet des ganzen Reiches), sowie der landwirtschaftlichen Gärtnerei-B.G. in Cassel (für das Gebiet des Reiches mit Ausnahme von Bayern, Königreich Sachsen, Hessen, Braunschweig, Schaumburg-Lippe, Bremen, Hamburg und Elsaß-Lothringen.[2])

Hat die äußere Organisation im allgemeinen keine einschneidenden Veränderungen durch die R.V.O. erfahren, so sind andererseits bei ihrer inneren Organisation mehrere folgenreiche Veränderungen und Erweiterungen auf das Gewinnkonto des Reformgesetzes zu schreiben. Wie bei der K.V., so suchte auch hier der Gesetzgeber besonders die Angestelltenfrage zu lösen. Waren doch auch aus den Kreisen der Angestellten der B.G. lebhafte Klagen über ihre Anstellungs- und Besoldungsverhältnisse laut geworden trotz der Dienstordnung, die nach dem alten U.V.G. der Vorstand der B.G. mit Zustimmung des R.V.-Amtes aufzustellen hatte. Die Klagen richteten sich, wie in der Kommissionsberatung ausgeführt wurde, gegen die Unzulänglichkeit der erlassenen Dienstordnung, die insbesondere auf zahlreiche z. T. lange

---

[1] Der Grund für die Gründung dieser neuen B.G. lag in den ganz verschiedenen Interessen der gewerbsmäßigen Fuhrwerks- und Binnenschiffahrtsunternehmer sowie der nicht gewerbsmäßigen Reittier- und Fahrzeugbesitzer. Dazu kam, daß letztere auf die Verwaltung der Zweiganstalten nur einen mangelhaften Einfluß gehabt hätten, was bei Aufstellung des Prämientarifes und der Unfallverhütungsvorschriften leicht zu einer Benachteiligung hätte führen können. Die neugegründete B.G. wird endlich auch besser das Halten von Privatautomobilen und -Luftschiffen der U.V. unterstellen können.

[2] Mit diesen neuen B.G. ist nunmehr die Gesamtzahl der gewerblichen B.G. auf 68 und der landwirtschaftlichen B.G. auf 49, insgesamt also auf 117 B.G. gestiegen. Zu ihnen kommen z. Z. als Träger der U.V. noch 191 Ausführungsbehörden von Reichs- und Staatsbetrieben, sowie 362 Ausführungsbehörden von Gemeinden und anderen öffentlichen Körperschaften hinzu, welch letztere gemäß § 628 der R.V.O. zur Übernahme der durch die U.V. entstehenden Lasten von der obersten Verwaltungsbehörde für leistungsfähig erklärt worden sind (A.N. 1912, S. 1035ff.: Verzeichnis d. Träger d. U.V.).

Zeit im Dienste der Genossenschaft beschäftigte Personen überhaupt keine Anwendung gefunden hätten. Dazu sollen die Hilfsarbeiter gegenüber den Beamten überwogen haben, die Besoldung unzureichend gewesen sein, die Beamten statt vom Vorstande der B.G. von dem parteiischen Geschäftsführer angenommen und die Erledigung von Streitigkeiten durch Schiedsgerichte vielfach zu ungunsten der Berufsgenossenschaftsbeamten geregelt worden sein. Die R.V.O. sucht dem abzuhelfen, indem sie nunmehr allgemein geltende Grundsätze für die aus den Dienstverhältnissen sich ergebenden Streitigkeiten und für die Dienstordnung über Vor- und Ausbildung der Beamten, Form und Recht der Anstellung (ob auf Lebenszeit oder auf Kündigung), Kündigungsfrist, Entlassungsgründe, Disziplinierung, Gehaltsstufen für die einzelnen Beamtenklassen, Ruhegehalt und Hinterbliebenenversorgung aufstellt. Eine hinreichende Besserung verspricht dabei die dem R.V.-Amte neu eingeräumte Befugnis, „bei Genehmigung der Dienstordnung auch materiell zugunsten der Angestellten einzugreifen.“[1]

Befriedigung werden u. a. ebenfalls die in Verbindung mit der Finanzreform vom 15. Juli 1909 gebrachten Abänderungen und neuen Bestimmungen über die sog. Postvorschüsse erwecken. Nach dem alten U.V.G. erfolgte die Auszahlung der Beträge für Entschädigungen der B.G. durch die Post in der Weise, daß die letztere die Geldsummen zinsfrei auslegte, und am Ende jedes Rechnungsjahres den Vorständen der B.G. liquidierte. Durch Artikel I § 6 der genannten Finanzreform sind jedoch die von der Post zuvor zinsfrei geleisteten Vorschüsse für Rentenzahlungen der B.G. weggefallen. Dafür ziehen nunmehr die obersten Postbehörden vom 1. Januar 1910 ab von jedem Träger der U.V. vierteljährlich oder monatlich einen Vorschuß in der Höhe des Betrages ein, der im Laufe des Geschäftsjahres voraussichtlich zu zahlen ist. Um diese Umänderungen zu erleichtern, wurden die Summen, die die Postbehörden für das Geschäftsjahr 1909 noch vorschußweise für die U.V.-Träger gezahlt hatten, in eine schwebende Schuld der einzelnen B.G. verwandelt, die in 20 Jahren mit $3\,^1/_2\,\%$ des jeweiligen noch nicht getilgten Betrages zu verzinsen und zugleich mit $3\,^1/_2\,\%$ zuzüglich der ersparten Zinsen zu tilgen ist. $^2/_5$ dieser Beträge an Zinsen und Tilgung trägt das Reich, während die übrigen $^3/_5$ die Genossenschaften im Juli jedes Jahres mit dem dann fälligen Teilbetrage des Postvorschusses an die Postbehörden abzuführen haben. Die Vorschriften des Art. I § 6 des Finanzgesetzes vom 15. Juli 1909 (R.G.Bl. S. 743) sind inhaltlich in die R.V.O. und deren Einführungsgesetz aufgenommen und in Verbindung mit anderen Bestimmungen weiter ausgestaltet worden. So ist durch Art. 55 des Einführungsgesetzes der R.V.O. den Trägern der U.V. die Möglichkeit gegeben,

---

[1] Das R.V.A. hat inzwischen bereits eine Musterdienstordnung für die Angestellten der B.G. erlassen, die, mit Vertretern des Verbandes der deutschen Berufsgenossenschaften und Vertretern der Angestellten der B.G. beraten, sicherlich die Anerkennung aller interessierten Kreise finden und alte Klagen verstummen lassen wird (A.N. 1912, S. 1104ff.).

mit Genehmigung des Reichskanzlers innerhalb des 1. Jahres nach dem Inkrafttreten des 3. Buches der R.V.O. (1. Januar 1913) sich von der Last der allmählichen Abtragung der schwebenden Schuld und deren Verzinsung durch eine einmalige Zahlung an die Post zu befreien. Desgleichen bleibt es den B.G. überlassen, nach Befinden von ihren Mitgliedern Vorschüsse auf die Beiträge einzuziehen, während dies ihnen durch Abs. 2 des § 6 des angezogenen Finanzgesetzes zur Pflicht gemacht worden war. Außer Baugewerbsberufsgenossenschaften und B.G. mit Zweiganstalten werden von dieser Befugnis der Vorschußeinziehung künftig kaum andere B.G. Gebrauch machen, da sich infolge der Notwendigkeit der jährlichen Verrechnung dieser Vorschüsse auf die endgültigen Beiträge jedes einzelnen Mitgliedes und der anteiligen Zurückerstattung der Vorschüsse an ausgeschiedene Mitglieder eine erhebliche geschäftliche Mehrbelastung ergibt. Die meisten B.G. werden vielmehr auch die Mittel zur Deckung des Postvorschusses nun durch endgültig zu erhebende höhere Mitgliederbeiträge aufbringen und höchstens Vorschüsse auf Grund des § 738 der R.V.O. von Betrieben von voraussichtlich vorübergehender Dauer und von einzelnen Mitgliedern fordern, die mit der Zahlung der Beiträge wiederholt in Verzug gewesen sind.

Zur Sicherung der Beitrags- und Prämienforderungen vor allem der Baugewerbsberufsgenossenschaften sollen überdies einige neue Vorschriften der R.V.O. dienen. Die alten von der R.V.O. wieder aufgenommenen Verfügungen über die Haftung des Bauherrn oder der Zwischenunternehmer für die Versicherungsbeiträge, falls Unternehmer eines gewerblichen Baubetriebes mit deren Zahlung rückständig geblieben sind und sich in einem Zwangsbeitreibungsverfahren als zahlungsunfähig erwiesen haben, waren nicht hinreichend genug gewesen. Sie haben nicht vermeiden können, daß z. B. im Jahre 1904, wie eine Aufstellung des Verbandes der deutschen Baugewerksberufsgenossenschaften nachweist, bei den einzelnen dem genannten Verbande angehörenden B.G. die Ausfälle 1,05 bis sogar 3,49 % der Gesamtumlage oder 1,15 bis 31,25 % der gesamten eingenommenen Prämien betrugen. „Auch die am 1. April 1907 in Kraft getretene Novelle zur Gewerbeordnung vom 7. Januar, wonach unzuverlässigen Personen der Betrieb eines Gewerbes als Bauunternehmer oder Bauleiter untersagt werden kann (§ 35 Abs. 5 der Gewerbeordnung) konnte für sich allein keinen durchgreifenden Wandel schaffen, weil die Tatsache der Unzuverlässigkeit im allgemeinen erst feststellbar ist, nachdem die Gläubiger und auch die B.G. geschädigt worden sind.“[1] Um daher die Baugewerks-B.G. vor beträchtlichen Beitragsausfällen wirksamer zu schützen, soll künftig die oberste Verwaltungsbehörde eines jeden Bundesstaates bestimmen können, daß die Bauherrn vor Beginn des Baues den Baugewerks-B.G. Sicherheit für die Zahlung der Beiträge oder Prämien leisten. Da der Gesetzgeber bei diesen Vorschriften hauptsächlich die Verhältnisse in größeren Städten im

[1] I, Nr. 50, S. 324ff.

Auge hatte, wo die Bauspekulation unsichere Unternehmer hervorruft, so soll von den gleichen Behörden bestimmt werden, für welche Gemeinden und Art der Bauten die Forderung der Sicherheitsleistung gelten soll. Bei solchen Bauten wird die Bauerlaubnis erst erteilt werden dürfen, wenn die Genossenschaft den Empfang der Sicherheitsleistungen für die U.V. bescheinigt hat. Damit dürften die Beiträge und Prämien bei den Baugewerks-B.G. am besten als gesichert gelten.

In den Mitgliederbeiträgen bezüglich Prämien der U.V. sind Zuschläge zu den nach dem Umlageverfahren ermittelten Entschädigungsbeträgen inbegriffen, die zur Ansammlung einer Rücklage (Reservefonds) dienen. Für dessen Bildung und Höhe hat die R.V.O. neue bedeutsame Grundsätze aufgestellt. Die Rücklagen haben neben der Sicherstellung künftig vor allem den Zweck, von einem bestimmten Zeitpunkt, nach der Reform der U.V.-Gesetze vom 30. Juni 1900 meist vom Jahre 1922 an[1], mit Hilfe ihrer Zinsen den Übergang von den „jährlich steigenden“ Umlagebeiträgen der B.G. zu „dauernd gleichen“ Beiträgen zu ermöglichen. Es hat sich gezeigt, daß durch das im Jahre 1884 gewählte Umlageverfahren, das lediglich den jeweiligen, tatsächlichen Bedarf des vergangenen Geschäftsjahres durch Umlagen nach Zahl und Lohnsumme der Versicherten decken will, der Zukunft zugunsten der Gegenwart eine immer schwerere Mehrbelastung auferlegt worden wäre.[2] Den besten Beweis dazu lieferte das stete erhebliche Wachsen der Unfallbeiträge, das noch heute in der bedenklichsten Weise zunimmt und weiter zunehmen wird. Die Steigerung der Beiträge wird um so bedenklicher in Zeiten wirtschaftlicher Krisen. Nehmen in jenen Zeiten Arbeiterzahl und Lohnsummen ab, so vermindern sich nicht auch, wie man glauben könnte, die durch die Beiträge aufzubringenden Ausgaben für Unfallentschädigung. Infolge der Natur des Umlageverfahrens steigen vielmehr die Unfalllasten. Denn dann werden die Umlagebeiträge in doppelter Weise erhöht, indem einmal die durch Lohnsumme und Zahl der Versicherten zu teilende Entschädigungssumme wächst, andererseits aber die Lohnsumme und die Zahl der Versicherten selbst abnimmt.

Hierdurch kann nicht nur der Unternehmer stark geschädigt werden, da er die Steigerung selten voraussehen und bei Festsetzung seiner Warenpreise nicht genau einrechnen kann, sondern auch die Konkurrenzfähigkeit der deutschen Unternehmer auf dem Weltmarkte kann ernstlich in Frage gestellt werden. Denn im Ausland wird, soweit es überhaupt eine staatliche U.V. durchgeführt hat, nicht das Umlageverfahren, sondern meist das Prämienverfahren mit seinen gleichbleibenden und von der schwankenden Zahl der Versicherten und Lohnsummen unabhängigen Prämien bevorzugt. Die ausländischen

[1] Der Beharrungszustand in der Höhe der Umlagebeiträge tritt bei 5 B.G. erst nach dem Jahre 1922 ein, da diese Anfang des Jahres 1901 entweder noch nicht 11 Jahre bestanden hatten oder erst danach gegründet worden waren. Z. B. wird er bei den oben angeführten neugegründeten B.G. nach den geltenden Bestimmungen erst in 32 Jahren, d. h. Anfang des Jahres 1935 eingetreten sein.

[2] Eingehende finanzielle Begründung hierzu I, Nr. 50. Anl. Abschn. 5.

Unternehmer können daher stets mit einem gleichbleibenden Faktor bei Berechnung ihrer Preise rechnen und brauchen nicht zu befürchten, daß durch plötzliche Steigerung ihres Unfallbeitrages ihre Voranschläge gefährdet werden. Diesen Nachteil des Umlageverfahrens mit seinen steigenden Beiträgen möglichst bald auszugleichen war bereits u. a. das Ziel des Reformgesetzes vom Juni 1900. Dieses strebte für jede B.G. die Ansammlung einer Rücklage in solcher Höhe an, daß deren Zinsen ausreichen sollten, eine weitere Steigerung des auf eine jede versicherte Person entfallenden Umlagebeitrages zu beseitigen. Die dann dauernd in gleicher Höhe zu zahlenden Beiträge sollten etwa in der Mitte zwischen dem Höchstbeitrag des Umlagebeitrages und dem Beitrage nach dem Kapitaldeckungsverfahren liegen. Diese Absicht verfolgt nun auch weiter die R.V.O. Nur ändert sie die Bestimmungen über die Aufbringung der Rücklagen entsprechend den Wünschen der B.G. ab[1], soweit es ohne Gefährdung der wirtschaftlichen Grundlage der U.V. angängig war. Man hält dabei grundsätzlich daran fest, zur Bildung der Rücklage Zuschläge zu den Entschädigungsbeiträgen zu erheben.[2] Bei den Vorschriften über die Rücklage sind aber folgende fortschrittlichen Verbesserungen des alten Gesetzes vorgenommen worden:

1. Die Höhe der Rücklage wie die Zuschläge zu ihr sind in ein bestimmtes Verhältnis zu den Entschädigungsbeiträgen jeder einzelnen B.G. gebracht, und dadurch den schwebenden Rentenverpflichtungen möglichst angepaßt worden. Laut § 34 des Gewerbe-U.V.-Gesetzes vom Jahre 1900 sollten zur Erhöhung der Rücklagen, die man durch Zuschläge in mindestens 11 Jahren nach Gründung der B.G. angesammelt hatte, weitere 21 Jahre in gleitender Staffel für je 3 Jahre 10, 9, 8 bis hinab zu 4% des jeweiligen Bestandes der Rücklage angesammelt werden. Die R.V.O. überläßt es nunmehr den B.G. selbst, die Höhe der Zuschläge zu bestimmen, und fordert nur, daß in den 21 Jahren das Dreifache der Entschädigungssummen erreicht ist, die in dem Jahre des letzten Zuschlages an die berechtigten Versicherten zu zahlen ist.

2. Durch die genaue Begrenzung der Höhe der Rücklage wird dem durch den fortdauernden Zuschlag der Zinsen ermöglichten, unbegrenzten Anwachsen der Rücklagen einzelner B.G. nicht nur ein festes Ziel gesetzt, sondern die Zinsen der Rücklagen, die während der 21 Jahre entstehen, sollen sogar nach der R.V.O. zur Deckung der laufenden Ausgaben verwendet werden können.

3. Auch kann künftig mit Zustimmung des R.V.-Amtes durch Verlängerung der Ansammlungspflicht von 21 Jahren auf 31 Jahre den besonderen Verhältnissen der B.G. Rechnung getragen werden. Unverhältnismäßig hohe Zuschläge, die sonst mitunter nötig geworden wären, lassen sich durch diese Verlängerung billigerweise vermeiden.

---

[1] Zu diesem Zwecke hatten im Reichsamt des Innern über diesen Gegenstand mit den Hauptvertretern der deutschen B.G. Erörterungen am 3. Januar 1908 stattgefunden (I, Nr. 52, a. a. O. III. Teil, S. 140).

[2] I, Nr. 50, S. 742ff.

4. Ist der nach 1 aufgebrachte dreifache Betrag in 21 Jahren erreicht, so soll gleich dem früheren Ziele ein Teil der Rücklagezinsen das weitere Steigen der Umlagebeiträge verhindern. Doch soll für die Ermittlung der durchschnittlichen Höhe des von da ab zu zahlenden, stets gleichen Umlagebeitrags nicht mehr das Verhältnis der Entschädigungsbeiträge zu der ganz unbestimmten und willkürlich zu berechnenden Zahl der versicherten Personen, sondern zu der durch die Lohnnachweisungen genau festgestellten Summe der verdienten Löhne maßgebend sein.

5. Schließlich ist noch das Anwachsen der Rücklagen über den halben Kapitalwert der jeweiligen Entschädigungspflichten nach dem Beharrungszustand durch die R.V. ausgeschlossen worden.

Trotz der eingehenden Berechnungen[1], auf die sich diese Abänderungen bez. der Ansammlungen und Höhe der Rücklagen stützen, hat man doch eine baldige Nachprüfung dieser Bestimmung durch Heranziehen eines noch umfangreicheren Materials für nötig erachtet. Das Einführungsgesetz zur R.V.O. bestimmte, daß im Jahre 1913 die Vorschriften über die Rücklagen dem Reichstage zur erneuten Beschlußfassung vorgelegt werden sollte, was jedoch z. Z. der Drucklegung dieser Abhandlung noch nicht geschehen ist. Ob ihr Ergebnis eine Abänderung bringen wird, bleibt abzuwarten. Möglicherweise wird die Höhe der Rücklage nach 21 Jahren nicht auf den dreifachen, sondern nur auf den doppelten Betrag der im letzten Jahre gezahlten Entschädigungssumme festgesetzt werden, da man glaubt, daß durch die jetzigen Bestimmungen der R.V.O. die Gegenwart noch immer zu sehr auf Kosten der Zukunft belastet werde.[2]

Eine der wesentlichsten Fortschritte in der U.V. ist endlich mit dem „Einspruchsrecht“ der Berechtigten gegen die Festsetzung der Leistungen durch die B.G. auf Grund des Feststellungsverfahrens erreicht worden. Hat sich in einem Betriebe oder bei einer versicherten Tätigkeit ein Unfall zugetragen, so ist nach wie vor der Unternehmer oder der Betriebsleiter binnen 3 Tagen, nachdem sie davon erfahren haben, zur Unfallanzeige bei der zuständigen Ortspolizeibehörde und der durch die Versicherungssatzungen bestimmten Stelle der Versicherungsträger verpflichtet. Die Ortspolizeibehörde hat ihrerseits von Amts wegen, selbst wenn also keine Unfallanzeige vorliegt, den Unfall sobald als möglich zu untersuchen, wobei die Vertreter der verschiedenen in Betracht kommenden Interessen teilnehmen können.[3] Neu ist, daß die Untersuchung von dem Verletzten nicht nur bei der Polizeibehörde, sondern auch bei dem V.-Amte beantragt werden kann, das darauf die Ortspolizei veranlaßt, dem Antrag zu entsprechen. Auch wird sich künftig u. a. der Vorsitzende des V.-Amtes bei der Untersuchung beteiligen und durch geeignete Anträge auf eine möglichst erschöpfende Aufklärung des Sachverhaltes hinwirken können. Nach Abschluß der Untersuchung übersendet die Ortspolizeibehörde

---

[1] Finanzielle Begr. zur R.V.O.: I, Nr. 50, a. a. O. Anlagen Abschn. 5.
[2] I, Nr. 52, a. a. O. III. Teil, S. 135ff.
[3] Vgl. § 1562 R.V.O.

das Protokoll der Verhandlung dem V.-Träger, der durch seinen Vorstand oder, wenn die B.G. in Sektionen eingeteilt ist, durch den betreffenden Sektionsvorstand die für den Unfall zu gewährende Entschädigungsleistung von Amts wegen feststellt. Häufig machen sich zur Aufklärung des Sachverhaltes usw. weitere Ermittelungen durch die B.G. nötig, zu der nach der R.V.O. die V.-Ämter mit beitragen sollen. Insbesondere soll diesen die Vernehmung von Zeugen und Sachverständigen, sowie eine erneute Besichtigung des Unfallortes übertragen werden. Ist eine eingehende Ermittelung des Unfalles durch die V.-Träger erfolgt, so fällt der Vorstand der B.G. die Entscheidung. Die Vorschriften hierüber sind gegenüber den alten U.V.-Gesetzen wesentlich abgeändert. Zunächst ist der sog. Vorbescheid gänzlich beseitigt worden, den die V.-Träger nach Ablehnung oder Bewilligung einer Entschädigung dem Verletzten oder im Falle seines Todes seinen entschädigungsberechtigten Hinterbliebenen nach den alten Gesetzen zu erteilen hatten. Man hat diesen Vorbescheid als unzweckmäßig fallen lassen, da nur in den seltensten Fällen zu ihm von den Berechtigten durch schriftliche Erklärung Stellung genommen wurde, wie es das U.V.G. zuließ. Die R.V.O. kennt nur noch einen Bescheid, in dem den Berechtigten die Beschlußfassung des Vorstandes mitgeteilt wird. Gegen diesen Bescheid kann künftig binnen Monatsfrist schriftlich Einspruch bei dem zuständigen V.-Träger erhoben werden. Geschieht dies rechtzeitig, so hat ein sog. Einspruchsverfahren stattzufinden, wodurch die Einspruch erhebende Person das Recht gewinnt, persönlich vor der B.G. oder vor dem objektiven V.-Amt seine Interessen zu vertreten, neue Beweismittel zu erbringen, das Gutachten eines Arztes seiner Wahl (wenn dies nach Ansicht des V.-Amtes notwendig ist, kostenlos, sonst auf eigene Kosten) zu betreiben, seinen körperlichen Zustand in Augenschein nehmen zu lassen und Mängel des Feststellungsverfahrens zu rügen. Jedoch nicht nur auf Antrag des Berechtigten, sondern sogar von Amts wegen soll nach der R.V.O. künftig ein sog. „erweitertes Einspruchverfahren" dann stattfinden, wenn eine Dauerrente infolge der Veränderung des Zustandes oder der Verhältnisse des Rentners erneut festgestellt werden muß. In diesem Falle erfolgt dann stets die Vernehmung des Berechtigten vor dem V.-Amte. Dazu kommt, daß die Sache außerdem noch vor dem V.-Amte unter Zuziehung von je einem Vertreter der Arbeitgeber und der Versicherten in mündlicher, nicht öffentlicher Verhandlung erörtert wird, wobei sich die B.G. durch einen Vertrauensmann vertreten lassen und der Berechtigte einen Beistand zuziehen kann. Nach dieser Verhandlung erstattet das V.A. ein Gutachten, worauf die zur Feststellung der Entschädigung berufene Stelle den Endbescheid erläßt. Mit diesem erweiterten Einspruchsverfahren hat man einen notwendigen Ersatz für die Beschränkung des Rekursrechtes an die L.V.-Ämter und das R.V.-Amt geschaffen. Denn wie bereits oben (vgl. S. 33) gezeigt wurde, sollen die Rekurse gegen die Festsetzungen der Leistungen der B.G. in nicht wenigen Fällen die O.V.-Ämter endgültig entscheiden. Nur hauptsächlich bei der erstmalig festgesetzten Dauerrente, wo das erweiterte Einspruchsverfahren nicht vorgeschrieben ist, soll auch weiterhin der Rekurs gegen die von den O.V.-Ämtern auf eine Berufung hin getroffene Entscheidung an die höchste Schiedsinstanz, das R.V.A., zugelassen sein. Das neugeschaffene Einspruchsverfahren bringt somit doppelten Vorteil. Einmal wird durch das persönliche Zuziehen vor der endgültigen Feststellung der Leistungen eine bessere Beurteilung der vorliegenden Verhältnisse ermöglicht und sogleich zum großen Teil das oft unbegründete Mißtrauen der Versicherten gegen die B.G. beseitigt werden. Andererseits werden nicht nur durch das wachsende Vertrauen zu den Feststellungen mit dem neuen Einspruchsrecht die häufigen Streitigkeiten über die Leistungen der B.G. verringert, sondern es wird auch der Rechtsweg vereinfacht und das zur Zeit stark belastete R.V.A. entlastet werden. In dem Ausschluß des Rekursrechtes an das R.V.A., besonders in Streitigkeiten über vorläufige Renten und Neufestsetzung von Dauerrenten, kann man keineswegs etwa eine Verschlechterung oder Beschränkung des Rechtes der Beteiligten erblicken, da der Einspruch und das erweiterte Einspruchsverfahren mit ihren Verhandlungen vor dem mit den örtlichen Verhältnissen vertrauten V.-Amte einen recht geeigneten Ausgleich geschaffen haben. Ja in dem Falle, wo das Rekursrecht an das R.V.A. weiter zulässig ist, d. h. also besonders bei der erstmaligen Festsetzung der Dauerrente, ist sogar gegen früher eine wesentliche Verbesserung geschaffen worden. Denn hierbei steht dem Berechtigten nicht wie ehedem allein der Rekurs bei den beiden Schiedsinstanzen, dem O.V.A. und dem R.V.A., zu, sondern vor Einlegung der Berufung kann auch noch der Einspruch erhoben werden.

Zum Schlusse möge noch einer Neuerung gedacht werden, die die R.V.O. mit der genauen Unterscheidung von „vorläufigen Renten" und „Dauerrenten" der U.V. zur besseren Systematik des Gesetzes eingeführt hat. Eine Dauerrente ist spätestens 2 Jahre nach dem Unfall festzusetzen und kann nur in Zeiträumen von mindestens einem Jahre durch ein erneutes Feststellungsverfahren erhöht oder vermindert werden. Während der ersten 2 Jahre hingegen braucht nur eine vorläufige Rente festgestellt zu werden, die jeder Zeit durch ein neues Feststellungsverfahren abgeändert werden kann. Die freiere Beweglichkeit in der Festsetzung der Rente innerhalb der ersten Jahre rechtfertigt folgende Tatsache. „In der Regel sind die Verletzungen infolge eines Unfalles erst innerhalb eines bestimmten längeren Zeitraumes soweit ausgeheilt und in ihrer Beeinflussung der Erwerbstätigkeit ausgeglichen, daß ein Beharrungszustand eingetreten ist, der lediglich als die endgültige Folge eines Unfalles angesehen und der definitiven Entscheidung zugrunde gelegt werden kann."[1] Die angeführte genaue Unterscheidung ist vor allem bei Streitigkeiten von Bedeutung. Bei den vorläufigen Renten und den erstmalig festgesetzten Dauerrenten kann der Berechtigte nach Erhalt des Bescheides Einspruch erheben, während bei der Abänderung einer Dauerrente stets schon von Amts

---

[1] I, Nr. 52, a. a. O., Teil VI, S. 93.

wegen das sog. erweiterte Einspruchsverfahren Platz greift. Wird dann gegen den ergangenen Endbescheid Berufung eingelegt, so ist der Rechtsweg bei den vorläufigen Renten und Dauerrenten ein verschiedener. Vorläufige Renten und abgeänderte Dauerrenten unterliegen künftig der endgültigen Entscheidung der O.V.-Ämter, und nur für erstmalig festgestellte Dauerrenten ist noch der weitere Rekurs an das R.V.A. und an die L.V.-Ämter möglich.

Schluß.

Rückblick und Ausblick.

Überschauen wir zum Schlusse dieser Abhandlung die mannigfachen fortschrittlichen Änderungen und einschneidenden neuen Bestimmungen der R.V.O.: mit ihrer Zusammenfassung der alten Arbeiterversicherungsgesetze, mit ihrer Neubildung der V.-Behörden und eines einheitlichen Instanzenzuges für alle Streitigkeiten in den einzelnen Versicherungszweigen mit ihrer Umgestaltung der äußeren und inneren Organisation des reichsgesetzlichen Krankenwesens, mit ihrem Ausbau der einzelnen Versicherungszweige durch Erweiterung des Kreises der versicherungspflichtigen Personen, durch Erhöhung der Versicherungsleistungen und durch viele andere sachliche Neuerungen, und endlich mit ihrer Einführung der Zusatz- und H.V., so werden wir uns nicht des Eindruckes entziehen können, daß mit der R.V.O. ein großer Schritt vorwärts in unserer deutschen Sozialgesetzgebung gemacht worden ist. Allerdings konnte die R.V.O., wie wir sahen, in vielen Punkten den an sie gestellten Erwartungen nicht entsprechen. Trotzdem werden selbst die strengsten Kritiker kaum die großen Fortschritte des neuen Reformgesetzes ohne Anerkennung übergehen können. Denen aber, die in der R.V.O. vieles vermissen und manches anders wünschten, mögen die Worte zum Troste dienen, daß nichts beständiger als der Wechsel auch hier in der R.V.O. ebenso wie in allen Dingen des menschlichen Daseins ist. „Die großen Probleme dieses unseres Rechtsgebietes“, sagt der Bonner Versicherungsrechtler Stier-Somlo, „sind noch zu jung, um nicht in dauerndem Flusse zu bleiben. Das Wesen des sozialen Rechtes läßt sich auch in der eindrucksvollen Masse der R.V.O. kein Hindernis bieten, um über das neue Werk hinaus zu höherem zu schreiten.“[1]

[1] Zeitschrift für die gesamte Vers.-Wissenschaft 1911, S. 598.

Anhang.

Rentenberechnung der Invaliden- und Hinterbliebenenversicherung.

(Ohne Berücksichtigung der Vorschriften für die Übergangszeit nach dem 1. I. 1912.)

Annahme:

Eine Person X habe zur Zeit Pflichtbeiträge nachgewiesen für:

50	Beitragswochen der Lohnklasse	I
40	„ „ „	II
50	„ „ „	III
200	„ „ „	IV
200	„ „ „	V

140 anrechnungsfähige Militär- und Krankheitswochen.
X habe 6 Kinder unter 15 Jahren.

I. Berechnung der Invalidenrente (einschließlich der Kinderzuschußrente) für X.

1. Invalidenrente.

a) Reichszuschuß: (stets) 50,— M.

b) Grundbetrag: (berechnet stets nur für die höchsten 500 Beitragswochen).

200 × 20 Pfg.	(Lohnkl. V)	40,— M.	
200 × 18 „	(„ IV)	36,— „	
50 × 16 „	(„ III)	8,— „	
40 × 14 „	(„ II)	5,60 „	
10 × 14 „	(Militär- und Krankheitsw.)	1,40 „	
/ × 12 „	(Lohnkl. I)	—,— „	
(500)	Grundbetrag:	91,— M.	91,— „

c) Steigerungssatz (berechn. für alle Beitragsw.):

50 × 3 Pfg.	(Lohnkl. I)	1,50 M.	
40 × 6 „	(„ II)	2,40 „	
50 × 8 „	(„ III)	4,— „	
200 × 10 „	(„ IV)	20,— „	
200 × 12 „	(„ V)	24,— „	
140 × 6 „	(Militär- und Krankheitsw.)	8,40 „	
	Steigerungssatz:	60,30 M.	60,30 „

Invalidenrente ohne Kinderzuschußrente: 201,30 M

2. Kinderzuschußrente (gewährt bis zu 5 Kindern in Höhe von 10% der I.R. für je 1 Kind).

201 M. 30 Pfg. 0,1 × 5 = 100,65 M.

Kinderzuschußrente:	100,65 M.
Invalidenrente:	201,30 M.
3. Invalidenrente mit Kinderzuschußrente:	301,95 M.

Die Rente ist in monatlichen Teilbeträgen zu zahlen, die auf 5 Pfg. aufgerundet sind:

301,95 M. : 12 = 25,16 M.

Die Invalidenrente mit Kinderzuschußrente von X beträgt: 25,20 M. monatlich.

II. Berechnung der Renten für die Hinterbliebenen von X.

1. Witwenrente (für die invalide Ehefrau), oder Witwerrente (für den erwerbsunfähigen Ehemann) von X. oder vorübergehende Witwenkrankenrente (nach 26 wöch. Invalidität).

a) Reichszuschuß:	50,— M.
b) $^{3}/_{10}$ des Grundbetrages der Invalidenrente: (vgl. I, 1 b) $^{3}/_{10}$ von 91,— M. = 27,30 M.	27,30 „
c) $^{3}/_{10}$ des Steigerungssatzes der Invalidenrente: (vgl. I, 1c) $^{3}/_{10}$ von 60,30 M. = 18,09 M.	18,09 „
	95,39 M.

95,39 M. : 12 = 7,95 M.

Die Witwen- bzw. Witwerrente beträgt 7,95 M. monatlich.

2. Waisenrente (für die 6 Kinder unter 15 Jahren von X, falls nach dem Gesetz überhaupt welche zu gewähren ist.)

A) Für 1 Waise:

a) Reichszuschuß:	25,—M.
b) $^{3}/_{20}$ des Grundbetrages der Invalidenrente: (vgl. I, 1b) $^{3}/_{20}$ von 91,— M. = 13,65 M.	13,65 „
c) $^{3}/_{20}$ des Steigerungssatzes der Invalidenrente: (vgl. I, 1c) $^{3}/_{20}$ von 60,30 M. = 9,05 M.	9,05 „
Für 1 Waise jährlich:	47,70 M.

B) Für jede weitere Waise:

a) Reichszuschuß:	25,— M.
b) $^1/_{40}$ des Grundbetrages der Invalidenrente: (vgl. I, 1b)	
$^1/_{40}$ von 91,— M. = 2,28 M.	2,28 „
c) $^1/_{40}$ des Grundbetrages der Invalidenrente (vgl. I, 1c)	
$^1/_{40}$ von 60,30 M. = 1,51 M.	1,51 „
Für jede weitere Waise:	28,79 M.

C) Für alle 6 Waisen also:

1 × 47,70 M. =	47,70 M.
5 × 28,79 M. =	143,95 „
	191,65 M.

Auf 1 Waise kommt hier somit (191,65 M. : 6 = 31,94 M. : 12 = 2,66 M.) eine Rente von 2,70 M. monatlich.

III. Berechnung des an die Hinterbliebenen von X einmalig zu zahlenden Witwengeldes und der Waisenaussteuer.

1. Witwengeld:

12 × Monatsbetrag der Witwenrente: (vgl. II, 1).

12 × 7,95 M. = 95,40 M.

Das einmalig beim Tode von X an die Witwe zu zahlende Witwengeld beträgt hier 95,40 M., falls die versicherte Witwe selbst die Anwartschaft aufrecht erhalten und die Wartezeit auch ihrerseits erfüllt hat.

2. Waisenaussteuer:

8 × Monatsbetrag der bezogenen Waisenrente: (vgl. II, 2)

8 × 2,70 M. = 21,60 M.

Das einmalig nach Vollendung des 15. Lebensjahres an das älteste der 6 Kinder von X zu zahlende Waisenaussteuergeld beträgt hier 21,60 M., falls die Mutter zur Zeit die Wartezeit erfüllt und Anwartschaft aufrecht erhalten hat.

Anm.: Die Waisenaussteuer der jüngeren Waisen wird immer um einen kleinen Betrag höher, da sich bei Ausscheiden der älteren Waise auch stets die Waisenrente anders (vgl. II) berechnet. Die jüngste Waise erhält nach Vollendung des 15. Lebensjahres: (vgl. II)

$$8 \times \frac{47{,}70}{12} \text{ M.} = 8 \times 4{,}00 \text{ M.} = 32{,}\text{— M.}$$

IV. Berechnung der Altersrente von X.

(berechnet sich zurzeit noch nach dem Einführungsgesetz zur R.V.O. Art. 65 u. 66).

Reichszuschuß: 50,—M.

Anteil der Versicherungsanstalt:

$$\frac{(50 \cdot 60) + (40 \cdot 90) + (50 \cdot 120) + (200 \cdot 150) + (200 \cdot 180) + (140 \cdot 90)}{680} = 134{,}15 \text{ M.}$$

184,15 M.

Erklärung: 60, 90, 120, 150, 180 sind die Anteile der Versicherungsanstalt in Mark in den einzelnen Lohnklassen (vgl. Tab. S. 110 Nr. 3) 50, 40, 50, 200, 200, 140 sind die nachgewiesenen Beitragswochen und 680 ist ihre Summe.

184,15 M. : 12 = 15,35 M.

Die Altersrente beträgt hier 15,35 M. monatlich.

Literaturnachweis.

I. Quellennachweis zu den Entwürfen und Kommissionsberichten der Arbeiterversicherungsgesetze.

Vorbemerkung: Zum Verständnis und zur Erklärung der Arbeiterversicherungsgesetze ist es sehr oft nötig, auf die ursprünglichen Quellen zurückzugehen. Eine Zusammenstellung aller grundlegenden Materialien hierfür schien daher geboten.

* Bedeutet, daß das Gesetz bis zum Inkrafttreten der R.V.O. in Geltung war.

† Bedeutet, daß das Gesetz auch noch nach Inkrafttreten der R.V.O. in Geltung bleibt.

A. Zur Unfallversicherung.

1) a) Gesetz vom 6. Juli 1884 betr. Unf.-Vers. der Industrie (R.G.Bl. S. 69).
2) 1. Unf.-Vers.-Entw. vom 8. März 1881 Reichst.-Drucks. 4. Leg.-Per. 4. Sess. 1881 Bd. 3 Anl. Nr. 41 S. 222.
3) Kommissionsbericht hierzu a. a. O. Bd. 4 Nr. 159 S. 829.
4) Zusammenstellung der Beschlüsse in 3. Lesung des Reichstages a. a. O. Bd. 4 Nr. 260 S. 1157.
5) 2. Unf.-Vers.-Entw. vom 8. Mai 1882 5. Leg.-Per. 2. Sess. 1882 bis 1883 Bd. 5 Anl. Nr. 19 S. 173.
6) 3. Unf.-Vers.-Entw. vom 6. Juli 1884 5. Leg.-Per. 4. Sess. 1884 Bd. 3 Anl. Nr. 4 S. 50.
7) Komm.-Bericht hierzu a. a. O. Bd. 4 Anl. Nr. 115 S. 858.
8) b) Gesetz vom 28. Mai 1885, betr. Ausdehnung der Unfall- u. Krankenversicherung (R.G.Bl. S. 159).
9) Entw. hierzu vom 17. Dezember 1884 6. Leg.-Per. 1. Sess. 1884/85 Bd. 5 Anl. Nr. 77 S. 249.
10) Komm.-Ber. hierzu a. a. O. Bd. 6 Anl. Nr. 238 S. 1068.
11) c) Gesetz vom 5. Mai 1886 Abschnitt A) betr. die Unf.-Vers. der in land- und forstwirtschaftl. Betrieben beschäftigten Personen (R.G.Bl. S. 132).
12) 1. Entw. vom 3. Januar 1885 6. Leg.-Per. 1. Sess. 1884/85 Bd. 5 Anl. Nr. 81 S. 281.
13) 2. Entw. 6. Leg.-Per. 2. Sess. 1885/86 Bd. 4 Anl. Nr. 75 S. 366.
14) Komm.-Ber. hierzu Bd. 6 Anl. Nr. 252 S. 1186.
15) d) Gesetz vom 11. Juli 1887 betr. die Unf.-Vers. der bei Bauten beschäftigten Personen (R.G.Bl. S. 287).
16) Entw. hierzu vom 3. März 1887 7. Leg.-Per. 1. Sess. 1887 Bd. 3 Anl. Nr. 11 S. 190.
17) Komm.-Ber. hierzu Bd. 4 Anl. Nr. 123.
18) e) Gesetz vom 13. Juli 1887 betr. die Unf.-Vers. der Seeleute und anderer bei der Seeschifffahrt beteiligter Personen (R.G.Bl. S. 329).
19) Entw. hierzu vom 3. März 1887 7. Leg.-Per. 1. Sess. 1887 Bd. 3 Anl. Nr. 6 S. 26.
20) Komm.-Ber. hierzu Bd. 4 Anl. Nr. 163 S. 1189.
21) f) * Gesetz vom 30. Juni 1900 betr. die Abänderung der Unfallversicherungsgesetze (in der Fassung der Bekanntmachung des Reichskanzlers vom 5. Juli 1900 (R.G.Bl. S. 573).

22) 1. Entw. vom 17. November 1896 9. Leg.-Per. 4. Sess. 1895/97 Bd. 5 Anl. Nr. 570 S. 2355.
23) 2. Entw. vom 3. Januar 1900 10. Leg.-Per. 1. Sess. 1898/1900 Bd. 4 Anl. Nr. 523 S. 3048.
24) Komm.-Ber. zum 2. Entw. Bd. 6 Anl. Nr. 703a bis d S. 4415.
25) g) Sonderunfallversicherungsgesetze.
1. Gesetz vom 15. März 1886 betr. Unfallfürsorge für Beamte und für Personen des Soldatenstandes (R.G.Bl. S. 59).
2. † Gesetz vom 30. Juni 1900 betr. Unfallfürsorge für Gefangene (R.G.Bl. S. 536).
3. † Gesetz vom 18. Juni 1901 betr. Unfallfürsorge für Beamte und für Personen des Soldatenstandes (R.G.Bl. S. 211) teilweise aufgehoben durch das Militärpensionsgesetz vom 31. Mai 1906 (R.G.Bl. S. 593).

B. Zur Krankenversicherung.

26) a) Gesetz vom 15. Juni 1883 (R.G.Bl. S. 273).
27) Entw. hierzu vom 29. April 1882 5. Leg.-Per. 2. Sess. 1882/83 Bd. 5 Anl. Nr. 14 S. 124.
28) Komm.-Ber. hierzu Bd. 6 Anl. Nr. 211 S. 767.
29) b) Gesetz vom 28. Mai 1885 betr. Ausdehnung der Unfall- und Krankenversicherung. (R.G.Bl. S. 159 vgl. oben Nr. 9 u. 10).
30) c) Gesetz vom 5. Mai 1886 Abschnitt B. betr. die Krankenversicherung der in land- und forstwirtschaftlichen Betrieben beschäftigten Personen (R.G.Bl. S. 132) vgl. hierzu oben Nr. 12—14.
betr. Abänderung des Gesetzes von 1883.
31) d) * Gesetz vom 10. April 1892 (R.G.Bl. S. 417).
32) Entw. hierzu vom 22. November 1890 8. Leg.-Per. 1. Sess. 1890/92 Anl. Bd. 2 Nr. 151 S. 882.
33) Komm.-Ber. hierzu Anl. Bd. 3 Nr. 381 S. 2330 bzw. Anl. Bd. 5 Nr. 644 u. 666.
34) e) * Gesetz vom 30. Juni 1900 betr. Abänderung des Krankenversicherungsgesetzes (R.G.Bl. S. 332).
35) f) * Gesetz vom 25. Mai 1903 betr. die Abänderung des Krankenversicherungsgesetzes (R.G.Bl. S. 233).

C. Zur Invalidenversicherung.

36) a) Gesetz vom 22. Juni, 1889 betr. die Invaliditäts- und Altersversicherung (R.G.Bl. S. 267).
37) 1. Hierzu Grundzüge vom 17. November 1887 nebst Denkschrift, Heymanns Verlag Berlin 1887.
38) 2. Entw. vom 22. November 1888 7. Leg.-Per. 4. Sess. 1888/89 Anl. Bd. 4 Nr. 10 S. 31.
39) Komm.-Ber. hierzu Anl. Bd. 5 Nr. 141 S. 895, Bd. 6 Nr. 196 S. 1223.
40) b) * Gesetz vom 13. Juli 1899 (Invalidenversicherungsgesetz (R.G.Bl. S. 463).
41) 1. Konferenz im Reichsamt des Innern im Jahre 1895 (gedrucktes Protokoll nicht der Öffentlichkeit übergeben).
42) 2. 1. Entw. vom 26. Februar 1879. 9. Leg.-Per. 4. Sess. Anl. Nr. 698.
43) 3. 2. Entw. vom 19. Jan. 1899 10. Leg.-Per. 1. Sess. Anl. Nr. 93.
44) Komm.-Ber. hierzu Anl. Nr. 270.

D. Zur Reichsversicherungsordnung.

45) Gesetz vom 19. Juli 1911 nebst Einführungsgesetz (R.G.Bl. S. 509).
46) 1) „Grundzüge für die Abänderung der Organisation, des Verfahrens und des Instanzenzuges in Arbeiterversicherungssachen“ des Reichsversicherungsamtes des Innern vom 5. März 1908.
47) 2) Konf. im Reichsamt des Innern vom 23.—27. Oktober 1908.
48) 3) 1. Entw. vom Jan. 1909 unwesentlich verändert erschienen als:

49) 4) 2. Entw. vom 2. April 1909 in Heymanns Verlag 1909.
50) 5) 3. Entw. vom 12. März 1910 12. Leg.-Per. 2. Sess. 1910 Anl. Nr. 340 (auch im Verlag von Heymann erschienen).
51) 6) 1. Lesung 18.—20. April 1910 vgl. Stenographische Berichte der Verhandlungen des Reichstages.
52) 7) Bericht der 16. Komm. d. Reichst. (auch im Verlag von Heymann erschienen).
53) 8) 2. Lesung 5.—22. Mai 1911 vgl. Stenogr. Ber. d. Reichst.
54) 9) 3. Lesung 30. Mai 1911 vgl. Stenogr. Ber. d. Reichst.

II. Literaturnachweis für die Reformvorschläge zur Reichsversicherung vor der R.V.O.

1) A. v. List: Das geltende deutsche Arbeiterversicherungsrecht und das Problem seiner künftigen Vereinheitlichung, Berlin-Grunewald 1906. S. 215ff. bringt der Verfasser die Grundzüge der Reformvorschläge von:
2) Düttmann: Umbau der Arbeiterversicherung, Arbeiterversorgung 1904.
3) Freund: Die Zentralisation der Arbeiterversicherung, Berlin 1888.
4) F. v. Jagwitz: Die Vereinheitlichung der Arbeiterversicherung und der 7. Internationale Arbeiterversicherungskongreß, Berlin 1906.
5) Konferenz vom 4.—9. November 1895 im Reichsamt des Innern.
6) Kulemann: Die Reform unserer Sozialversicherung, Leipzig 1894.
7) v. d. Osten: Grundzüge einer Reform der Arbeiterversicherung.
8) Schäffle: Der korporative Hilfskassenzwang, Tübingen 1884.
9) Schäffle: Arbeiterversicherung, Handw. d. Staatsw. 1892.
10) Seybold: Das Gesamtversicherungsgesetz.

11) Stier-Somlo: Zur Reform der Arbeiterversicherung, Archiv für Sozialwissenschaft und Sozialpolitik 1908 Bd. 27 S. 172. Im 1. Teil geht Verfasser auf die Reformvorschläge ein von:
12) Düttmann: Umbau der Arbeiterversicherung. Arbeiterversorgung Bd. 21.
13) v. Frankenberg: vgl. Volkstüml. Zeitschr. für prakt. Arbeitervers. 1904 und Zeitschr. für die gesamte Versicherungswissenschaft 1904 Heft 4.
14) Goetze: Vgl. Arbeiterversorgung 1905 S. 477.
15) G. Hahn: Vgl. Arbeiterversorgung 1905 S. 351. Reformblatt für Arbeitervers. 1906 S. 325.
16) Kleeis: Der Aus- und Umbau der Arbeiterversicherung. Berlin 1907.
17) Mayet: Vgl. Zeitschr. f. Medizin. Ref. 1906 Nr. 10.
18) Meesmann: Reform der Arbeiterversicherung, Vortrag Mainz 1907.
19) Reichstagsreden des Staatssekr. Grafen Posadowsky vom 2. März 1905 und 11. April 1907.
20) Seelmann: Vgl. unten Nr. 36.
21) Zacher: Zur Vereinfachung der Arbeiterversicherung, Arbeiterversorgung Bd. 20.

Außer den schon oben angeführten Schriften seien noch genannt:

22) Bödicker: Vereinfachung der Arbeiterversicherung vgl. Ber. d. 7. Int. Arbeitervers.-Kongr. in Wien 1905.
23) van d. Borght: Zur Reform der deutschen Arbeiterversicherung. Jahrb. f. Nat.-Ökonomie u. Statistik 3. Folge Bd. 13.
24) Freund: Vereinfachung der Arbeiterversicherung. Berlin 1896.
25) Forderung und Vorschläge der Ärzte zur Abänderung der deutschen Arbeitervers.-Ges., herausgeg. von d. deutschen Ärztevereinsbundes, Weimar 1905.
26) Gebhard: Die Reform der Invaliditäts- und Arbeiterversicherung. Mainz 1893.
27) v. Löber: Die Versicherung d. Arbeiter, Witwen und Waisen. Berlin 1907.
28) Lohmar: Über Reform und Vereinheitlichung unserer Arbeiterversicherung, Köln 1905.

29) Piloty: Der Versicherungs-Zwang in der deutschen Arbeiterversicherung u. die Thesen des Dr. Zacher, Stuttgart 1910.
30) Popoff: Die Kranken-Versicherung in Deutschland u. ihre Vereinfachung. Diss. Leipzig 1902.
31) Romacker: Die Reichs-Versicherung, Umbau u. Ausbau der Arbeiter-Versicherung u. Vorschläge zur Errichtung einer Reichs-Versicherung. Grunewald-Berlin 1904.
32) Rosin: Umschau und Vorschau auf dem Gebiete der Arbeiter-Versicherung. Berlin 1898. Bestrebung zur Vereinfachung der deutschen Arbeiter-Versicherung. Zeitschr. f. die gesamte Versicherungs-Wissenschaft 1909.
33) Roth: Zur Reform der Unfall-Versicherung. Frankfurt a. M.
34) Schirbel: Wie könnte sich die Sozial-Versicherungs-Reform gestalten? Berlin 1907.
35) Schwenger: Beschäftigung als Grundlage der Arbeiter-Versicherungs-Pflicht. Tübingen 1910.
36) Seelmann: Das gesamte Material zur Reform der Arbeiterversicherung. Frankfurt a. M. 1906.
37) Zeller: Die Vereinfachung und Verschmelzung der Arbeiter-Versicherung. Leipzig 1896.
38) Zahlreiche Artikel vor 1909 in den verschiedenen Zeitschriften für Versicherung und Sozialpolitik (vgl. Literatur-Nachw. hierfür im Vers.-Lexikon v. Manes im Ergänzungsband. Tübingen 1913. S. 544).

III. Literaturnachweis über die Kritik der Entwürfe zur Reichsversicherungsordnung.

1) Düttmann: Randbemerkungen zum Entwurf der Reichs-Versicherungs-Ordnung; erweiterter Abdruck aus Nr. 11—22 d. Arbeiterversorgung. Groß-Lichterfelde 1909.
2) Erörterungen zur Reichsversicherungs-Ordnung. Veröffentlichung des deutschen Vereins für Vers.-Wissenschaft. Heft XVIII. Berlin 1910. Enthaltend die Kritik von:
Zwiedineck-Südenhorst, Karlsruhe.
Schmid, Augsburg.
v. Köbke, Darmstadt.
Stiegler, München.
Hahn, Zehlendorf-Berlin.
3) Lohmar: Die Reichsversicherungsordnung. Frankfurt a. M. 1909.
4) Meesmann: Entwurf einer Reichsversicherungsordnung. Bemerkung zur Orientierung und Kritik. Deutscher Verlag 1909.
5) Seelmann: Die freiwillige Zusatzversicherung in der R.V.O. vgl. oben Nr. 1.
6) Stier-Somlo: Die Ärztefrage und der Staat. Frankfurt a. M. 1910.
7) Weymann: Die deutsche Arbeiterversicherung und ihre Reform durch die R.V.O. Frankfurt a. M. 1909.
8) Zahlreiche Artikel nach 1909 in den verschiedenen Zeitschr. für Versicherung und Sozialpolitik vgl. oben II Nr. 38. Besonders aufgeführt seien hier die Artikel der Zeitschr. f. die gesamte Versicherungswissenschaft. Berlin 1909/11.
Jahrgang 1909:
Stier-Somlo: Zur Kritik der R.V.O. S. 439ff. und 664ff.
v. Köbke: Heimarbeiter und Hausgewerbetreibende im Kranken- und Invalidenversicherungsgesetz. S. 566.
Jahrgang 1910:
Hahn: Die Frau in der R.V.O. S. 652ff.
Marschner: Die Mutterschaftsversicherung S. 432ff.
Schönwiese: Die freiwillige Zusatzversicherung nach der R.V.O. S. 552ff.
Stier-Somlo: Die Reichstagsvorlage der Reichsversicherungsordnung S. 423ff.

Metzger & Wittig, Leipzig.

www.ingramcontent.com/pod-product-compliance
Lightning Source LLC
LaVergne TN
LVHW060621300926
849162LV00008B/1677
* 9 7 8 3 1 1 2 6 7 5 7 7 9 *